Dla wszystkich samotnych rodziców, którzy dają swoim dzieciom tyle zaangażowania i miłości, ile w wychowanie mojej siostry i mnie wkładała nasza matka.

I dla Hedi.

Giulia Enders

HISTORIA WEWNĘTRZNA

Jelita – najbardziej fascynujący organ naszego ciała

Ilustracje: Jill Enders

PRZEKŁAD:
URSZULA SZYMANDERSKA

Feeria
WYDAWNICTWO

Informacje zawarte w niniejszej książce zostały starannie wybrane i sprawdzone przez autorkę i wydawcę. W żadnym wypadku nie mogą jednak zastąpić kompetentnej konsultacji lekarskiej. Z tego względu autorka ani wydawnictwo i jego pracownicy nie gwarantują skuteczności zamieszczonych wskazówek, wykluczona jest też ich odpowiedzialność prawna w razie wystąpienia jakichkolwiek szkód osobowych, rzeczowych czy majątkowych.

Tytuł oryginału: *Darm mit Charme.*
Alles über ein unterschätztes Organ
Przekład: Urszula Szymanderska
Redakcja: Katarzyna Nawrocka, Dariusz Rossowski
Korekta: Grzegorz Krzymianowski, Maria Zalasa
Skład: Norbert Młyńczak
Druk: Toruńskie Zakłady Graficzne ZAPOLEX

Ilustracje: Jill Enders
Projekt okładki i stron tytułowych: Jill Enders
Zdjęcie na okładce: Gerald von Foris
Zdjęcie autorki i ilustratorki: Jill Enders

ISBN 978-83-7229-457-9
Wydanie I, Łódź 2015

Wydawnictwo JK, ul. Krokusowa 1-3, 92-101 Łódź
tel. 42 676 49 69
www.wydawnictwofeeria.pl

SPIS TREŚCI

PRZEDMOWA

Moja mama urodziła mnie przez cesarskie cięcie i nie mogła karmić piersią. W efekcie zostałam modelowym dzieckiem XXI wieku z problemami jelitowymi. Gdybym wówczas wiedziała na ten temat więcej, mogłabym obstawiać zakłady odnośnie do tego, jakie choroby dopadną mnie z czasem. Pierwsza pojawiła się nietolerancja laktozy. Nigdy się nie zastanawiałam, dlaczego od ukończenia piątego roku życia nie mogłam pić mleka i dlaczego w pewnym momencie utyłam, a potem znowu schudłam. Później przez długi czas wszystko było w porządku, aż powstała „rana".

Gdy miałam siedemnaście lat, na mojej prawej nodze ni z tego, ni z owego pojawiła się nagle nieduża ranka. Nie chciała się zagoić, dlatego po miesiącu poszłam do lekarza. Pani doktor, nie mając pojęcia, co mi dolega, przepisała jakąś maść. Trzy tygodnie później w ranach miałam już całą nogę. Wkrótce były nimi zajęte obie nogi, ramiona i plecy, a przez jakiś czas także twarz. Na szczęście wszystko działo się zimą, dlatego ludzie myśleli, że po prostu wyskoczyło mi „zimno" na wargach, a na czole zrobiło się niewielkie otarcie.

Żaden lekarz nie wiedział, jak mi pomóc – obstawiano, że cierpię na coś w rodzaju atopowego zapalenia skóry. Pytano mnie, czy nie jestem zestresowana i czy nie mam zaburzeń psychicznych. Przepisany kortyzon trochę mi pomógł, ale gdy tylko go odstawiłam, wszystko zaczęło się od nowa. Przez cały rok latem i zimą nosiłam rajstopy, żeby rany nie sączyły się przez spodnie. W końcu wzięłam się w garść i postanowiłam sama poszukać informacji. Przypadkiem natknęłam się na opis choroby skóry mającej bardzo podobny przebieg do tego, czego ja doświadczałam. Pewien mężczyzna zaczął na nią cierpieć wkrótce po zakończeniu kuracji antybiotykowej. A przecież i ja brałam antybiotyki niedługo przedtem, zanim pojawiła się pierwsza rana.

Od tego momentu przestałam postrzegać swoje dolegliwości jako chorobę skórną. Zrozumiałam, że problem tkwi w jelitach. Zrezygnowałam z nabiału, mocno ograniczyłam spożycie glutenu, brałam rozmaite preparaty zawierające dobre bakterie i ogólnie zaczęłam zdrowiej się odżywiać. To prawda, w tamtym czasie przeprowadzałam na sobie rozmaite dziwaczne eksperymenty... Gdybym już wówczas studiowała medycynę, nie zdecydowałabym się na połowę z nich. Kiedyś, na przykład, przez wiele tygodni przedawkowywałam cynk, wskutek czego jeszcze kilka miesięcy później miałam wyjątkowo wyostrzony węch.

Ostatecznie za pomocą kilku sprytnych sztuczek udało mi się uporać z problemami, co napawało mnie wielką dumą. Wtedy też na własnej skórze doświadczyłam, że wiedza to potęga. W rezultacie podjęłam studia medyczne.

Tuż po ich rozpoczęciu na jakiejś imprezie usiadłam obok chłopaka o najbardziej nieprzyjemnym zapachu z ust, z jakim kiedykolwiek się spotkałam. Do tego był to zapach całkiem nietypowy – nie taki drapiący smrodek jak u zestresowanych starszych panów ani słodkawo-zgniły jak u rozmaitych cioć przesadzających ze słodyczami. Po chwili przesiadłam się w inne miejsce. Następnego dnia chłopak już nie żył. Popełnił samobójstwo.

Myśl o tym nie dawała mi spokoju. Czy to możliwe, że brzydki zapach był wynikiem ciężkiej choroby jelit i czy takie schorzenie mogło też wpływać na nastrój?

Minął tydzień, a ja zdecydowałam się porozmawiać o swoich przypuszczeniach z przyjaciółką. Kilka miesięcy później koleżanka zachorowała na bardzo ciężką „grypę jelitową". Gdy zobaczyłyśmy się znowu, stwierdziła, że w tym, co mówiłam, jest być może głęboki sens, bo sama dawno już nie czuła się tak źle, również pod względem psychicznym. Postanowiłam więc wnikliwiej zająć się tym tematem. Odkryłam, że istnieje oddzielna gałąź medycyny poświęcona związkom pomiędzy jelitami a mózgiem, która rozwija się w błyskawicznym tempie. Jeszcze dziesięć lat temu było bardzo niewiele publikacji na ten temat, obecnie są to już setki artykułów naukowych. Kwestia wpływu pracy jelit na nasze zdrowie i dobre samopoczucie to jeden z najważniejszych przedmiotów badań naszych czasów. Znany amerykański biochemik Rob Knight powiedział w wywiadzie dla „Nature", że ten nurt badań jest co najmniej równie obiecujący, jak badania komórek macierzystych. I tak trafiłam na temat, który z dnia na dzień wydaje mi się coraz bardziej fascynujący.

Podczas studiów spostrzegłam, że w medycynie wciąż traktuje się to zagadnienie po macoszemu. A przecież jelita to narząd naprawdę wyjątkowy. To on odpowiada za dwie trzecie naszej odporności. On właśnie, pobrawszy energię z bułeczki albo z kotleta sojowego, wytwarza ponad 20 własnych hormonów. Tymczasem studenci medycyny nie dowiadują się zbyt wiele na ten temat. Na odbywającym się w Lizbonie kongresie pod tytułem Microbiome and Health (Bakterie jelitowe a zdrowie), w którym brałam udział w maju 2013 roku, pojawili się pojedynczy zainteresowani. Mniej więcej połowę uczestników stanowili przedstawiciele instytucji, które mogły sobie pozwolić, by być na

„pierwszej linii frontu", takich jak Harvard, Yale, Oksford czy EMBL Heidelberg.

Czasem przerażeniem napawa mnie myśl, że naukowcy za zamkniętymi drzwiami dyskutują o ważnych odkryciach, a zwykli zjadacze chleba tkwią w całkowitej niewiedzy. Na pewno w wielu wypadkach typowa dla nauki ostrożność jest lepsza niż pochopne wygłaszanie autorytatywnych sądów, ale stały lęk przed dzieleniem się informacjami może też pogrzebać szanse na zdrowe życie wielu ludzi. W świecie nauki uznaje się już obecnie za pewnik, że w jelitach osób z określonymi kłopotami trawiennymi występują zaburzenia neurologiczne. Jelita tych chorych za pomocą wysyłanych przez siebie sygnałów pobudzają rejony mózgu odpowiedzialne za powstawanie poczucia winy. W efekcie chorzy mają wyrzuty sumienia, choć przecież nie zrobili zupełnie nic złego. Pacjenci czują się fatalnie i nie wiedzą, czemu tak się dzieje. Jeśli za radą lekarza trafią na leczenie psychiatryczne, przyniesie to więcej szkody niż pożytku! To tylko jeden z dowodów na to, że informacje o niektórych ustaleniach naukowych powinny szybciej znajdować się w powszechnym obiegu!

I taki właśnie cel przyświecał mi podczas pisania niniejszej książki: chciałam przystępnie przedstawić wiedzę na konkretny temat i upowszechnić to, o czym naukowcy piszą w specjalistycznych artykułach i o czym rozprawiają na kongresach, podczas gdy całe rzesze ludzi bezskutecznie poszukują odpowiedzi na swe pytania. Rozumiem rozczarowanie medycyną i lekarzami, jakie odczuwa wielu pacjentów cierpiących na przykre choroby. Nie proponuję tu żadnego panaceum. Nie twierdzę, że zdrowe jelita uchronią nas przed każdą chorobą świata. Mogę jednak wyjaśnić, co się dzieje w naszych jelitach, co nowego ma na ten temat do powiedzenia nauka i jak możemy wykorzystać tę wiedzę, by na co dzień żyło nam się lepiej.

Studia medyczne i moje powinności doktorantki pracującej w zakładzie mikrobiologii lekarskiej pomogły mi ocenić i uporządkować wiedzę na ten temat. Osobiste doświadczenia ułatwiają mi przybliżanie jej innym. I wreszcie dzięki pomocy mojej siostry nie gubię się w dygresjach: jeśli podczas odczytywania na głos gotowego fragmentu zbaczam z tematu, Jill patrzy na mnie wymownie i mówi: „Wiesz co, może spróbuj jeszcze raz".

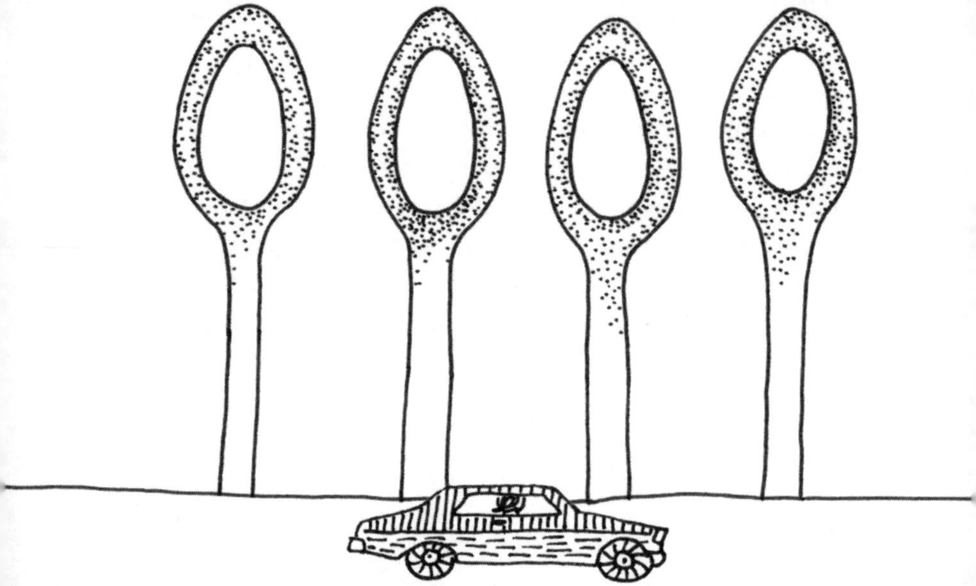

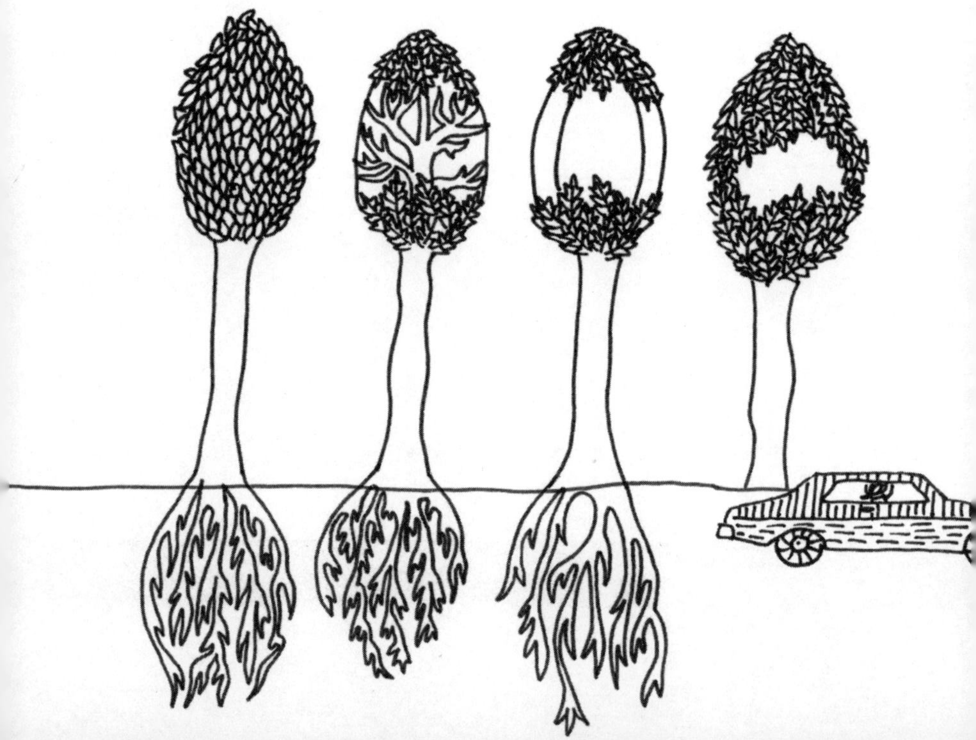

1

JELITO W ROLI GŁÓWNEJ

Świat przedstawia się o wiele zabawniej, gdy zauważamy nie tylko to, co widać na pierwszy rzut oka – ale i całą resztę. Dopiero wtedy drzewo nie wydaje nam się łyżką. W zasadzie właśnie taki kształt postrzegamy, patrząc na prosty pień i owalną koronę drzewa. Oko, widząc taki kontur, podpowiada nam: „łyżka". Pod ziemią znajduje się jednak co najmniej tyle samo korzeni, co gałęzi w górze. Bardziej zasadne byłoby w tej sytuacji porównanie do hantli, ale ono prawie nigdy się nie pojawia. Większość danych mózg otrzymuje od oczu. Nawet w książkach wyjątkowo rzadko można zobaczyć ilustracje przedstawiające drzewo w całości. Nic więc dziwnego, że podczas przejażdżki przez las mózg postrzega kolejno „łyżkę, łyżkę, łyżkę i łyżkę".

Jeśli idziemy przez życie, kierując się zasadą „łyżkowatości", nie zauważamy mnóstwa fantastycznych rzeczy. Pod naszą skórą nieustannie coś się dzieje: coś płynie, tłoczy, zasysa, miażdży, pęka, naprawia się i tworzy na nowo. Cały zespół wysoko wyspecjalizowanych narządów pracuje tak wydajnie, że przeciętny dorosły człowiek zużywa przez godzinę tyle energii, co stuwatowa żarówka. W każdej sekundzie nasze nerki z niezwykłą precyzją filtrują krew – znacznie dokładniej, niż dzieje się to na przykład w filtrze do kawy. Co ważne, w większości przypadków robią to sprawnie przez całe życie. Nasze płuca są skonstruowane tak sprytnie, że energię zużywamy właściwie tylko podczas wdechu – wydychanie powietrza następuje samoistnie. Gdybyśmy byli przezroczyści, zobaczylibyśmy, jakie są piękne: jak duży nakręcany samochodzik, tyle że miękki i gąbczasty. Kiedy pogrążamy się w smętnych rozmyślaniach pod hasłem „Nikt mnie nie lubi", nasze serce, które po raz siedemnastotysięczny podejmuje swą dwudziestoczterogodzinną zmianę, ma pełne prawo czuć się takim podejściem dotknięte.

Gdybyśmy mieli wgląd w coś więcej niż tylko w to, co widoczne gołym okiem, zobaczylibyśmy, jak zlepki komórek w brzuchu przekształcają się w człowieka. Od razu zrozumielibyśmy, że – mówiąc w uproszczeniu – rozwijamy się z trzech „rurek".

Pierwsza rurka przebiega przez całe ciało, tworząc w środku węzełek. To nasz układ naczyń krwionośnych, z którego wykształca się serce jako węzeł centralny. Druga rurka rozwija się niemal równolegle na naszych plecach i wytwarza pęcherzyk, który wędruje na samą górę ciała i tam już zostaje. To układ nerwowy w rdzeniu kręgowym, z którego rozwija się mózg i wyrastają nerwy sięgające do wszystkich zakątków ciała. Trzecia rurka biegnie sobie z góry na dół. To przyszły układ pokarmowy.

Ta trzecia rurka zajmuje się „meblowaniem" naszego wnętrza. Pączkuje, coraz bardziej rozpychając się w lewo i w prawo. Pączki z czasem rozwiną się w płuca. Trochę niżej rurka wysklepia się ku górze, tworząc wątrobę. To z niej powstanie też pęcherzyk żółciowy i trzustka. Stopniowo rurka staje się coraz bardziej skomplikowaną konstrukcją. Uczestniczy w złożonych „pracach budowlanych" jamy ustnej, tworzy przełyk, zdolny do prawdziwie akrobatycznych ewolucji, i wykształca niewielki woreczek żołądkowy, służący do magazynowania przez kilka godzin pożywienia. I wreszcie, na zakończenie, z rurki powstaje prawdziwy majstersztyk, a mianowicie jelita.

Oba „majstersztyki" wieńczące pracę pozostałych rurek – serce i mózg – cieszą się wielkim szacunkiem. Serce jest oczywiście niezbędne do życia, bo pompuje krew, mózg podziwia się za to, że w każdej sekundzie wytwarza zdumiewające myśli i obrazy. Tymczasem jelito, zdaniem większości z nas, przydaje się najwyżej podczas posiadówek na sedesie. Przez resztę czasu zapewne po prostu wisi sobie swobodnie w brzuchu, z rzadka wydając jeszcze jakieś odgłosy. Poza tym nie wyróżnia się niczym szczególnym. Powiedzieć, że nie doceniamy naszych jelit, to za mało – prawdę mówiąc, często się ich wręcz wstydzimy. Wszystko, co się z nimi wiąże, jest dla nas krępujące, bo przecież członek elit nie ma jelit!

I właśnie takie podejście ma zmienić niniejsza książka. Spróbujemy wraz z Jill dokonać tego, co dzięki książkom jest możliwe, i zrobić poważną konkurencję dla tego, co widać gołym okiem. Bo drzewa to wcale nie łyżki! A jelita to elita!

Jak się robi kupę – ...i czemu warto o to pytać?

Pewnego dnia mój współlokator, wszedłszy do kuchni, powiedział: „Giulia, ty przecież studiujesz medycynę – jak to właściwie jest z tym robieniem kupy?". Zapewne nie byłoby to najlepsze zdanie rozpoczynające moją ewentualną autobiografię, ale to pytanie naprawdę sporo zmieniło w moim życiu. Poszłam do swojego pokoju, zasiadłam na podłodze i przekopałam się przez trzy różne książki. Gdy wreszcie znalazłam odpowiedź, czułam się zszokowana. Nigdy bym nie pomyślała, że ta zwyczajna czynność jest tak inteligentnie pomyślana.

W ludzkim organizmie wydalanie jest prawdziwie mistrzowskim osiągnięciem: dwa układy nerwowe współpracują sumiennie ze sobą, byśmy mogli dyskretnie i higienicznie pozbywać się naszych śmieci. Chyba żadne inne zwierzę nie załatwia się tak czysto i porządnie jak my. Nasz organizm wykształcił w tym celu mnóstwo pomysłowych urządzeń i opracował sporo sztuczek. Zacznijmy może od tego, jak przemyślnymi mechanizmami zamykania dysponujemy. Zdecydowana większość z nas wie wyłącznie o istnieniu zewnętrznego zwieracza, dającego się świadomie zaciskać i rozluźniać. Jest też jednak i drugi, bardzo podobny mięsień, zlokalizowany kilka centymetrów głębiej, którym nie jesteśmy w stanie nijak sterować.

Każdy z tych mięśni reprezentuje interesy innego układu nerwowego. Zwieracz zewnętrzny to lojalny współpracownik naszej świadomości. Gdy mózg dochodzi do wniosku, że nie pora na korzystanie z toalety, zwieracz zewnętrzny dostosowuje się posłusznie i zaciska tak mocno, jak tylko może. Zwieracz wewnętrzny zaś uczestniczy w procesach zachodzących w organizmie bez udziału świadomości. Nie bierze pod uwagę tego, że ciocia Bożenka uznaje puszczanie bąków za niestosowne. Interesuje go wyłącznie to, by w naszych wnętrznościach wszystko przebiegało jak należy. Mamy ochotę puścić bąka? Zwieracz wewnętrzny pragnie, by żyło nam się jak najlżej. Gdyby to od niego zależało, również ciocia Bożenka częściej mogłaby sobie pofolgować. Najważniejsze, żeby w środku działo się dobrze i by nic nam nie dokuczało.

Obydwa zwieracze odbytu muszą ze sobą ściśle współpracować. Gdy niestrawione resztki jedzenia docierają do poziomu zwieracza wewnętrznego, ten automatycznie się otwiera. Nie przepuszcza jednak po prostu wszystkiego od razu do swojego zewnętrznego kolegi, tylko na początek wypuszcza swoisty „balon próbny". W przestrzeni pomiędzy zwieraczami znajduje się mnóstwo komórek receptorowych. Badają one dostarczony produkt,

określając, czy ma postać stałą czy gazową, a rezultat swojej analizy wysyłają do centrali, czyli mózgu. W tym momencie mózg podejmuje decyzję, na przykład: „Trzeba zaraz iść do łazienki!”... A może wystarczy tylko puścić bąka? Robi wówczas to, co w swojej „świadomej świadomości” tak dobrze potrafi – dostosowuje nasze działanie do wymogów świata zewnętrznego. W tym celu zbiera informacje od oczu i uszu i włącza funkcję „Porównaj z dotychczasowymi doświadczeniami”. W ten sposób mózg błyskawicznie formułuje pierwszą ocenę, którą odsyła z powrotem do zwieracza zewnętrznego: „Hej, rozejrzałem się, siedzimy właśnie u cioci Bożenki w salonie – bąk od biedy ujdzie, jeśli dasz radę puścić go cicho i dyskretnie. Dalsze kroki raczej niewskazane”.

Zewnętrzny zwieracz wykazuje zrozumienie dla trudnej sytuacji i w swojej lojalności zaciska się jeszcze mocniej niż wcześniej. Wówczas sygnał odbiera także zwieracz wewnętrzny, który do decyzji podjętej przez kolegę podchodzi z respektem. Oba mięśnie sprzymierzają się i niestrawione resztki pokarmu ustawiają w kolejce. Wiadomo, resztki kiedyś będą musiały się wydostać na zewnątrz, ale niekoniecznie tu i teraz. Za jakiś czas zwieracz wewnętrzny pośle po prostu kolejny „balon próbny”. Jeśli zdążyliśmy już wrócić do domu – hulaj dusza!

Nasz wewnętrzny zwieracz to solidny gość i poważnie traktuje swoją pracę. Hołduje zasadzie: niech wychodzi, co ma wyjść. I tyle, nie należy się nad tym dłużej zastanawiać. Zwieracz zewnętrzny zaś wciąż musi mierzyć się ze skomplikowanym światem: teoretycznie można by przecież skorzystać z cudzej ubikacji, ale może lepiej nie? Przecież chyba znamy się już na tyle dobrze, że bąk nie będzie jakąś straszną gafą – ale czy koniecznie właśnie ja muszę przełamywać takie tabu? Jeśli teraz nie pójdę do toalety, kolejna okazja nadarzy się dopiero wieczorem, a to może oznaczać nieprzyjemności w ciągu dnia!

Powyższe „dywagacje zwieraczy" na pierwszy rzut oka nie zasługują na Nobla, ale w gruncie rzeczy to podstawowe kwestie, które definiują nasze człowieczeństwo: na ile ważny jest dla nas nasz wewnętrzny świat fizjologiczny, a z drugiej strony – na jakie kompromisy jesteśmy gotowi pójść, by dobrze wypaść w oczach innych. Jeden będzie dokładał wszelkich starań, by powstrzymać paskudnie dręczące wiatry, a potem w domowym zaciszu męczył się z bólem brzucha. Drugi przy rodzinnym obiedzie poprosi babcię, by lekko pociągnęła go za paluszek, i na ten „sygnał" rozpocznie donośną kanonadę gwoli rozbawienia krewnych. Wydaje się, że na dłuższą metę najlepiej byłoby zająć kompromisowe stanowisko.

Jeśli przez dłuższy czas wielokrotnie odmawiamy sobie prawa do skorzystania z toalety, choć bardzo tego potrzebujemy, nasz zwieracz wewnętrzny zostaje sterroryzowany, poddany reżimowi surowej „reedukacji". Otaczająca go muskulatura i on sam są tak często upominane i karcone przez zwieracz zewnętrzny, że całkiem tracą ducha. A gdy komunikacja pomiędzy obydwoma zwieraczami zamiera, nierzadko pojawiają się zaparcia.

Podobna sytuacja może wystąpić u kobiet po urodzeniu dziecka, nawet jeśli świadomie nie powstrzymywały się od korzystania z toalety. A wszystko dlatego, że podczas porodu zniszczone zostają niekiedy delikatne włókna nerwowe odpowiedzialne za komunikację pomiędzy obydwoma zwieraczami. Dobra wiadomość jest taka, że również nerwy mogą się z czasem zrosnąć.

Bez względu na to, czy uszkodzenia powstały w wyniku porodu czy w inny sposób, pomocna może okazać się terapia typu biologicznego sprzężenia zwrotnego (*biofeedback*). Pozwala ona pozostającym w separacji zwieraczom ponownie nawiązać przyjazne stosunki. Terapię taką prowadzi się w wybranych klinikach gastroenterologicznych. Przy użyciu specjalistycznego sprzętu dokonuje się pomiarów efektywności współpracy jednego zwieracza z drugim. Kiedy komunikacja przebiega bez zakłóceń, pacjent otrzymuje nagrodę w postaci sygnału dźwiękowego lub włączenia się zielonej lampki. Całość przypomina trochę telewizyjny quiz: kiedy udzielasz dobrej odpowiedzi, zapalają się światełka i rozlega miły dla ucha dźwięk. Tyle że zabawa odbywa się w gabinecie lekarskim, z elektrodą w pupie. Gra jest warta świeczki, bo gdy pomiędzy zwieraczami znów zapanuje zgoda, od razu znacznie zmniejszy się stres związany z wizytami w ubikacji.

Dwa zwieracze odbytu, komórki receptorowe, ingerencja mózgu i quiz z wykorzystaniem elektrod – mój współlokator z całą pewnością nie oczekiwał takich rewelacji w odpowiedzi na swoje pytanie. Grupka dobrze wychowanych studentek zarządzania, która w tym czasie zjawiła się w naszej kuchni, także nie. Mimo to wieczór był bardzo wesoły, a ja zrozumiałam, że sprawy „jelit" i układu pokarmowego w gruncie rzeczy interesują mnóstwo ludzi. Przy okazji padło kilka nowych, ciekawych pytań. Czy to prawda, że wszyscy nieprawidłowo siedzimy na sedesie? Jak sprawić, by łatwiej nam się odbijało? Jakim cudem jesteśmy w stanie wytwarzać energię zarówno z befsztyków, jak i ze smażonych ziemniaków czy z jabłek, skoro samochód może jeździć tylko na jednym rodzaju paliwa? Po co nam ślepa kiszka i dlaczego kał ma zawsze taki sam kolor?

Od tego dnia współlokatorzy umieli już rozpoznawać po mojej minie, że wbiegłam do kuchni właśnie po to, żeby opowiedzieć im najświeższą jelitową anegdotkę – jak choćby o maleńkich toaletach kucanych albo o świecących odchodach.

CZY DOBRZE SIEDZĘ NA SEDESIE?

Od czasu do czasu warto zastanowić się nad własnymi przyzwyczajeniami. Czy rzeczywiście chodzę na przystanek najkrótszą i najładniejszą drogą? Czy pracowite zaczesywanie „pożyczki" na łysinkę pośrodku jest na pewno modne i potrzebne? Albo właśnie: czy prawidłowo siedzę na sedesie?

Na takie pytania nie ma jednej dobrej odpowiedzi – ale już samo ich zadawanie może przynieść ciekawe rezultaty. Do takiego samego wniosku musiał też dojść Dov Sikirov. Ten izraelski lekarz poprosił swego czasu 28 ochotników, by spróbowali oddawać stolec w trzech różnych pozycjach: siedząc na zwykłym sedesie jak na tronie, mozolnie zawisając nad wyjątkowo małą muszlą klozetową albo po prostu kucając, tak jak robimy to w plenerze. Mierzył przy tym czas, a na koniec rozdał uczestnikom kwestionariusze do wypełnienia. Rezultat był absolutnie jednoznaczny: wypróżnianie w pozycji kucznej trwało przeciętnie zaledwie około 50 sekund i było odczuwane przez badanych jako całkowite. Ta sama akcja przeprowadzana w pozycji siedzącej zajmowała średnio 130 sekund i nie dawała poczucia pełnego sukcesu. (Na marginesie: maleńkie toalety są po prostu przeurocze – nieważne, co się tam robi).

Czemu tak się dzieje? Ponieważ mechanizm odpowiedzialny za zamykanie jelit jest tak zaprojektowany, że nie otwiera się całkowicie w pozycji siedzącej. Wokół jelita, niczym pętla lassa, jest owinięty mięsień, który, gdy siedzimy lub stoimy, podciąga je, tak że powstaje załomek, taki jak tworzy się czasem na ogrodowym wężu do podlewania. Można wtedy zapytać siostrę, czemu wąż nie działa, a gdy ta zagląda do wylotu rury, szybko puścić wąż, by po kilkunastu minutach dostać od mamy szlaban...

Ale wracajmy do jelit: oto kupa trafia najpierw na zakręt. I tak jak podczas jazdy na autostradzie – musi zwolnić. Dzięki temu, gdy siedzimy lub stoimy, zwieracze nie muszą się tak natężać, by utrzymać wszystko w środku. Kiedy mięsień się rozluźni, zakrzywienie znika. Trasa znów jest prosta jak strzelił i można spokojnie dodać gazu.

Wypróżnianie się w kucki jest dla nas naturalne od czasów prehistorycznych – nowoczesne sedesy pojawiły się dopiero pod koniec osiemnastego wieku wraz z wprowadzeniem ubikacji w budynkach. Argumenty w rodzaju: „Już człowiek jaskiniowy robił to w ten sposób", nie cieszą się zwykle wśród lekarzy najlepszą opinią. No bo kto powiedział, że w pozycji kucznej mięsień rozluźnia się znacznie lepiej, a droga, którą podążają odchody, rzeczywiście się prostuje? Aby to sprawdzić, japońscy naukowcy prześwietlali ochotników promieniami rentgenowskimi podczas załatwiania grubszej potrzeby, podawszy im wcześniej doustnie świecący środek cieniujący (kontrast). W rezultacie dowiedzieliśmy się dwóch rzeczy: po pierwsze, rzeczywiście, gdy kucamy, przewód pokarmowy pięknie się prostuje i wszystko idzie jak po sznurku. Po drugie: są na świecie ludzie, którzy dla dobra nauki dadzą się nafaszerować świecącymi substancjami i prześwietlać rentgenem, gdy robią kupę. Muszę przyznać, że jedno i drugie daje do myślenia.

Hemoroidy, choroby takie jak uchyłkowate zapalenie jelita grubego lub nawet zwykłe zaparcia występują niemal wyłącznie w krajach, w których podczas wypróżnienia zasiada się na – nomen omen – stolcu. Powodem tych dolegliwości, zwłaszcza gdy pojawiają się u młodych osób, nie jest bynajmniej zwiotczenie tkanek czy coś w tym rodzaju, tylko zbyt duży ucisk na jelita. Niektórzy ludzie całymi dniami napinają też mięśnie brzucha ze zdenerwowania, często w ogóle nie zdając sobie z tego sprawy. To ścisk panujący w naszych wnętrznościach sprawia, że hemoroidy wypadają i luźno zwisają na zewnątrz. On też jest powodem tworzenia się uchyłków – występujących w obrębie jamy brzusznej wypukłości tkanki tworzącej ściany jelita. Te maleńkie wybrzuszenia kształtem przypominają żarówki.

Oczywiście, nasz sposób korzystania z toalety nie jest jedyną przyczyną powstawania hemoroidów i uchyłków. Trzeba też jed-

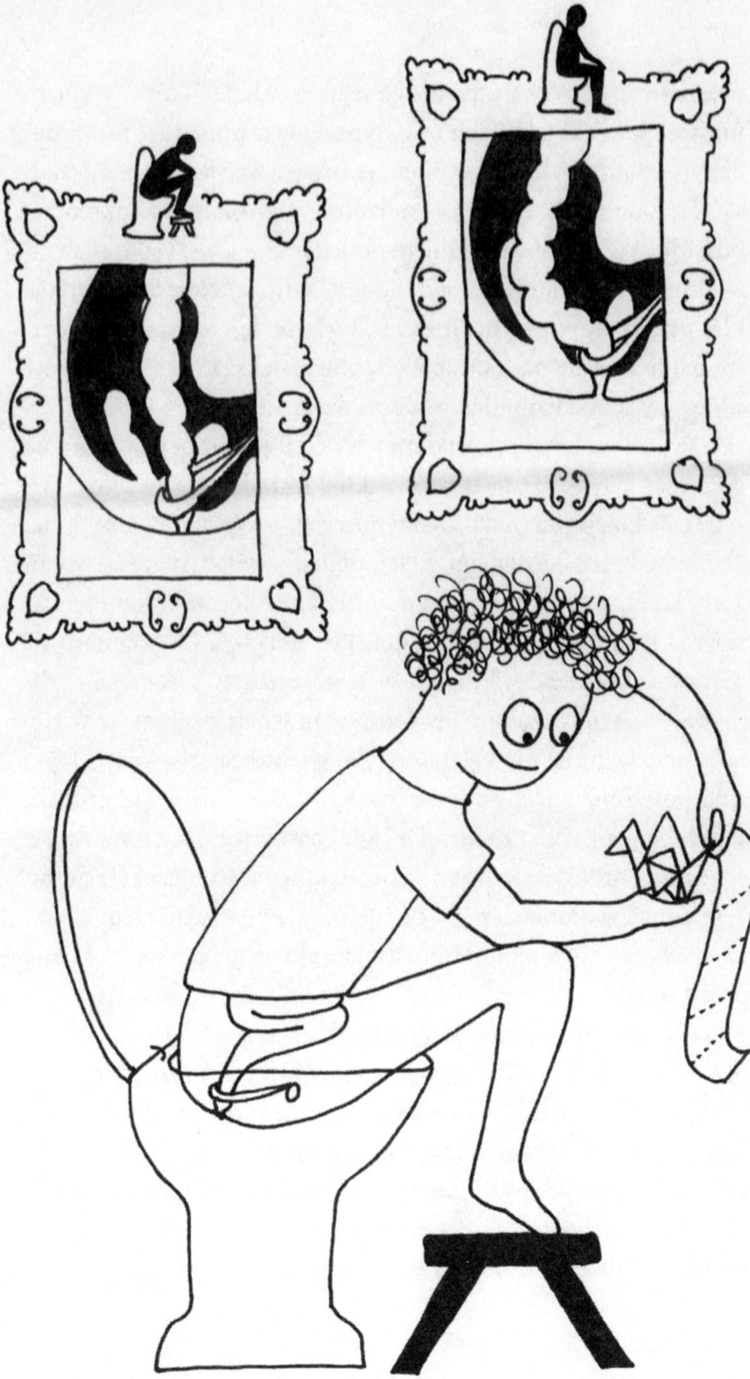

nak zaznaczyć, że wśród olbrzymiej rzeszy ludzi, którzy wypróżniają się w kucki (a jest ich na całym świecie ponad 1,2 miliarda), uchyłkowatość jelit nie występuje prawie wcale, a i hemoroidy są znacznie rzadsze. My zaś mozolnie wyciskamy tkankę przez pośladki i w rezultacie lądujemy u lekarza – a wszystko dlatego, że dumne zasiadanie na sedesie jest bardziej eleganckie niż jakieś przedpotopowe kucanie... Lekarze podejrzewają też, że częste napinanie się na sedesie wydatnie zwiększa ryzyko żylaków, wylewów, a także omdleń podczas defekacji.

Pewien znajomy przysłał mi z wakacji we Francji takiego oto esemesa: „Francuzi to dranie – ktoś ukradł muszle klozetowe z trzech kolejnych stacji benzynowych!". Wybuchnęłam śmiechem: po pierwsze dlatego, że jak podejrzewałam, napisał to całkiem serio, a po drugie, przypomniałam sobie, jak sama pierwszy raz stanęłam w progu francuskiej ubikacji. Jak to, mam się męczyć w kucki, bo wy nie możecie postawić zwyczajnej muszli? – pomyślałam rozżalona i w osłupieniu wpatrywałam się w ziejącą przede mną wielką dziurę. W wielu krajach Azji, Afryki i na południu Europy ludzie błyskawicznie załatwiają grubszą potrzebę w pozycji „zapaśnika" lub „narciarza". My tymczasem spędzamy mnóstwo czasu na porcelanowym tronie, czytając gazetę, mnąc w dłoniach papier toaletowy, wypatrując niedoczyszczonych kafelków albo po prostu cierpliwie gapiąc się na ścianę przed sobą.

Gdy odczytywałam powyższy tekst mojej rodzinie zebranej w salonie, zauważyłam na wielu twarzach grymas irytacji. Czyż mamy teraz wszyscy wdrapywać się na nasz porcelanowy tron i nieprzyzwyczajeni do kucania kiwać się nad dziurą, gdy chcemy po prostu zrobić kupę? Odpowiedź brzmi: nie i pal sześć hemoroidy! Chociaż na pewno byłoby zabawnie tak ustawić się w kucki na sedesie... Ale nie jest to bynajmniej konieczne: można bowiem również kucać, siedząc. Warto tego spróbować zwłaszcza wtedy, gdy nie udaje nam się załatwić wszystkiego za jednym posiedzeniem: tułów pochylamy lekko do przodu, a stopy opieramy na niskim stołeczku – i już! Wszystko jest pod właściwym kątem, można spokojnie czytać, miąć papier albo gapić się przed siebie, i to bez żadnych wyrzutów sumienia.

W przedsionku układu trawiennego

Można by sądzić, że zakończenie przewodu pokarmowego jest tak intrygujące z tego względu, że rzadko mamy okazję stanąć dokładnie naprzeciw niego. Ale moim zdaniem nie tylko o to chodzi. Swoje tajemnice mają dla nas również pewne miejsca na samym początku tej drogi – choć przecież codziennie lustrujemy ten obszar przy okazji mycia zębów.

Sekretne miejsce numer jeden mieści się w okolicy języka. Są to cztery małe punkciki. Pierwsze dwa znajdziemy na wewnętrz-

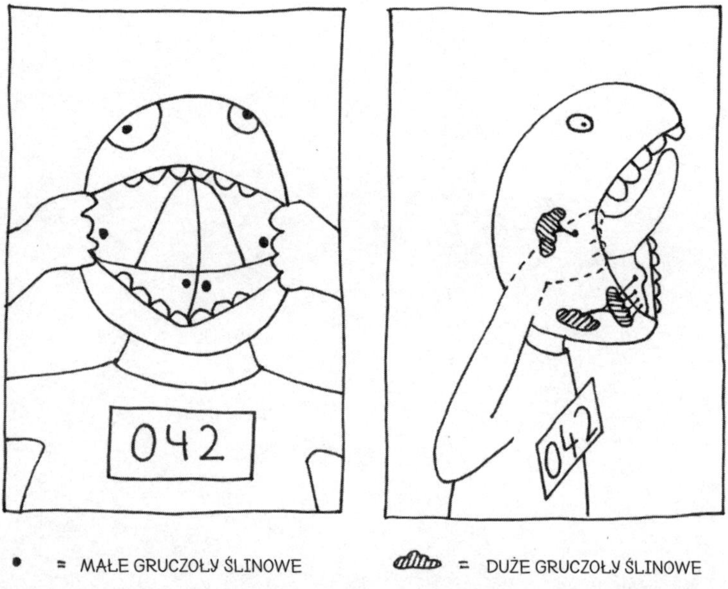

nej stronie policzków, mniej więcej pośrodku, naprzeciwko górnego rzędu zębów. Po lewej i prawej stronie można tam wyczuć niewielkie wzniesienia. Wiele osób myśli, że powstały one w wyniku przypadkowego przygryzienia policzka, ale to nieprawda – u każdego człowieka wzgórki te znajdują się w tym samym miejscu. Pozostałe dwa znajdują się pod językiem, po prawej i lewej stronie wędzidełka. Z tych czterech miejsc wydobywa się ślina.

Z gruczołów na policzkach ślina wypływa, gdy jest po temu odpowiedni powód – na przykład podczas jedzenia – a z otworków pod językiem wydostaje się przez cały czas. Gdybyśmy mogli zanurkować w głąb tych otworów i popłynąć pod prąd, dotarlibyśmy do dużych gruczołów ślinowych. To tam wytwarzana jest większość śliny – od 0,7 do 1 litra dziennie. Przesuwając palcem od gardła w kierunku szczęki, można wyczuć dwa miękkie okrągłe wzniesienia. Pozwolą Państwo, że dokonam prezentacji – to właśnie główne ślinianki (tzw. ślinianki podżuchwowe).

Ponieważ odpowiedzialne za „ciągłe nawilżanie" punkty na języku znajdują się dokładnie na tyłach naszych dolnych siekaczy, nic dziwnego, że właśnie tam szczególnie szybko osadza się kamień nazębny. Ślina zawiera bowiem związki wapnia, których właściwym przeznaczeniem jest utwardzanie szkliwa. Jeśli jednak zęby poddawane są ich działaniu przez cały czas, zaczyna się dla nich „klęska urodzaju". Pojedyncze cząsteczki, które niewinnie przepływają w pobliżu, zostają schwytane i zamienione w kamień. Problemem zresztą nie jest kamień sam w sobie, tylko jego szorstka powierzchnia. Bakterie odpowiedzialne za paradontozę czy próchnicę znacznie łatwiej przylegają do szorstkiego kamienia niż do zupełnie gładkiego szkliwa pokrywającego zęby.

W jaki sposób związki wapnia trafiają do śliny? Otóż ślina to przefiltrowana krew. Proces odsączania odbywa się w śliniankach. Czerwone krwinki są podczas niego zatrzymywane, bo potrzebujemy ich w krwiobiegu, a nie w ustach. Z krwi do śliny przechodzą za to wapń, różne hormony i substancje wytwarzane przez układ odpornościowy. Dlatego też skład śliny odrobinę różni się u poszczególnych osób. Wykorzystując próbkę śliny, można nawet zbadać poziom określonych hormonów lub wykryć choroby układu odpornościowego. Gruczoły ślinowe wydzielają nie tylko wspomniane substancje – takie jak choćby związki wapnia, odpowiedzialne za powstawanie kamienia – ale i na przykład środki przeciwbólowe.

Tak, to nie pomyłka – w naszej ślinie znajduje się środek przeciwbólowy o działaniu wielokrotnie silniejszym niż morfina. Odkryto go dopiero w roku 2006 i nazwano opiorfiną. Oczywiście, wytwarzamy go tylko w niewielkich ilościach, ostatecznie nie chodzi przecież o to, by nasza własna ślina otumaniła nas ze szczętem. Ale nawet w tak maleńkiej dawce środek ten jest bardzo potrzebny, bo nasza buzia to prawdziwy wrażliwiec! W żadnym innym rejonie ciała nie ma chyba tak wielu zakończeń nerwowych, jak tutaj – to dlatego wyczuwamy każde ziarenko piasku w sałacie, a najmniejsza pesteczka truskawki, która utkwi nie tam gdzie trzeba, działa nam na nerwy. Mała ranka, której pewnie w ogóle byśmy nie zauważyli, gdyby zrobiła się na łokciu, w ustach potwornie boli i wydaje się olbrzymia.

A byłoby jeszcze gorzej, gdyby nie zawarte w ślinie substancje przeciwbólowe! Ponieważ podczas przeżuwania wydzielamy je w zwiększonych ilościach, po jedzeniu zmniejsza się ból gardła, mniej bolą też drobne ranki w jamie ustnej. W tym celu niekoniecznie trzeba zresztą jeść – ten sam proces zachodzi bowiem już podczas żucia gumy. Opublikowane w ostatnim czasie wyniki kilku badań dowodzą, że opiorfina ma też właściwości antydepresyjne. Może więc znana metoda „zajadania frustracji" naprawdę jest w pewnym stopniu skuteczna i to właśnie za sprawą śliny? Miejmy nadzieję, że dalsze badania nad bólem i depresją w najbliższych latach przyniosą na to pytanie odpowiedź.

Ślina chroni wrażliwą jamę ustną nie tylko przed bólem, ale także przed nadmiarem złych bakterii. Do tego służą na przykład mucyny. To substancje śluzowe. Właśnie im zawdzięczamy możliwość puszczania ustami baniek przypominających te z mydła, co dostarczało nam w dzieciństwie fantastycznych wrażeń. Mucyny otaczają zęby i dziąsła ochronną „siatką". Substancje te wystrzeliwane są z małych gruczołów ślinowych mniej więcej w taki sam sposób, jak pajęcze sieci z nadgarstka Spidermana. Gotowe do ataku bakterie utykają w sieci, a wtedy rozprawiają się z nimi inne znajdujące się w ślinie substancje o działaniu przeciwbakteryjnym.

Podobnie jak w przypadku zawartych w ślinie środków przeciwbólowych, również stężenie substancji antybakteryjnych nie jest przesadnie wysokie. W końcu zadaniem śliny nie jest laboratoryjna dezynfekcja organizmu. Mało tego, zgrana drużyna dobrych bakterii jest nam bardzo potrzebna. Niegroźne bakterie bytujące w jamie ustnej nie są więc całkowicie niszczone przez ślinę. Ich dobroczynna rola polega bowiem na zasiedlaniu obszarów, które w przeciwnym wypadku mogłyby zostać zajęte przez chorobotwórcze zarazki.

Podczas snu wytwarzanie śliny niemal ustaje. To świetna wiadomość dla wszystkich namiętnych obśliniaczy poduszek – gdybyśmy również nocą produkowali tyle śliny, co w dzień, czyli 1–1,5 litra, nie byłoby miło wstawać. Jednak właśnie z powodu ograniczonego wytwarzania śliny nocą rano często odczuwamy ból gardła lub mamy nieświeży oddech. Osiem godzin skąpej produkcji śliny to dla bakterii w jamie ustnej najlepszy czas do ataku. Te bezczelne stworzenia mają wówczas znacznie większą

Tkanka limfatyczna u nasady języka, zwana, od łacińskiego terminu *tonsilla lingualis* migdałkami językowymi

swobodę. Wyłączenie „zraszaczy” utrudnia bowiem naszym błonom śluzowym w jamie ustnej i gardle skuteczną obronę.

Dlatego tak ważne jest mycie zębów przed snem i po wstaniu. Wieczorem zmniejszamy w ten sposób populację bakterii w ustach i dzięki temu zaczynamy noc z mniejszą liczbą niechcianych biesiadników. Rano zaś usuwamy pozostałości po nocnej uczcie. Na szczęście gruczoły ślinowe budzą się razem z nami i natychmiast biorą się do roboty! Najpóźniej przy śniadaniu lub szczotkowaniu zębów wydzielanie śliny rusza już pełną parą, dzięki czemu bakterie są unieszkodliwiane na miejscu lub spływają dalej, do żołądka, gdzie rozprawiają się z nimi kwasy żołądkowe.

Jeśli jednak nieświeży zapach z ust utrzymuje się również w ciągu dnia, może to oznaczać, że nie udało się skutecznie usunąć cuchnących przybyszów. Te cwane bestie chętnie kryją się pod nowo utworzoną mucynową siatką, dokąd znacznie trudniej dotrzeć zawartym w ślinie substancjom przeciwbakteryjnym. W rozwiązaniu takiej sytuacji może pomóc dokładne czyszczenie języka, ale też wytrwałe żucie gumy – w ten sposób pobudzamy wytwarzanie śliny, która przepłukuje nawet niedostępne zakątki mucynowych sieci. Jeśli wszystkie te zabiegi okazują się nieskuteczne, przyczyn brzydkiego zapachu trzeba szukać jeszcze gdzie indziej. Zaraz do tego przejdziemy, najpierw jednak przedstawię sekretne miejsce numer dwa.

Czeka nas tu spore zaskoczenie – jak wtedy, gdy sądząc, że dobrze kogoś znamy, nieoczekiwanie odkrywamy drugą, szaloną stronę jego osobowości. Szykowną urzędniczkę z banku odnajdujemy w internecie jako posiadaczkę wielkiej hodowli fretek. Heavymetalowego gitarzystę spotykamy, gdy kupuje włóczkę: bardzo lubi robić na drutach (dzierganie go odpręża), a jednocześnie uważa, że to świetny trening dla palców. I tak dalej. Największe zaskoczenia to efekt konfrontacji z pierwszym wrażeniem – podobnie jest w przypadku języka. Jeśli staniemy przed lustrem i wyciągniemy go na całą długość, też nie od razu dowiemy się o nim wszystkiego. Można zadać sobie pytanie: no dobrze, ale co właściwie jest dalej? Przecież to wcale nie wygląda na koniec. W ten sposób dochodzimy do drugiej strony języka, czyli do jego nasady.

Krajobraz jest tu zupełnie inny, usiany różowymi pagórkami. O ile nie mamy silnie wykształconego odruchu wymiotnego, możemy spróbować delikatnie obmacać język palcem, powoli przesuwając się ku tyłowi. Gdy tylko dojdziemy do nasady, zauważymy, że od dołu język ni z tego, ni z owego staje się pofałdowany w drugą stronę. Zadaniem znajdujących się tam wzgórków jest dokładne analizowanie wszystkiego, co przełykamy. Wzgórki zajmują się wychwytywaniem cząsteczek z jedzenia, picia i wdychanego powietrza. Wszystkie te cząsteczki zostają wciągnięte do wnętrza wzgórków, gdzie czeka już cała armia komórek odpornościowych, które trzeba wyćwiczyć w kontaktach ze światem zewnętrznym. Kawałki jabłka można zostawić w spokoju, w wypadku zarazków wywołujących zapalenie gardła konieczna jest natychmiastowa interwencja. Podczas macania języka palcem trudno więc właściwie stwierdzić, kto kogo bada, mamy tu bowiem do czynienia z jedną z najbardziej wścibskich części naszego ciała, a mianowicie z tkanką chłonną.

W tkance tej wyróżniamy kilka „punktów obserwacyjnych". Mówiąc ściślej, całe gardło otoczone jest pierścieniem tkanki chłonnej. Obszar ten nosi także nazwę pierścienia gardłowego Waldeyera: u dołu wzgórki na języku, po lewej i prawej stronie migdałki podniebienne, a na górze jeszcze twory umiejscowione na sklepieniu gardła, w pobliżu nosa i uszu (takie przerośnięte twory, zauważane najczęściej u dzieci, nazywamy polipami). Jeśli ktoś z czytelników myśli teraz, że nie ma już migdałków, bo mu je wycięto, to jest w błędzie. Funkcję obserwacyjną migdałków spełniają bowiem wszystkie partie pierścienia Waldeyera. Wzgórki na języku, na sklepieniu gardła i wreszcie dobrze nam znane migdałki podniebienne – wszystkie robią dokładnie to samo: z wielką ciekawością analizują każdą docierającą do nich substancję i szkolą komórki odpornościowe w zakresie skutecznej samoobrony.

Niestety, migdałki podniebienne (które dawniej usuwano znacznie częściej niż teraz) wykonują swoją pracę nie tak inteligentnie, jak ich „koledzy po fachu". Nie mają bowiem wzgórków, tylko głębokie bruzdy – wszystko w celu zwiększenia powierzchni. W bruzdach tych osadza się niekiedy zbyt wiele obcych substancji, które wcale niełatwo stamtąd usunąć, dlatego ten fragment tkanki chłonnej jest wyjątkowo narażony na stany zapalne. Można powiedzieć, że to uboczny efekt wścibstwa migdałków. Dlatego przy problemach z nieświeżym oddechem, o ile przyczyną nie są kłopoty z językiem bądź zębami, warto sprawdzić właśnie migdałki – jeśli, rzecz jasna, jeszcze je mamy.

Niekiedy właśnie tu kryją się małe białe kamyczki o okropnym zapachu! Mnóstwo osób nie ma o tym pojęcia i całymi tygodniami prowadzi bezskuteczną walkę z nieświeżym oddechem lub nieprzyjemnym posmakiem w ustach. Ale w takim wypadku ani najdokładniejsze mycie zębów, ani szorowanie języka czy płukanie gardła nie daje właściwie żadnych rezultatów. Pewnego pięknego dnia kamyczki same znikną i wszystko znów będzie w porządku – wcale jednak nie trzeba bezsilnie tego dnia wypatrywać. Wystarczy trochę wprawy i wydłubie się je samodzielnie, a wtedy brzydki zapach z ust natychmiast się ulotni.

Żeby przekonać się, czy to rzeczywiście migdałki są źródłem brzydkiego zapachu, wystarczy przejechać po nich palcem lub patyczkiem higienicznym. Jeśli po takim zabiegu pojawia się nieprzyjemny zapach, można zacząć szukać kamyczków. Najlepiej je usunąć podczas wizyty u laryngologa – tak będzie bezpieczniej i wygodniej. Jeśli nie mamy oporów przed oglądaniem obrzydliwych filmików, zajrzyjmy na YouTube. Znajdziemy tam rozmaite techniki samodzielnego wyciskania takich kamieni, a przy okazji zobaczymy ich rekordowe egzemplarze. Uwaga: nie są to filmy dla ludzi o słabych nerwach!

Istnieją zresztą rozmaite domowe sposoby na kamienie migdałkowe. Niektórzy wielokrotnie w ciągu dnia płuczą usta słoną wodą, inni święcie wierzą w działanie kiszonej kapusty, jeszcze inni utrzymują, że w pozbyciu się kamieni pomaga rezygnacja z nabiału. Naukowcy nie potwierdzili jednak skuteczności żadnej z tych metod. Po gruntownych analizach wydali za to oświadczenie w innej sprawie – od kiedy mianowicie można poddać się operacji usunięcia migdałków. Odpowiedź brzmi: najlepiej przeprowadzać ją dopiero po ukończeniu siódmego roku życia.

Owe siedem lat wystarczają, by zobaczyć niemal wszystko, co istotne. W każdym razie tak uważają nasze komórki odpornościowe: przyszliśmy na całkowicie obcy świat, mama nieraz nas wycałowała, byliśmy w ogrodzie i w lesie, głaskaliśmy zwierzaki, wiele razy bywaliśmy przeziębieni, w szkole poznaliśmy mnóstwo obcych ludzi. To właściwie wystarczy. Można powiedzieć, że w tym momencie nasz układ odpornościowy kończy studia i może iść do normalnej pracy, którą będzie wykonywał do końca naszego życia.

Przed siódmym rokiem życia migdałki odgrywają ważną rolę „placówek edukacyjnych". Odpowiednio wykształcony układ odpornościowy przydaje się nie tylko do zwalczania przeziębień. Istnieją też ścisłe zależności między stopniem jego rozwoju a chorobami serca albo naszą wagą. Dzieci, którym usunięto migdałki przed ukończeniem siódmego roku życia, są bardziej narażone na otyłość. Na razie lekarze nie wiedzą jeszcze, czemu tak się dzieje, jednak związki pomiędzy wagą a układem odpornościowym stają się coraz częstszym przedmiotem badań. Dla dzieci zbyt szczupłych usunięcie migdałków może okazać się więc bardzo skuteczną terapią, która pozwoli im trochę przytyć. W pozostałych przypadkach rodzicom zaleca się, by po operacji migdałków u dziecka zwracali szczególną uwagę na zrównoważoną dietę.

Jeśli więc decydujemy się na usunięcie migdałków u dzieci przed siódmym rokiem życia, lepiej żebyśmy mieli ważne powody. Oczywiście, jeśli na przykład migdałki są na tyle duże, że utrudniają spanie i oddychanie, nie będziemy się przejmować takimi efektami ubocznymi, jak kilka kilogramów więcej. W sumie to wzruszające, że nasza własna tkanka chłonna z takim poświęceniem pragnie nas chronić. Ale niestety, ta nadgorliwość bardziej nam szkodzi, niż pomaga. W wielu przypadkach lekarze usuwają laserem tylko chory fragment migdałków bez wycinania ich w całości. Inaczej jest, gdy stany zapalne występują chronicznie. W takiej sytuacji nasze komórki odpornościowe nie mają ani chwili spokoju, co na dłuższą metę wcale im nie służy. Dlatego, niezależnie od tego, czy pacjent ma cztery, siedem czy pięćdziesiąt lat, w przypadku nadwrażliwości układu odpornościowego usunięcie migdałków może być bardzo korzystne.

Na taki krok decydują się często ludzie cierpiący na przykład na łuszczycę. Ich nazbyt czuły układ odpornościowy wszczyna alarm przy najdrobniejszej okazji, co skutkuje swędzącymi zapaleniami skóry (często zaczynającymi się od głowy) i bólami stawów. Do tego chorzy na łuszczycę znacznie częściej niż inni mają problemy z gardłem. Możliwą przyczyną choroby są schowane w migdałkach bakterie. Potrafią one długo ukrywać się w migdałkowych bruzdach, nieustannie drażniąc stamtąd układ odpornościowy. Od ponad trzydziestu lat opisywane są przypadki częściowego lub nawet całkowitego ustąpienia łuszczycy po usunięciu migdałków. W roku 2012 badacze z Islandii i Stanów Zjednoczonych postanowili dokładniej przebadać tę zależność. 29 chorych na łuszczycę i cierpiących na częste bóle gardła podzielili na dwie grupy. Połowie pacjentów usunięto migdałki, a pozostałym nie. Stan zdrowia 13 spośród 15 „odmigdałkowanych" osób wyraźnie i trwale się poprawił. U tych, którym migdałki pozostawiono, właściwie nic się nie zmieniło. Obecnie usuwa się też niekiedy migdałki u chorych na reumatyzm ze względu na rosnące przekonanie lekarzy, że to one właśnie odpowiadają za wystąpienie objawów.

Zostawiać migdałki czy wycinać – za każdym z tych rozwiązań przemawiają, jak widać, mocne argumenty. Jeśli jednak ktoś z czytelników został pozbawiony migdałków już we wczesnym dzieciństwie, nie musi się martwić, że jego układ odpornościowy przegapił wszystkie ważne lekcje w jamie ustnej! Na szczęście mamy bowiem jeszcze wzgórki na języku i sklepieniu gardła. Z kolei ci, którzy zachowali migdałki, nie mają powodu wpadać w obsesję na punkcie czających się tam bakterii: u wielu osób krypty migdałków są po prostu dosyć płytkie i dlatego nie sprawiają żadnych problemów. Natomiast wzgórki na języku i spółka właściwie nigdy nie pełnią roli kryjówki dla bakterii. Są inaczej zbudowane, a do tego mają gruczoły, za pomocą których same się regularnie czyszczą.

W naszych ustach cały czas coś się dzieje: małe gruczoły ślinowe strzelają mucynowymi sieciami, dbają o nasze zęby i chronią nas przed zbędnym bólem. Pierścień gardłowy kontroluje trafiające do nas z zewnątrz obce cząsteczki i w ten sposób trenuje odpornościową armię. Nie potrzebowalibyśmy tego wszystkiego, gdyby za jamą ustną nie było czegoś jeszcze. Ale przecież usta to zaledwie brama do świata, w którym to, co obce, zmienia się w to, co nasze.

Budowa przewodu pokarmowego

Niektóre rzeczy tracą przy bliższym poznaniu. Czekoladowe wafelki z reklamy wcale nie są dziełem uśmiechniętych gospodyń w strojach ludowych, tylko pochodzą z ponurej fabryki, gdzie kolejno zjeżdżają z taśmy w upiornym świetle jarzeniówek. Szkoła wcale nie jest taka fajna, jak nam się jeszcze pierwszego dnia wydawało. Za kulisami wszyscy pokazujemy się bez charakteryzacji. Niejedno z daleka prezentuje się znacznie lepiej niż z bliska.

Ale z przewodem pokarmowym sprawy mają się inaczej. Z daleka wygląda dosyć karykaturalnie. Gruba na dwa centymetry rurka przełyku prowadzi z ust w dół szyi, zmierzając w kierunku żołądka. Nie trafia jednak do niego od góry, tylko dziwacznie łączy się z nim gdzieś z boku. Żołądek ma prawą ściankę znacznie krótszą od lewej – dlatego jest przekrzywiony niczym woreczek przypominający kształtem półksiężyc. Jelito cienkie, długie na siedem metrów, wije się w jakichś bezsensownych pętlach to tam, to siam, aż ostatecznie przechodzi w jelito grube. W tym miejscu ich łączenia zwisa zupełnie niepotrzebna, jak się wydaje, ślepa kiszka, która potrafi chyba tylko dostawać zapalenia. A samo jelito grube składa się z szeregu wypukłości – jakby bez większego powodzenia usiłowało upodobnić się do sznura pereł. Krótko mówiąc, z daleka nasz przewód pokarmowy wygląda jak tandetny gumowy wąż – powykrzywiany i niesymetryczny.

Dlatego też w tym wypadku darujemy sobie obserwacje z dystansu. W całym naszym ciele nie ma chyba drugiego układu, który tak bardzo zyskiwałby, oglądany w powiększeniu. Im więcej wiemy o przewodzie pokarmowym, tym piękniejszy nam się wydaje. Na początek przyjrzyjmy się więc dokładniej wszystkim pozornym „niedoróbkom".

NIEWYDARZONY PRZEŁYK

Na pierwszy rzut oka wydaje się, że przełyk nie ma zielonego pojęcia o celowaniu. Zamiast wybrać najkrótszą drogę i skierować się bezpośrednio do żołądka od góry, dociera do niego z prawej strony. Tymczasem jest to posunięcie genialnego szachisty. Chirurdzy nazwaliby to „zespoleniem koniec do boku". Takie rozwiązanie wymaga wprawdzie niewielkiego nadłożenia drogi, ale jego wybór naprawdę się opłaca. Przy każdym kroku, który stawiamy, ciśnienie w brzuchu zwiększa się dwukrotnie, bo napinamy mięśnie brzucha. Rośnie ono dodatkowo podczas ataków śmiechu i kaszlu. Skoro więc brzuch napiera od dołu na żołądek, byłoby bardzo niewskazane, żeby przełyk wpadał do niego od góry. Zwłaszcza że wystarczy tylko troszkę przesunąć go w prawo, by znacząco zredukować nacisk. Dzięki temu, kiedy wychodzimy na spacer po jedzeniu, nie odbija nam się przy każdym kroku. I nawet gdy zwijamy się ze śmiechu, sprytne wygięcie przełyku i jego mechanizmy zamykające gwarantują, że najgorsze, co nam się przydarzy, to puszczenie bąka z radości. Nikt chyba jednak nie słyszał o tym, żeby „porzygać się ze śmiechu".

Ubocznym efektem tego rozwiązania jest obecność bańki powietrza w żołądku. Zobaczymy ją na każdym zdjęciu rentgenowskim: mały pęcherzyk powietrza w górnej partii żołądka. Powietrze unosi się i z początku wcale nie szuka ujścia. Dlatego wiele osób, gdy chce beknąć, musi najpierw zaczerpnąć trochę powietrza. W ten sposób ujście przełyku przesuwa się odrobinę w stronę pęcherzyka powietrza – i wtedy nadmiar powietrza może się uwolnić. Jeśli chcemy, by odbiło nam się w pozycji leżącej, powinniśmy po prostu położyć się na lewym boku. Jeśli zatem mamy wzdęty brzuch, a cały czas leżymy na prawym boku, wystarczy się po prostu obrócić.

„Niewydarzony" przełyk również zyskuje przy bliższym poznaniu. Gdy przyjrzymy mu się dokładniej, dostrzeżemy włókienka mięśniowe, które go spiralnie oplatają. To one umożliwiają przełykowi wykonywanie „spazmatycznych" ruchów. Ponieważ są skręcone spiralnie niczym kabel słuchawki telefonicznej, nie rwą się podczas rozciągania. Za ich pośrednictwem przełyk łączy się z kręgosłupem. Gdy siedzimy prościutko jak świeca i zadzieramy głowę, rozciągamy przełyk na długość. W tej pozycji światło przełyku się zwęża, a on sam szczelniej zamyka się od góry i od dołu. Dlatego jeśli chcemy uniknąć zgagi po obfitym posiłku, lepiej się wyprostować, niż zgiąć plecy w kabłąk.

KRZYWY ŻOŁĄDEK

Żołądek jest umiejscowiony znacznie wyżej, niż sądzi większość z nas. Zaczyna się tuż pod lewym sutkiem, a kończy pod prawym łukiem żebrowym. Wszystko, co boli nas poniżej, to nie żołądek. Ludzie często mówią, że coś im „usiadło na żołądku", ale tak naprawdę mają na myśli jelita. Bezpośrednio nad żołądkiem, a właściwie na nim, znajdują się serce i płuca. Dlatego gdy solidnie się najemy, znacznie trudniej jest wziąć głęboki wdech.

Zespołem marginalizowanym przez internistów jest tzw. objaw Roemhelda. W żołądku gromadzi się tak dużo powietrza, że uciska ono od dołu serce i nerwy trzewne. Organizm osób dotkniętych tym schorzeniem reaguje na różne sposoby. Niektórym chorym kręci się w głowie lub robi niedobrze. U części

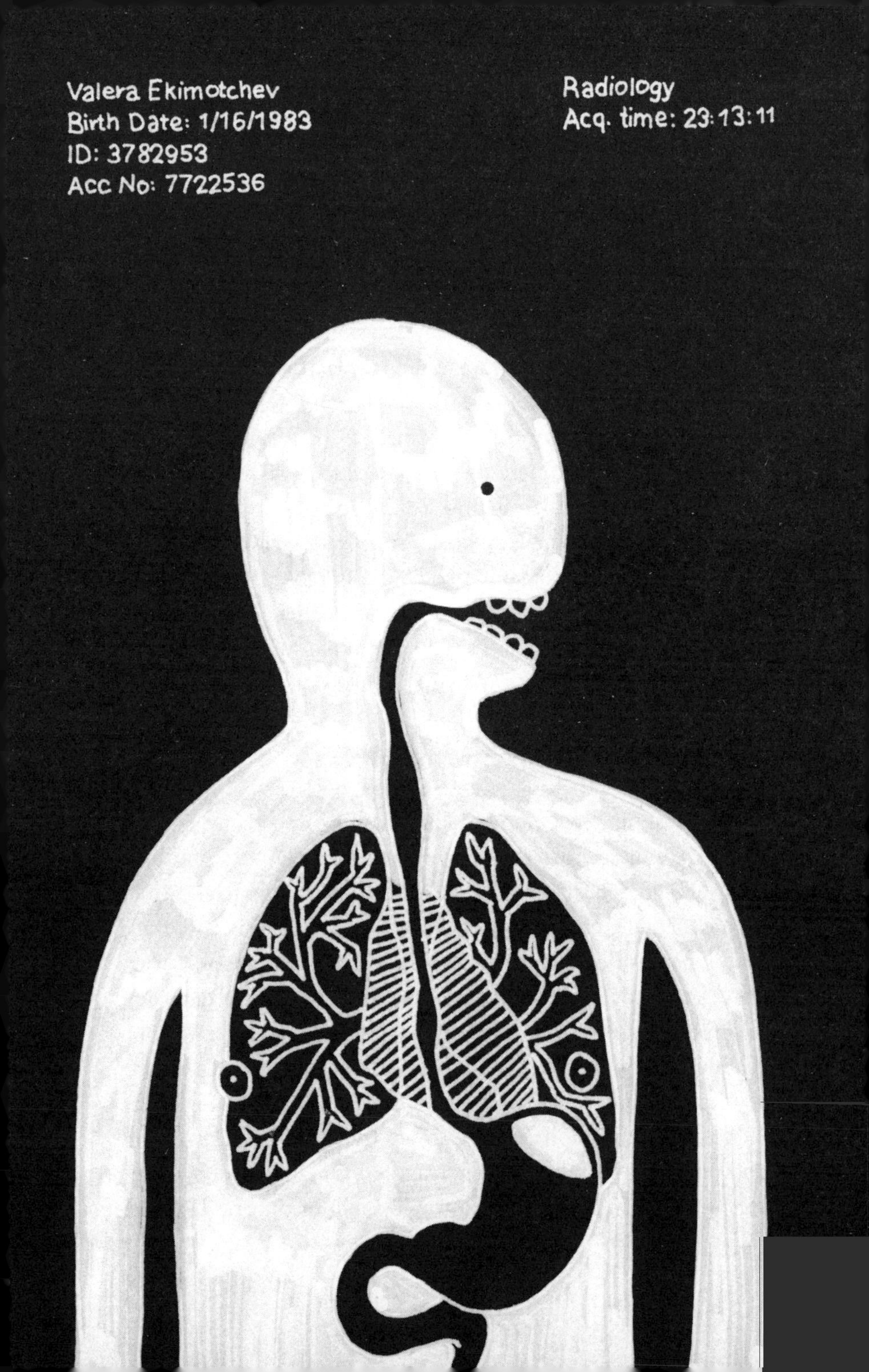
Valera Ekimotchev
Birth Date: 1/16/1983
ID: 3782953
Acc No: 7722536
Radiology
Acq. time: 23:13:11

ludzi pojawia się lęk przed bezdechem, jeszcze inni odczuwają silne bóle w klatce piersiowej, podobne do tych przy zawale serca. Lekarze często traktują takich pacjentów jak przewrażliwionych hipochondryków, którzy wmawiają sobie te wszystkie objawy. Tymczasem więcej pożytku mogłoby przynieść proste pytanie: „Czy próbował pan beknąć albo puścić bąka?". Na dłuższą metę zalecana jest rezygnacja z wzdymających potraw i nadmiernych ilości alkoholu, a także uregulowanie flory żołądkowej i jelitowej. Spożywanie alkoholu może nawet tysiąckrotnie zwiększyć populację bakterii wytwarzających gazy; część z nich wykorzystuje go przecież jako pożywienie (co łatwo poczuć, próbując sfermentowanych owoców). Jeśli przewód pokarmowy zapełnimy pracowitymi producentami gazu, nic dziwnego, że nocna dyskoteka w jelitach gładko przejdzie w poranne występy orkiestry dętej. A mówią, że alkohol dezynfekuje!

Wróćmy jeszcze do dziwacznego kształtu żołądka. Jedna jego strona jest znacznie dłuższa od drugiej, co sprawia, że narząd jest wykrzywiony, a w jego wnętrzu tworzą się głębokie fałdy. Można by powiedzieć, że żołądek to prawdziwy Quasimodo wśród naszych narządów. Ale jego nieforemność ma głębszy sens. Gdy wypijamy łyk wody, płyn spływa z przełyku bezpośrednio na prawą, krótszą stronę żołądka, lądując przy wlocie do jelita cienkiego. Pokarm stały natomiast spada na dłuższą stronę. W ten nadzwyczaj przemyślny sposób nasz „trawienny woreczek" oddziela to, co wymaga dalszego rozdrobnienia, od tego, co można od razu puścić dalej. Bo żołądek wcale nie jest „przekrzywiony" bez powodu – jego strony są po prostu wyspecjalizowane do peł-

---

Rysunek obok. Żeby wyraźniej zaznaczyć bańkę powietrza w żołądku, zrezygnowano z dokładnego odwzorowania rozkładu bieli i czerni na „prześwietleniu". Na zwykłym zdjęciu rentgenowskim twarde części, takie jak zęby czy kości, jawią się jako jasne, a rejony o mniejszej gęstości, na przykład bańka w żołądku czy powietrze w płucach, jako ciemne.

nienia odmiennych funkcji. Jedna lepiej radzi sobie z płynami, druga z pokarmami stałymi. Można powiedzieć: dwa w jednym.

POKRĘCONE JELITO CIENKIE

W naszym brzuchu swobodnie mieści się trzy–sześć metrów jelita cienkiego, zwiniętego w luźne pętle. Gdy wykonujemy skok z trampoliny, podskakuje ono razem z nami. Kiedy siedzimy w startującym samolocie, razem z nami wciska się w oparcie fotela. Gdy tańczymy, również jelito żwawo podryguje, a kiedy z powodu bólu brzucha wykrzywiamy usta w podkówkę, także ono napina mięśnie, wyginając je w podobny kształt.

Tylko nieliczni spośród nas kiedykolwiek widzieli własne jelito cienkie. Nawet lekarz, podczas wziernikowania jelit, zwykle ogląda tylko jelito grube. Jednak niemal każdy, kto za pomocą maleńkiej kamery przeznaczonej do połknięcia miał okazję odbyć podróż przez jelita, przeżył spore zaskoczenie. Nie jest to bowiem, jak można by się spodziewać, mroczna rura, lecz lśniący jak aksamit, wilgotny, różowy i delikatny twór. Mało kto wie, że z odchodami styka się wyłącznie ostatni metr jelita grubego: to, co znajduje się przed nim, jest zdumiewająco czyste (a na dodatek w dużym stopniu bezwonne). Jelito sumiennie wywiązuje się ze swojego zadania – zajmuje się wszystkim, co mu dostarczamy, rygorystycznie przestrzegając przy tym zasad bezpieczeństwa i higieny pracy.

Na pierwszy rzut oka jelito cienkie wydaje się w swojej budowie nieco bardziej chaotyczne niż inne narządy. Serce dzieli się na cztery komory, wątroba ma swoje zraziki, żyły mają zastawki, a mózg ma płaty – tymczasem jelito cienkie wrzucono po prostu do brzucha całe pokręcone. Jego prawdziwy charakter uwidocznia się dopiero pod mikroskopem. Dostrzegamy wówczas twór,

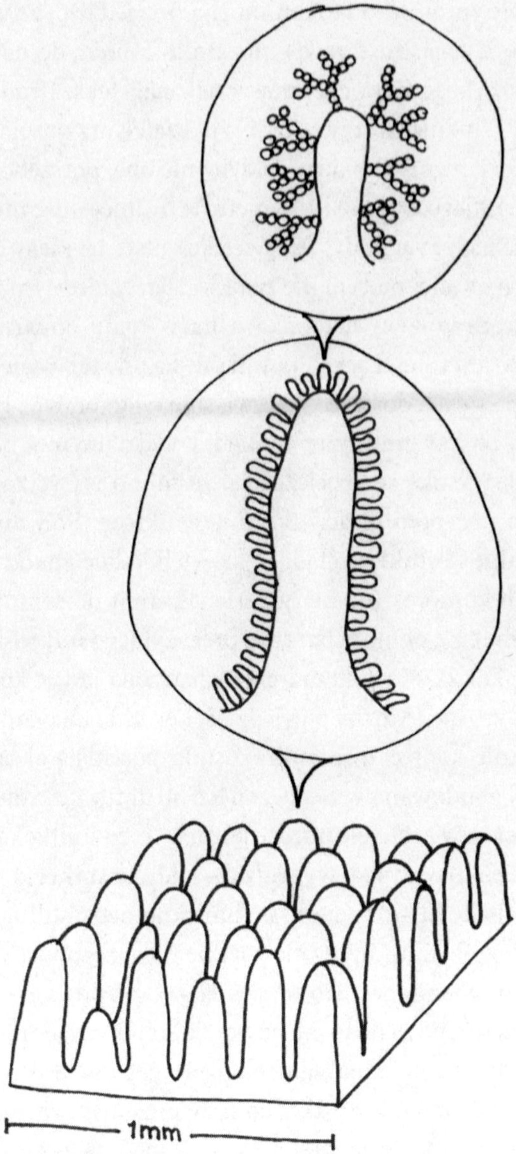

Kosmki jelitowe, mikrokosmki i glikokaliks

o którym z pełnym przekonaniem można powiedzieć, że został skonstruowany z zegarmistrzowskim zamiłowaniem do detali.

Nasze jelito, chcąc nam zaoferować jak największą możliwą powierzchnię, usłużnie tworzy fałdy. Na początek przyjrzyjmy się fałdom widocznym gołym okiem – gdyby nie one, potrzebowalibyśmy jelita cienkiego o długości 18 metrów, by mieć dość miejsca do trawienia. Niech żyją fałdy! Ale perfekcjonista tej klasy co jelito cienkie bynajmniej na tym nie poprzestaje. Na jednym tylko milimetrze kwadratowym nabłonka jelita w masę pokarmową wnika aż trzydzieści sterczących kosmków. Są one tak maleńkie, że prawie nie da się ich dostrzec – ale właśnie tylko prawie. Nasze oczy rejestrują obszar graniczny pomiędzy widzialnym a niewidzialnym z tak wysoką rozdzielczością, że mimo wszystko rozpoznajemy ich przypominającą aksamit strukturę. Pod mikroskopem maleńkie kosmki wyglądają jak wielkie fale zbudowane z pojedynczych komórek (na marginesie: aksamit prezentuje się bardzo podobnie). Za pomocą bardziej precyzyjnego mikroskopu zobaczymy, że każda z tych komórek zaopatrzona jest w kolejne kosmkowate wyrostki. Można powiedzieć, kosmki na kosmkach. Ale to jeszcze nie koniec: owe mikrokosmki posiadają aksamitną „lamówkę", zbudowaną z niezliczonych struktur cukrowych, przypominających w kształcie poroże jelenia. To tzw. glikokaliks. Gdybyśmy chcieli to wszystko wygładzić – fałdy, kosmki i kosmki na kosmkach – jelito miałoby około siedmiu kilometrów długości.

A czemu w ogóle musi być takie wielkie? Dlaczego właściwie powierzchnia trawienna jest sto razy większa niż powierzchnia skóry? To chyba trochę za dużo jak na porcję frytek czy jedno jabłko... Taka budowa ma jednak głęboki sens: żeby samemu rosnąć, musimy rozdrobnić wszystko, co przyjmujemy z zewnątrz, na tak maleńkie cząstki, byśmy mogli je wchłonąć i uczynić częścią nas samych.

Proces ten zaczyna się już w ustach. Gdy wgryzamy się w soczyste jabłko, słyszymy wyraźne chrupnięcie. Dzieje się tak dlatego, że zębami miażdżymy miliony komórek owocu, które pękają jak baloniki powietrza. Im świeższe jest jabłko, tym więcej komórek pozostaje wciąż nienaruszonych – dlatego dokonując oceny świeżości, instynktownie zdajemy się na świadectwo uszu: im głośniejsze chrupnięcie, tym lepiej.

Ten sam instynkt, który sprawia, że lubimy chrupiącą świeżość, popycha nas do poddawania produktów białkowych obróbce termicznej. Stek, jajecznica czy pieczone tofu smakują nam bardziej niż surowe mięso, jajka czy zimne tofu. To nie może być przypadek. Intuicyjnie rozpoznajemy w tym pewien złożony proces. I rzeczywiście. Otóż z surowym jajkiem dzieje się w żołądku dokładnie to samo co na patelni: białko robi się białe, żółtko kremowe, a przy tym jedno i drugie ścina się do postaci stałej. Gdybyśmy zwymiotowali surowe jajko po odpowiednio długim czasie, wyglądałoby zupełnie jak jajecznica, choć wcale nie poddawaliśmy go działaniu ciepła. Wszystko dlatego, że proteiny reagują na kwasy żołądkowe tak samo jak na obróbkę termiczną – rozkładają się. Nie są już wówczas tak sprytnie ustrukturyzowane jak wcześniej, kiedy przybierały postać przezroczystego, płynnego białka jajka, tylko zamieniają się w białe farfocle. Dzięki temu żołądek i jelito cienkie mogą je znacznie łatwiej rozłożyć. A zatem gotowanie oszczędza nam wydatkowania energii na całą tę wstępną fazę przygotowań, która inaczej musiałaby nastąpić w żołądku. Z punktu widzenia naszych narządów trawiennych jest to więc swoisty *outsourcing*.

Do ostatecznego rozdrobnienia spożywanych pokarmów dochodzi w jelicie cienkim. W ściance jelita, tuż za wlotem, znajduje się niewielki otwór, tzw. brodawka. Z wyglądu przypomina ona nieco małe gruczoły ślinowe w ustach, ale jest od nich większa. Właśnie przez ten malutki otworek soki trawienne spryskują masę pokarmową. Gdy tylko coś zjadamy, wątroba i trzustka przystępują do wytwarzania owych soków i dostarczają je do brodawki. W sokach zawarte są te same substancje czynne co w proszkach do prania czy płynach do naczyń: enzymy trawienne i związki rozpuszczające tłuszcz. Proszki do prania działają na plamy w ten sposób, że „wytrawiają" z ubrań wszystko, co zawiera tłuszcze, białka czy cukry. Owe oddzielone substancje wraz z brudną wodą spływają następnie do kanalizacji. Mniej więcej to samo dzieje się w jelicie cienkim. Tyle że tu olbrzymie niekiedy „okazy" białek, tłuszczów czy węglowodanów są rozpuszczane, by następnie przez ścianki jelita mogły trafić do krwi. Kęs jabłka przestaje być zwykłym kawałkiem owocu – zmienia się w odżywczy roztwór, zawierający niezliczone miliardy obfitujących w energię cząsteczek. By zająć się każdą z nich z osobna, potrzebna jest naprawdę wielka powierzchnia – dlatego siedem kilometrów długości jelit to wcale nie przesada. Dzięki takim rozmiarom możliwe jest też zachowanie „stref bezpieczeństwa", które okazują się bardzo przydatne, gdy w jelicie dochodzi do stanów zapalnych lub gdy nabawimy się infekcji wirusowej.

W każdym kosmku jelitowym znajduje się maleńkie naczynko krwionośne, zasilane cząsteczkami pobranymi z pożywienia. Wszystkie naczynia krwionośne jelita cienkiego zbiegają się razem i następnie przechodzą przez wątrobę, która bada to, cośmy zjedli, pod kątem obecności szkodliwych substancji i toksyn. Na tym etapie jeszcze można zniszczyć rozmaite trucizny, zanim trafią do dużego krwiobiegu. Jeśli zjemy za dużo, tutaj tworzą się pierwsze zapasy energii. Z wątroby zasobna w substancje odżywcze krew płynie prosto do serca. Stąd energicznym skurczem pompowana jest do miliardów komórek naszego ciała. W ten sposób na przykład cząsteczka cukru trafia do komórki skóry na prawym sutku. Tu zostaje wchłonięta i spalona z użyciem tlenu. W ten sposób powstaje energia, utrzymująca komórki przy życiu, a jako produkty uboczne wytwarzane są ciepło i pewna minimalna ilość wody. Dzięki temu że proces ten zachodzi jednocześnie w niezliczonej liczbie komórek, możliwe jest utrzymywanie stałej temperatury ciała na poziomie 36–37°C.

U podstaw przemiany materii tkwi prosta zasada. Aby jabłko dojrzało, natura potrzebuje energii. My, ludzie, rozdrabniamy jabłko na cząsteczki i na koniec je spalamy. W ten sposób ponownie uwalniamy energię, służącą nam do życia. Wszystkie narządy, które rozwijają się z „rurki" pokarmowej u płodu, mogą dostarczać paliwa dla naszych komórek. Nic innego nie robią też przecież płuca, które przy każdym wdechu pobierają cząsteczki. Zwrot „zaczerpnąć tchu" można by więc zamienić na: „przyjmować pokarm w postaci gazowej". Spora część masy naszego ciała pochodzi właśnie z wdychanych atomów, a nie z cheeseburgerów. W przypadku roślin większość masy czerpana jest z powietrza, nie zaś z ziemi. Mam tylko nadzieję, że nie podsunęłam właśnie kolejnego pomysłu na dietę redaktorom kobiecych czasopism...

Zatem energia napędzająca narządy naszego ciała jest pozyskiwana w całości w jelicie cienkim. Właśnie ze względu na zawarty w pożywieniu ładunek energetyczny jedzenie tak się nam podoba. Jednak przypływu energii nie należy oczekiwać bezpośrednio po zakończeniu posiłku. W tym momencie wiele osób odczuwa raczej zmęczenie. Bo przecież pożywienie wcale nie dotarło jeszcze do jelita cienkiego, tylko cały czas jest przygotowywane do dalszej obróbki. Nie czujemy już wprawdzie głodu, ponieważ mamy rozciągnięty pod wpływem pokarmu żołądek, ale jesteśmy tak samo ospali i niemrawi jak przed posiłkiem, a tymczasem musimy jeszcze zebrać siły na żmudne mieszanie i rozdrabnianie. W tym celu większa ilość krwi kierowana jest do narządów trawiennych. Mózg, jak wskazują naukowcy, jest wówczas ukrwiony słabiej i dlatego odczuwamy zmęczenie. Jeden z moich profesorów mawia: „Gdyby cała krew z głowy znalazła się w brzuchu, bylibyśmy martwi albo przynajmniej stracilibyśmy przytomność".

Ale opadanie z sił po jedzeniu ma również inne przyczyny. Określone substancje przekaźnikowe, które są wydzielane, gdy odczuwamy sytość, mogą stymulować też obszary w mózgu odpowiadające za poczucie zmęczenia. Zmęczenie, przeszkadzające w pracy mózgowi, dla jelita cienkiego jest stanem idealnym. Jemu zdecydowanie najlepiej pracuje się wtedy, gdy jesteśmy rozleniwieni i odprężeni, a w naszej krwi nie buzują hormony stresu. Wówczas bowiem ma do dyspozycji maksimum energii. Dlatego flegmatyczny miłośnik książek będzie trawił obiad znacznie efektywniej niż nieustannie spięty menedżer wysokiego szczebla.

NIEPOTRZEBNA ŚLEPA KISZKA I PUCOŁOWATE JELITO GRUBE

Leżanka w przychodni, a na niej my, z jednym termometrem w ustach, a drugim w pupie. Cóż, można sobie wyobrazić lepsze sposoby spędzania wolnego czasu. Dawniej tak właśnie wyglądało jedno z badań przeprowadzanych w sytuacji, gdy podejrzewano zapalenie wyrostka robaczkowego w tzw. ślepej kiszce. Znacznie wyższą temperaturę w odbycie niż w jamie ustnej zaliczano do głównych objawów. Dziś na szczęście lekarze, stawiając diagnozę, nie zdają się już na różnicę temperatur. Objawami zapalenia wyrostka są, oprócz gorączki, charakterystyczne bóle po prawej stronie brzucha poniżej pępka (tu właśnie u większości ludzi znajduje się jelito ślepe).

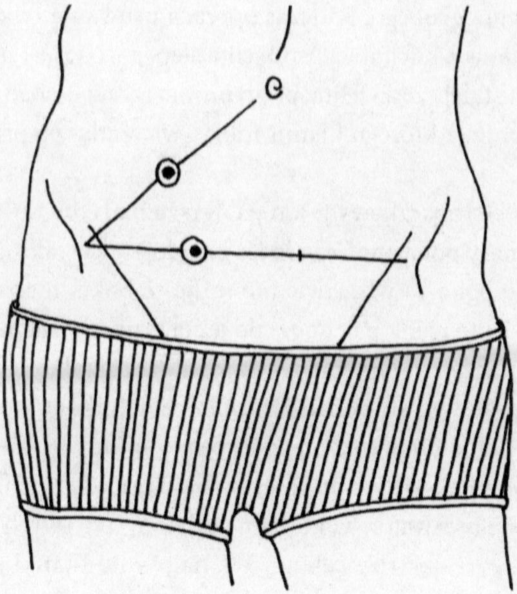

Jeśli uciśniemy brzuch w tym miejscu, poczujemy ból, podczas gdy nacisk na lewo od pępka, co ciekawe, przyniesie ulgę. Gdy tylko zabierzemy palce z lewej strony brzucha – auuuć! Ból powróci. Dlaczego się tak dzieje? Otóż narządy wewnętrzne zanurzone są w ochronnym płynie. Gdy uciskamy brzuch z lewej strony, chore jelito otacza większa ilość płynu, co bardzo mu odpowiada. Inne objawy stanu zapalnego to bóle podczas unoszenia prawej nogi połączonego z pokonywaniem oporu (ktoś musi jednocześnie naciskać nogę w dół), a także utrata apetytu, nudności i wymioty.

Jelito ślepe w powszechnej opinii jest uważane za narząd całkowicie zbędny. A jednak żaden lekarz na świecie nie zdecydowałby się wyciąć go pacjentowi, choćby z najsilniejszymi bólami brzucha. W rzeczywistości bowiem jelito ślepe jest ważnym fragmentem jelita grubego. Podczas operacji usuwa się tylko wyrostek robaczkowy, odchodzący od jelita ślepego. Nie jest on podobny do pozostałej części jelita, przypomina raczej nienadmuchany długi balonik, z którego klauni robią zwierzątka na przyjęciach dla dzieci.

Wyrostek robaczkowy jest nie tylko za mały, by zajmować się obróbką masy pokarmowej, ale też znajduje się w takim miejscu, do którego pokarm właściwie nie trafia. Z boku, nieco nad wyrostkiem, jelito cienkie uchodzi do jelita grubego. Mamy tu więc do czynienia ze „stworzeniem", które może się tylko przyglądać, jak świat przesuwa się ponad nim. Ci z czytelników, którzy przypominają sobie opowieść o pagórkowatym krajobrazie w jamie ustnej, domyślają się już pewnie, czym naprawdę zajmuje się ten dziwaczny obserwator. Choć tak oddalony od swych kolegów w gardle, wyrostek robaczkowy też należy do tkanki chłonnej, tak jak migdałki.

Jelito grube pracuje na swój sposób nad tym, czego nie zdołało wchłonąć jelito cienkie. Ono już wcale nie przypomina strukturą aksamitu. Szkoda byłoby zachodu, by na kolejnym odcinku umieszczać gotowe do wchłaniania kosmki. Jelito grube jest ojczyzną bakterii jelitowych, które rozkładają dla nas ostatnie resztki pokarmowe. I właśnie tymi bakteriami bardzo interesuje się nasz układ odpornościowy.

Wyrostek robaczkowy znajduje się więc w najlepszym miejscu z możliwych! Dostatecznie daleko, by nie zajmować się składnikami pożywienia, ale jednocześnie na tyle blisko, by dokładnie przyglądać się obcym bakteriom. Na ściankach jelita grubego też występują duże skupiska komórek odpornościowych, ale wyrostek robaczkowy składa się niemal wyłącznie z odpornościowej tkanki chłonnej. Chorobotwórczy zarazek, który trafi tu na swoje nieszczęście, zostanie otoczony ze wszystkich stron. Niestety, oznacza to także, że stan zapalny może objąć wszystko dookoła – pole ostrzału wynosi 360°. A gdy mały wyrostek robaczkowy do tego silnie spuchnie, przepędzenie zarazków stanie się jeszcze trudniejsze. Dlatego właśnie w samych tylko Niemczech przeprowadza się co roku ponad sto tysięcy operacji usunięcia wyrostka.

Jednak ewentualne zapalenie to nie jedyny efekt pracy wyrostka. Skoro przeżywają w nim tylko dobre bakterie, a wszystkie niebezpieczne są bezwzględnie atakowane, to można podejrzewać, że w zdrowym wyrostku znajduje się starannie wyselekcjonowana kolekcja najbardziej dla nas korzystnych bakterii. Taką tezę postawili w roku 2007 amerykańscy naukowcy Randy Bollinger i William Parker, a wyniki ich badań z czasem ją potwierdziły. Rezerwuar korzystnych bakterii przydaje się bardzo na przykład po ostrej biegunce. Wymiata ona bowiem z jelit wiele pożytecznych dla zdrowia mikrobów, otwierając innym bakteriom drogę do zasiedlania „bezludnych" przestrzeni. A w tej kwestii lepiej nie zdawać się na przypadek. Według Bollingera i Parkera na to tylko czeka drużyna z wyrostka robaczkowego, która natychmiast wskakuje na wolne miejsce i rozprzestrzenia się w całym jelicie grubym, żeby nas chronić przed intruzami.

W Europie Środkowej nie ma zbyt wielu zarazków powodujących biegunkę. Choć czasem i nam zdarzy się złapać tzw. grypę jelitową, to jednak w porównaniu z takimi na przykład Indiami czy Hiszpanią nasze otoczenie zasiedlają stosunkowo niegroźne mikroby. Można więc powiedzieć, że potrzebujemy wyrostka robaczkowego w znacznie mniejszym stopniu niż mieszkańcy innych regionów. Dlatego też nie zamartwiajmy się, jeśli usunięto nam wyrostek robaczkowy czy czeka nas taka operacja. W pozostałej części jelita grubego jest dość komórek odpornościowych, by przejąć zadania wyrostka. Jeśli zaś dopadnie nas biegunka, a chcemy mieć pewność, że kiedy dolegliwości miną, wszystko wróci do normy, zawsze możemy zaopatrzyć się w preparat zawierający dobre bakterie, które ponownie zasiedlą nasze jelita.

Nikt już chyba nie ma wątpliwości, do czego służy wyrostek robaczkowy. Dalej nie wiadomo jednak, po co nam jelito grube. Składniki odżywcze z jedzenia zostały już przecież wchłonięte, żadnych kosmków tu nie ma. Co właściwie flora jelitowa ma począć z niestrawnymi resztkami? Na dodatek jelito grube nie jest zwinięte w pętle tak jak jego poprzednik, tylko układa się wokół jelita cienkiego niczym gruba rama obrazu. Nie obraziłoby się zresztą wcale za określenie „grube" – po prostu do wypełniania swoich zadań potrzebuje więcej miejsca.

Rozsądne gospodarowanie zasobami pozwala przetrwać ciężkie czasy. To podstawowa zasada, którą kieruje się jelito grube. Dlatego pieczołowicie zajmuje się wszystkimi „resztkami" i trawi je do końca. W jelicie cienkim wchłaniany jest już może drugi lub nawet trzeci posiłek – ale jelito grube wcale się tym nie przejmuje. Przez jakieś szesnaście godzin sumiennie przetwarza wszystkie pozostałości pierwszego posiłku. Przy tej okazji wchłaniane są substancje, które w innym przypadku moglibyśmy w pośpiechu pominąć. Dopiero na tym etapie są przyswajane przez organizm na przykład ważne minerały, takie jak wapń. Dzięki ścisłej współpracy jelita grubego z florą bakteryjną otrzymujemy ponadto dodatkową dawkę zasobnych w energię kwasów tłuszczowych, witaminę K, witaminę B12, tiaminę (witaminę B1) i ryboflawinę (witaminę B2). Substancje te są niezbędne choćby dla prawidłowego krzepnięcia krwi, mocnych nerwów czy ochrony przed migreną. Na ostatnim metrze przewodu pokarmowego następuje też precyzyjne odmierzanie ilości wody i soli. Nie zachęcamy nikogo do przeprowadzania samodzielnych testów, ale nasze odchody są zawsze w takim samym stopniu słone. Ta aptekarska dokładność pozwala organizmowi zaoszczędzić cały litr płynów. Gdyby nie jelito grube, musielibyśmy każdego dnia pić aż litr napojów więcej.

Wszystkie substancje wchłaniane w jelicie grubym, podobnie jak te z jelita cienkiego, trafiają wraz z krwią do wątroby, tam zaś są starannie badane i przesyłane do dużego krwiobiegu. Tylko krew z naczyń znajdujących się na ostatnich centymetrach przewodu pokarmowego nie przepływa przez „wielką oczyszczalnię" wątroby i jest kierowana bezpośrednio do krwiobiegu. Z reguły na tym etapie nic się już nie wchłania z tej prostej przyczyny, że wszystko zostało pobrane wcześniej. Jest jednak pewien wyjątek: czopki. Leki podawane w tej formie mogą zawierać znacznie mniej substancji czynnej niż tabletki przeznaczone do łykania, a na dodatek działają szybciej. Tabletki lub syropy tylko dlatego zawierają często bardzo wysoką dawkę substancji czynnej, że znaczna jej część i tak zostaje unieszkodliwiona w wątrobie, zanim dotrze do miejsca przeznaczenia. Skoro świadomie przyjmujemy te „trucizny", licząc, że zadziałają w określony sposób, stosowanie ich doustnie wydaje się pozbawione głębszego sensu. Jeśli nie chcemy obciążać wątroby środkami na zbicie gorączki i innymi lekami, warto wykorzystać „drogę na skróty" przez jelito grube i użyć czopka. To doskonałe rozwiązanie szczególnie u dzieci i osób starszych.

Co tak naprawdę jemy?

Najważniejsza faza trawienia następuje w jelicie cienkim, gdzie na największej możliwej powierzchni dochodzi do maksymalnego rozdrobnienia pokarmów. Dopiero tu okazuje się, czy tolerujemy laktozę i jakie jedzenie nam służy, a jakie wywołuje alergie. Na tym ostatnim etapie nasze enzymy trawienne działają jak maleńkie nożyczki: rozcinają treść pokarmową tak długo, aż potną ją na najmniejsze możliwe cząsteczki identyczne z tymi, z których zbudowane są komórki naszego ciała. Wszystkie żywe istoty składają się z tych samych podstawowych materiałów: cząsteczek cukru, aminokwasów i tłuszczów. A wszystko, co spożywamy, pochodzi od istot żywych (w biologicznym sensie terminem tym określa się zarówno jabłoń, jak i krowę).

Cząsteczki cukrów mogą łączyć się w bardzo skomplikowane łańcuchy. Tworzą wówczas tak zwane węglowodany, zawarte w takich produktach spożywczych, jak chleb, makaron czy ryż, i jako takie nie są już wcale słodkie. Gdy zjadamy i trawimy kromkę pieczywa tostowego, po całej pracy enzymów otrzymujemy tę samą liczbę cząsteczek cukru, co gdybyśmy zjedli kilka łyżeczek zwykłego białego cukru. Jedyna różnica polega na tym, że biały cukier nie wymaga całej tej żmudnej obróbki, tylko trafiwszy do jelita cienkiego, niemal od razu przedostaje się do krwi. W efekcie pojawienia się zbyt dużej porcji czystego cukru następuje zatem „osłodzenie" krwi, utrzymujące się przez krótki czas.

Ale również cukier zawarty w bielutkim pieczywie tostowym podlega stosukowo szybkiemu rozkładowi przez enzymy.

Z ciemnym pieczywem pełnoziarnistym enzymom nie idzie tak łatwo! Składa się ono bowiem z wyjątkowo złożonych łańcuchów cukrowych, które trzeba mozolnie rozcinać kawałek po kawałku. Dlatego pełnoziarnisty chleb nie jest bombą węglowodanową, tylko korzystnym dla zdrowia zapasem cukrów. I jeszcze jedno: w sytuacji gwałtownego zasłodzenia organizm musi reagować znacznie energiczniej, by przywrócić stan zdrowej równowagi. Wydziela wówczas duże ilości hormonów, przede wszystkim insuliny, a gdy ten „stan alarmowy" mija, niemal natychmiast pojawia się zmęczenie. Natomiast cukier, który nie jest wchłaniany zbyt szybko, stanowi dla nas bardzo cenny surowiec. Służy jako doskonałe paliwo dla naszych komórek, a także przydaje się do tworzenia własnych struktur węglowodanowych, takich jak wspominany już, podobny do poroża, glikokaliks na komórkach jelitowych.

A jednak nasz organizm lubi cukier i słodycze, bo oszczędzają mu pracy – są po prostu łatwiej przyswajalne, tak samo jak proteiny poddane obróbce termicznej. Poza tym to właśnie cukier można błyskawicznie przekształcić w energię. A takie skuteczne dostarczanie energii do organizmu nasz mózg nagradza poczuciem przyjemności i zadowolenia. Wpadamy tu jednak we własne sidła: jeszcze nigdy w historii ludzkości nie mieliśmy na co dzień do czynienia z tak nieprawdopodobną ilością cukru, co współcześnie. Ponad 80% przetworzonych produktów spożywczych dostępnych w amerykańskich supermarketach zawiera cukier. Dzięki postępowi techniki nasz organizm dorwał się więc wreszcie do kredensu z łakociami i obżera się nimi bez opamiętania, aż z bolącym brzuchem i skokiem insulinowym ląduje na kanapie.

Jednak choć zdajemy sobie sprawę, że nadmiar słodyczy szkodzi zdrowiu, nie możemy mieć sobie za złe, że instynktownie patrzymy na nie przychylnym okiem. Jedząc duże ilości cukru, gromadzimy po prostu zapasy na czarną godzinę. Właściwie to bardzo praktyczne rozwiązanie. Dzieje się to na dwa sposoby. Po pierwsze, z cukrów prostych budowane są ponownie długie łańcuchy w postaci tzw. glikogenu, który magazynujemy w wątrobie. Po drugie, zamieniamy cukier w tłuszcz i przechowujemy go w tkance tłuszczowej. Cukier jest jedyną substancją, którą bez wielkiego wysiłku organizm może wykorzystać do wytwarzania tłuszczu.

Z zapasów glikogenu zaczynamy czerpać już po chwili biegania – dokładnie wtedy, gdy pojawia się myśl, że to chyba jednak dosyć męczące. Jeśli zamierzamy spalać tłuszcz, powinniśmy zapewnić sobie ruch przynajmniej przez godzinę – tak radzą fizjologowie żywienia. Dopiero bowiem po odczuciu pierwszego niewielkiego spadku wydolności organizm zaczyna korzystać z zapasów na ciężkie czasy. Możemy się złościć, że na pierwszy ogień nie idą fałdki tłuszczu na brzuchu, ale nasze ciało patrzy na to zupełnie inaczej. Komórki po prostu uwielbiają tłuszcz.

Ze wszystkich składników pożywienia tłuszcz jest najbardziej wartościową i najwydajniejszą energetycznie substancją. Dzięki sprytnemu ustawieniu atomów w swoich cząsteczkach może on związać dwa razy więcej energii w jednym gramie niż węglowodany czy białka. Ponadto organizm wykorzystuje tłuszcz do „opatulania" nerwów warstwą podobną trochę do plastikowych osłonek w kablach elektrycznych. To właśnie dzięki tłuszczowym osłonkom możemy tak szybko myśleć. Z tłuszczu składa się też część potrzebnych nam hormonów, wreszcie każda komórka ciała otoczona jest tłuszczową błoną. Tak ważną substancję jak tłuszcz trzeba więc chronić, a nie trwonić przy okazji byle przebieżki. Gdy kolejny raz zagrozi nam klęska głodu (a pamiętajmy, że w ciągu milionów lat historii ludzkości takich klęsk było bardzo wiele), każda fałdka na brzuchu będzie naszą polisą na życie.

Również dla jelita cienkiego tłuszcz jest składnikiem wyjątkowym. W odróżnieniu od innych substancji nie trafia on do krwi bezpośrednio z jelita. Tłuszcz nie rozpuszcza się przecież w wodzie, a zatem natychmiast zatkałby maleńkie naczynka krwionośne w kosmkach jelitowych, a w większych żyłach pływałby po powierzchni jak olej po wodzie, w której gotujemy spaghetti. Dlatego też wchłanianie tłuszczu odbywa się w inny sposób, a mianowicie za pośrednictwem układu limfatycznego. Naczynia limfatyczne są dla krwionośnych tym, czym Robin dla Batmana. Każdemu naczyniu krwionośnemu w naszym ciele, nawet najdrobniejszej żyłce w jelicie cienkim, towarzyszy naczynie limfatyczne. O ile jednak te pierwsze są grube, czerwone i dziarsko przewodzą substancje odżywcze do naszych tkanek, naczynia limfatyczne są cieniutkie, blade i prześwitujące. Odbierają one płyn z tkanek oraz transportują komórki odpornościowe sprawujące rolę służb porządkowych w naszym organizmie.

Naczynia limfatyczne są wątłe, ponieważ w odróżnieniu od tętnic nie mają umięśnionych ścianek. Często działają, wykorzystując po prostu siłę ciążenia. To dlatego rano, gdy się budzimy, mamy nieraz podpuchnięte oczy. Grawitacja przestaje być naszym sprzymierzeńcem, gdy my sami znajdujemy się w pozycji leżącej, więc choć niewielkie naczynka limfatyczne na twarzy są cały czas chętne do pracy, płyn, który wraz z krwią został tu dostarczony w ciągu nocy, może swobodnie spłynąć dopiero, gdy przybierzemy pozycję pionową. (Gdy długo chodzimy, nasze łydki tylko dlatego nie nabierają płynu, że przy każdym kroku mięśnie nóg naciskają na naczynia limfatyczne i w ten sposób wypychają płyn tkankowy ku górze). W całym ciele naczynia limfatyczne należą do niedocenianych mięczaków i słabeuszy – z wyjątkiem jelita cienkiego. Tam wreszcie pokazują, co potrafią! W jelicie cienkim wszystkie naczynia łączą się w jeden, bardzo szeroki przewód, w którym może zbierać się cały strawiony tłuszcz, bez ryzyka, że przewód się zatka.

Łacińska nazwa tego naczynia brzmi niemal jak magiczne zaklęcie: *ductus thoracicus* (przewód piersiowy). Na jego powitanie można by wznieść następujący okrzyk: „Na cześć przewodu piersiowego – hip, hip, hurra! Niech nas oświeci, czemu dobry tłuszcz jest taki ważny, a zły – tak szkodliwy!". Wkrótce po tłustym posiłku w przewodzie piersiowym pojawia się tak wiele maleńkich kropelek tłuszczu, że płyn tkankowy z przezroczystego robi się biały jak mleko (dlatego w niemieckiej nomenklaturze przewód piersiowy określa się niekiedy mianem „przewodu mlecznego"; warto pamiętać, że taki przewód mają zarówno mężczyźni, jak i kobiety). Gdy tłuszcz zbierze się już w przewodzie piersiowym, zatacza łuk z brzucha przez przeponę i kieruje się bezpośrednio do serca. (To tam trafia cały płyn tkankowy z nóg, powiek, a także z jelita cienkiego). A zatem zarówno najlepsza oliwa, jak i tani tłuszcz użyty do głębokiego smażenia wlewane są bezpośrednio do serca. W odróżnieniu od wszystkich innych substancji, które trawimy, tłuszcz nie wykonuje „rundki" przez wątrobę.

Do detoksykacji niebezpiecznego, złego tłuszczu dochodzi więc ewentualnie dopiero po tym, gdy serce energicznie wszystko to przepompuje dalej. Wówczas niektóre kropelki tłuszczu trafiają do naczyń krwionośnych wątroby. Co prawda, do wątroby dociera stosunkowo dużo krwi, toteż prawdopodobieństwo znalezienia się tam tłuszczu jest spore, wcześniej jednak nasze serce i naczynia krwionośne są całkowicie bezbronne w zetknięciu z tym, co w cenie dnia oferuje nam McDonald's i inne fast foody.

W ten sposób zły tłuszcz może nam bardzo zaszkodzić, za to dobry potrafi zdziałać cuda. Wydając kilkanaście złotych więcej na dobrą oliwę tłoczoną na zimno (extra vergine), mamy szansę maczać bagietkę w prawdziwie dobroczynnym balsamie dla ser-

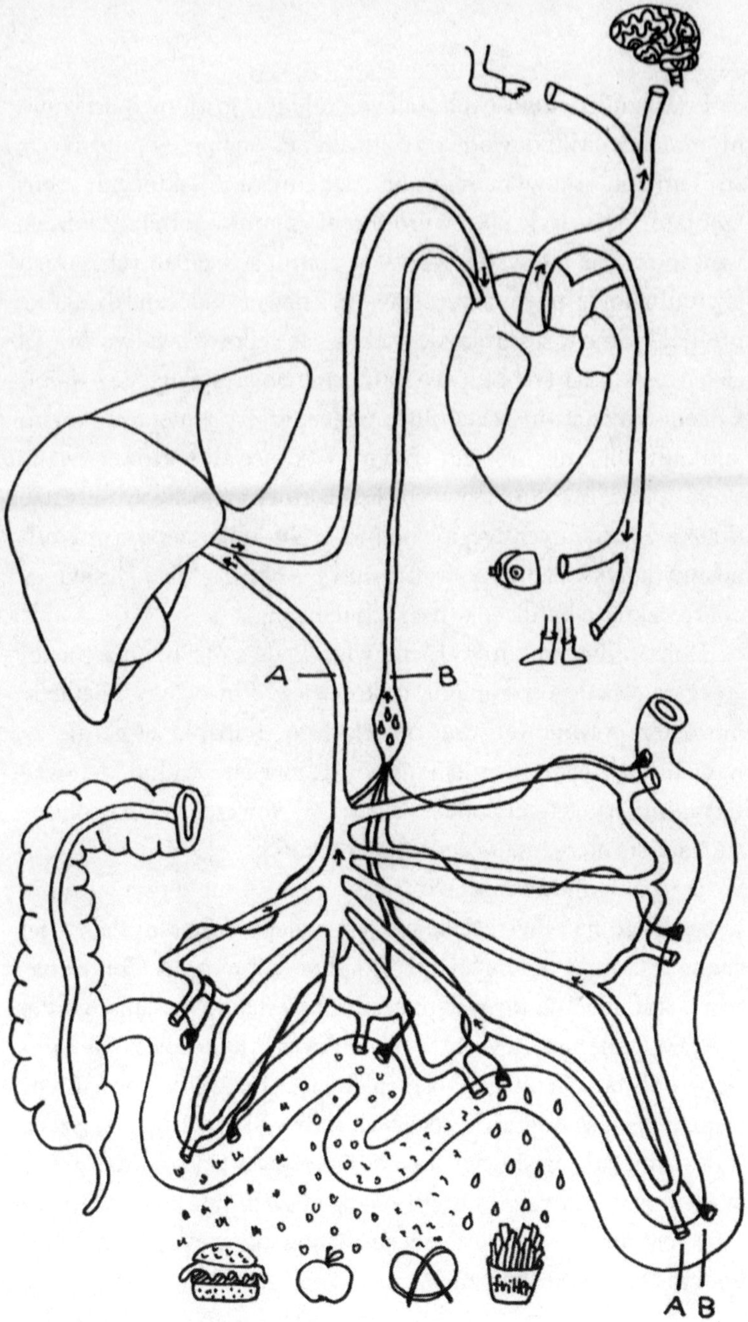

A – naczynia krwionośne biegną z jelit przez wątrobę do serca;
B – naczynia limfatyczne prowadzą bezpośrednio do serca

ca i naczyń krwionośnych. Oliwę poddano gruntownym badaniom. Ich wyniki dowodzą, że chroni nas ona przed miażdżycą, stresem komórkowym, chorobą Alzheimera i niektórymi schorzeniami oczu (jak np. zwyrodnienie plamki żółtej). Zaobserwowano też jej korzystny wpływ w chorobach zapalnych, takich jak reumatoidalne zapalenie stawów, a nawet skuteczne działanie profilaktyczne w stosunku do niektórych typów nowotworów. Tu ciekawostka dla tych, którzy panicznie bojąc się utyć, za wszelką cenę unikają tłuszczu: oliwa wręcz walczy z niepożądanymi fałdkami. Blokuje bowiem enzym w tkance tłuszczowej zwany syntazą kwasów tłuszczowych (FAS), który ochoczo syntetyzuje tłuszcz ze zbędnych węglowodanów. Nie tylko zresztą my odnosimy korzyści ze spożywania oliwy – bardzo lubią ją również dobre bakterie bytujące w naszych jelitach.

Dobra oliwa kosztuje trochę więcej, ale za to nie ma tłustego czy zjełczałego posmaku, tylko świeży i owocowy. Niekiedy może też powodować uczucie lekkiego drapania w gardle ze względu na zawarte w niej taniny. Oczywiście, trudno kierować się takimi kryteriami podczas zakupów, wówczas można po prostu zdać się na rozmaite certyfikaty jakości.

Trzeba jednocześnie pamiętać, że radosne przyrządzanie wszystkiego na oliwie wcale nie jest najlepszym pomysłem – jej cenne składniki niszczy na przykład podgrzewanie. Gorąca patelnia jest świetna do wstępnej obróbki steku czy jajka, gorzej wpływa jednak na zawarte w oliwie kwasy tłuszczowe, zmieniając ich postać chemiczną. Najlepiej więc smażyć na specjalnym oleju przeznaczonym do tego celu lub wykorzystując tłuszcze stałe, takie jak masło czy tłuszcz kokosowy. Co prawda, pełno w nich odsądzanych od czci i wiary nasyconych kwasów tłuszczowych, ale te właśnie tłuszcze zachowują większą stabilność podczas obróbki termicznej.

Oleje dobrej jakości są nie tylko wrażliwe na temperaturę, ale też chętnie wychwytują z powietrza wolne rodniki. Te zaś właśnie dlatego czynią w naszym organizmie tyle szkód, że wcale nie pragną być wolne, lecz marzą o trwałym związku. Przyczepiają się więc do wszystkiego, co się da: do naczyń krwionośnych, skóry twarzy czy komórek nerwowych, i w ten sposób fundują nam stany zapalne naczyń krwionośnych, starzenie się skóry i schorzenia neurologiczne. Jeśli więc pragną się połączyć z naszym olejem – proszę bardzo, ale z łaski swojej dopiero wtedy, gdy znajdzie się w naszym przewodzie pokarmowym, a nie jeszcze w kuchni. Dlatego otwartą oliwę należy przechowywać w lodówce, a po każdym użyciu dokładnie zakręcać butelkę.

Tłuszcz zwierzęcy obecny w mięsie, mleku czy jajkach zawiera znacznie więcej kwasu arachidonowego niż tłuszcze roślinne. Z kwasu tego nasz organizm produkuje substancje przekaźnikowe, które m.in. nasilają ból. W olejach roślinnych, na przykład w rzepakowym, lnianym czy konopnym, więcej jest kwasu α-linolenowego, działającego przeciwzapalnie, a w oliwie – podobnie wpływającej na nas substancji zwanej oleokantalem. Tłuszcze roślinne działają zatem mniej więcej jak ibuprofen czy aspiryna, tyle że zawierają znacznie mniejszą dawkę substancji czynnej. Nie przyniosą ulgi doraźnie podczas ostrego bólu głowy, jednak regularnie stosowane mogą okazać się pomocne w zwalczaniu stanów zapalnych, częstych migren czy dolegliwości miesiączkowych. Niekiedy bóle słabną tylko dzięki temu, że w naszej diecie tłuszcze roślinne zyskują przewagę nad zwierzęcymi.

Oliwa nie jest jednak uniwersalnym środkiem kosmetycznym i leczniczym dla skóry i włosów. Badania dermatologiczne wykazały wręcz, że czysta oliwa lekko podrażnia skórę, a potraktowane oliwą włosy są z reguły tak tłuste, że wymagają porządnego mycia, które z kolei niweczy cały efekt pielęgnacyjny.

Zresztą w ogóle z tłuszczami nie należy przesadzać. Nadmiar tłuszczu (obojętne, złego czy dobrego) po prostu przekracza nasze możliwości przyswajania – to jak zbyt gruba warstwa kremu na twarzy. Fizjologowie żywienia zalecają, by za pomocą tłuszczów pokrywać od 25 do maksymalnie 30% dziennego zapotrzebowania kalorycznego. Odpowiada to przeciętnie 55–66 gramom tłuszczu dziennie. Osoby słusznej postury, aktywnie uprawiające sport mogą sobie pozwolić na trochę więcej, lecz te niewysokie, prowadzące raczej siedzący tryb życia lepiej niech jedzą go nieco mniej. Jeden Big Mac pokrywa praktycznie połowę dziennego zapotrzebowania na tłuszcze – pytanie tylko, co to za tłuszcz. Z kolei kanapka z kurczakiem teriyaki z sieci Subway zawiera zaledwie dwa gramy tłuszczu. Zaspokajając nią głód, możemy sami zdecydować, w jaki sposób dostarczymy organizmowi brakujące 53 gramy.

Węglowodany i tłuszcze już omówiliśmy. Pozostał nam jeszcze trzeci i bodaj najsłabiej poznany z głównych składników naszego pożywienia, a mianowicie aminokwasy. Dziwnie to brzmi, ale zarówno delikatne tofu o neutralnym lub lekko orzechowym smaku, jak i pikantna wędlina składają się z tych samych cegiełek – kwasów. Podobnie jak w przypadku węglowodanów, pojedyncze elementy tych kwasów ułożone są w długie, rozmaicie zbudowane łańcuchy. Takie kombinacje aminokwasów noszą nazwę białek, a ich wewnętrzne zróżnicowanie decyduje o odmiennościach pod względem smaku. W jelicie cienkim te złożone struktury zostają rozbite przez enzymy trawienne. Wszystko po to, aby cenne elementy składowe owych struktur trafiły do ścianek jelita. Istnieje dwadzieścia podstawowych aminokwasów, które można w nieskończoność zestawiać ze sobą, tworząc najrozmaitsze białka. My, ludzie, budujemy z nich między innymi DNA – nasz kod genetyczny, zawarty we wszystkich nowych komórkach, jakie wytwarzamy każdego dnia. Czynią to zresztą wszystkie istoty żywe, zarówno rośliny, jak i zwierzęta. Dlatego też białka zawiera każda jadalna substancja, jaką można znaleźć w naturze.

Mimo to po przejściu na dietę wegetariańską trzeba wkładać w odżywianie o wiele więcej wysiłku. Rośliny mają bowiem inne białka niż zwierzęta, ponadto niektóre aminokwasy wykorzystują w tak niewielkim stopniu, że powstałe z nich białka nazywamy „niekompletnymi". Dlatego gdy mamy wytworzyć we własnym organizmie białka, korzystając jedynie z aminokwasów roślinnych, dochodzimy w łańcuchu tylko do określonego miejsca, a później brakuje nam jakiegoś budulca! Takie białkowe półprodukty ulegają szybkiemu zniszczeniu – wydalamy je wraz z moczem lub utylizujemy w inny sposób. Jeśli chodzi o zawartość aminokwasów, fasola pozbawiona jest metioniny, ryż i pszenica (a więc także seitan) – lizyny, a w kukurydzy brakuje aż dwóch aminokwasów – lizyny i tryptofanu! Mimo wszystko nie oznacza to bezwzględnego zwycięstwa diety mięsożerców nad kuchnią jarską; weganie i wegetarianie muszą się po prostu odżywiać bardziej różnorodnie.

Fasola nie zawiera wprawdzie metioniny, ma za to pod dostatkiem lizyny – dlatego pszenna tortilla z fasolowym purée i pysznym farszem dostarcza nam wszystkich aminokwasów, których potrzebujemy do produkcji własnych białek. Niedobór protein można też wyrównać, jedząc jajka i sery. W wielu krajach od stuleci ludzie instynktownie wybierają dania, których poszczególne składniki doskonale się uzupełniają, takie jak: ryż z fasolą, makaron z serem, chlebek pita z hummusem czy grzanka z masłem orzechowym. Dawniej sądzono, że konieczne jest łączenie rozmaitych produktów spożywczych w obrębie jednego posiłku. Dziś wiemy już, że nie ma takiej potrzeby. Dopóki w codziennej diecie pojawiają się od czasu do czasu jakieś urozmaicenia, organizm spokojnie da sobie radę. Istnieją też rośliny, które zawierają wszystkie ważne dla nas aminokwasy w dostatecznej ilości: soja, komosa ryżowa (quinoa), amarantus, spirulina, gryka i nasiona szałwii hiszpańskiej (chia). Dlatego tofu w pełni zasłużenie cieszy się sławą doskonałego zamiennika mięsa – choć trzeba dodać, że w ostatnich latach u coraz większej liczby ludzi obserwuje się reakcje alergiczne na ten sojowy twarożek.

Alergia, nadwrażliwość i nietolerancja

Jedna z teorii na temat powstawania alergii za punkt wyjścia przyjmuje proces trawienia w jelicie cienkim. Jeśli organizm nie radzi sobie z rozkładaniem protein na poszczególne aminokwasy, ich drobne cząstki pozostają w jelicie. W normalnej sytuacji nie trafiają one do krwi. Tu jednak ujawnia się nieoczekiwanie potęga niepozornej zwykle limfy. Takie małe cząsteczki mogą bowiem, zamknięte w kropelkach tłuszczu, dostać się do limfy, gdzie zostają schwytane przez czujne komórki odpornościowe. Załóżmy, że w strumieniu limfy komórki natrafiają nagle na cząsteczkę orzeszka ziemnego – nic dziwnego, że ją zaatakują, traktując jako ciało obce.

Gdy zobaczą takie cząsteczki następnym razem, będą już lepiej przygotowane i natrą z jeszcze większą siłą – niekiedy wystarczy wziąć orzeszek do ust, by dobrze poinformowane komórki odpornościowe w jamie ustnej już odbezpieczyły karabiny. W rezultacie dochodzi do coraz ostrzejszych reakcji alergicznych, takich jak na przykład bardzo silna opuchlizna twarzy i języka. Powyższe wyjaśnienie dotyczy przede wszystkim alergii wywoływanych przez produkty spożywcze, które obfitują zarówno w tłuszcze, jak i w substancje białkowe, takie jak mleko, jajka i, na pierwszym miejscu, orzeszki ziemne. Bardzo prosto można za to wytłumaczyć, czemu prawie nie ma ludzi uczulonych na tłusty bekon. Sami składamy się z mięsa i zazwyczaj nie mamy żadnych problemów z jego trawieniem.

Ale wszystko wskazuje na to, że nie tylko tłuszcze odpowiadają za rozwój alergii w jelicie cienkim. Alergeny takie jak składniki owoców morza, pyłki czy gluten nie są bynajmniej bombami kalorycznymi, a ludzie odżywiający się bardzo tłusto nie cierpią wcale na alergie częściej od pozostałych. Istnieje też inna teoria na temat powstawania alergii. Mówi ona o czasowym zwiększaniu przepuszczalności ścianek jelit, umożliwiającym cząstkom pokarmu przenikanie do tkanek jelita i krwi. Procesem tym uczeni zajmują się przede wszystkim w związku z glutenem, czyli mieszaniną białek zawartą w rozmaitych zbożach, na przykład w pszenicy.

Zboża bowiem wcale nie marzą o tym, żeby zostać przez nas zjedzone. Roślina przecież pragnie się rozmnażać – a tymczasem my zwyczajnie zjadamy jej potomstwo. Zamiast urządzać nam sceny rośliny, nie namyślając się długo, odrobinkę „zatruwają" własne nasiona. Ostatecznie cały proces nie jest szczególnie dramatyczny w skutkach – zjedzenie kilku ziaren pszenicy nie pociąga za sobą żadnych konsekwencji dla jednej i drugiej strony. W ten sposób mogą zaspokoić swoje potrzeby i ludzie, i rośliny. Jednak im większe niebezpieczeństwo wyczuwa dana roślina, tym więcej trujących substancji umieszcza w nasionach. Pszenica ma szczególne powody do niepokoju, ponieważ musi urosnąć z nasion i rozmnożyć się w bardzo krótkim czasie. Nie ma tu więc miejsca na wpadki. To dlatego gluten hamuje wydzielanie ważnego enzymu trawiennego u owadów. Bezczelny konik polny, który nazbyt śmiało dobierze się do źdźbeł pszenicy, gorzko tego pożałuje – dla obu stron lepiej będzie, jeśli odczepi się od nich jak najszybciej.

W ludzkim przewodzie pokarmowym częściowo niestrawiony gluten potrafi przeniknąć przez ścianki jelita i rozluźnić tam połączenia międzykomórkowe. W ten sposób białka z pszenicy trafiają do rejonów, w których zasadniczo nie powinny się znaleźć, co z kolei nie bardzo podoba się układowi odpornościowemu. Na wrodzoną nietolerancję glutenu (celiakię) cierpi jedna osoba na sto, jednak nadwrażliwość na tę substancję występuje znacznie częściej!

U osób dotkniętych celiakią spożywanie pszenicy może powodować silne stany zapalne, niszczyć kosmki jelitowe lub osłabiać układ nerwowy. Chorzy cierpią na bóle brzucha, biegunki, w dzieciństwie gorzej rosną, a zimą mają wyjątkowo bladą cerę. Problem z diagnozowaniem celiakii polega jednak na tym, że objawy tej choroby mogą się bardzo różnić natężeniem. Osoby, u których występują słabsze stany zapalne, często całymi latami pozostają nieświadome zagrożenia. Doskwierają im od czasu do czasu bóle brzucha, być może też cierpią na anemię, która przypadkiem ujawni się podczas badań laboratoryjnych. Obecnie za najlepszą terapię w przypadku celiakii uważa się całkowitą rezygnację z pszenicy i jej pochodnych.

Przy nadwrażliwości na gluten można co prawda jeść pszenicę, nie narażając się na poważne uszkodzenia jelita cienkiego, jednak nie należy z jej spożyciem przesadzać. To trochę jak w przypadku konika polnego. Wiele osób jednak po jednym czy dwóch tygodniach diety bezglutenowej zauważa wyraźną poprawę samopoczucia. Nagle rzadziej pojawiają się u nich wzdęcia lub kłopoty z trawieniem, bóle głowy czy stawów. Niektórzy łatwiej się koncentrują i rzadziej czują się zmęczeni i rozbici. Nadwrażliwość na gluten dopiero bardzo niedawno stała się przedmiotem dokładniejszych badań. Odnosząc się do niej, można dziś w skrócie stwierdzić: nawet jeśli testy na celiakię dały wynik negatywny, to przejście na dietę bezglutenową przynosi poprawę samopoczucia. Choćby kosmki jelitowe nie były podrażnione ani zniszczone, układ odpornościowy może kiepsko znosić nadmiar świeżych bułeczek.

Przepuszczalność ścianek jelit może też zwiększać się epizodycznie, na przykład pod wpływem stresu, wypicia alkoholu lub zażycia antybiotyków. U osób, u których z takich powodów pojawia się nadwrażliwość na gluten, mogą wystąpić objawy regularnej alergii. W takiej sytuacji wskazane jest odstawienie na pewien czas produktów zawierających gluten. Ostateczną diagnozę stawia się po przeprowadzeniu dokładnych badań pod kątem obecności określonych cząsteczek w ciałkach krwi. Oprócz powszechnie znanych grup krwi: A, B, AB czy 0 istnieje bowiem jeszcze wiele dodatkowych parametrów, jak na przykład tzw. cecha DQ. Osoby, u których nie wykryto grup DQ2 i DQ8, najprawdopodobniej nie cierpią na celiakię.

NIETOLERANCJA LAKTOZY I FRUKTOZY

W przypadku nietolerancji laktozy nie chodzi ani o alergię, ani o nadwrażliwość. Jednak również i to schorzenie sprowadza się do trudności z całkowitym rozłożeniem jednego ze składników pokarmu na prostsze części. Laktoza, wchodząca w skład mleka, jest złożona z dwóch połączonych ze sobą cząsteczek cukrów. Enzym trawienny, który służy do ich rozcinania, nie wpływa jednak jak wiele innych przez brodawkę Vatera z trzustki. Wytwarzają go same komórki jelita cienkiego na powierzchni mikrokosmków. Laktoza rozpada się, gdy dotyka ścianek jelita, a poszczególne cukry są wchłaniane do krwi. Jeśli wspomnianego enzymu zabraknie, mogą pojawić się kłopoty bardzo podobne do tych, z którymi mamy do czynienia w alergii bądź nadwrażliwości na gluten: bóle brzucha, biegunka, a także wzdęcia. Jednak w wypadku nietolerancji laktozy, inaczej niż w celiakii, niestrawione cząsteczki nie przenikają przez ściankę jelita. Po prostu przemieszczają się dalej z jelita cienkiego do grubego i tam stają się pożywką dla bakterii produkujących gazy. Wzdęcia i pozostałe dolegliwości są więc swoistym wyrazem wdzięczności od objedzonych jak bąki bakterii. Choć skutki nietolerancji laktozy są bardzo nieprzyjemne, stanowi ona o wiele mniejsze zagrożenie dla zdrowia niż niezdiagnozowana celiakia.

Wszyscy rodzimy się wyposażeni w gen odpowiedzialny za trawienie laktozy. Tylko w rzadkich przypadkach problemy z nietolerancją zaczynają się tuż po przyjściu na świat. Noworodki dotknięte tą przypadłością nie mogą być karmione mlekiem matki, bo natychmiast reagują na pokarm ostrą biegunką. U 75% wszystkich ludzi aktywność owego genu stopniowo wygasa z wiekiem. Ostatecznie nie całe życie jesteśmy przecież karmieni piersią lub butelką. Poza Europą Zachodnią, Australią i Stanami Zjednoczonymi dorosły człowiek, który dobrze toleruje mleko, stanowi medyczną osobliwość. Ale również w naszej szerokości geograficznej coraz więcej jest ostatnio w sklepach produktów pozbawionych laktozy (zgodnie z najnowszymi badaniami już co piąty mieszkaniec Niemiec cierpi na nietolerancję laktozy). Prawdopodobieństwo wystąpienia problemów z rozkładaniem cukru mlecznego rośnie z wiekiem – często jednak nawet sześćdziesięciolatkom nie przychodzi do głowy, że wzdęty brzuch albo lekka biegunka mogą mieć jakiś związek ze szklanką mleka na śniadanie albo pysznym sosem śmietanowym.

Błędny byłby jednak wniosek, że w tej sytuacji nie możemy sobie już pozwolić nawet na odrobinę nabiału. W większości przypadków rozkładający laktozę enzym wciąż jest obecny w jelicie, tyle że wykazuje znacznie mniejszą niż wcześniej aktywność. Można przyjąć, że u dorosłego człowieka jest to 10–15% dawnej wydolności. Jeśli więc zauważymy poprawę samopoczucia po rezygnacji z porannej szklanki mleka, możemy spokojnie testować, jakie ilości nabiału tolerujemy, a od którego momentu zaczynają się problemy. Często okazuje się bowiem, że kawałek sera czy śmietanka do kawy nie powodują najmniejszych dolegliwości, podobnie jak mleczne kremy w ciastach.

Bardzo podobnie przedstawia się sytuacja z nietolerancją fruktozy. Już co trzeci Niemiec ma problemy z trawieniem cukru owocowego. Jak widać, słowa w starej niemieckiej piosence dziecięcej: „Zjadł wiśni trochę – wodą je popił – brzuch go rozbolał...” wcale nie są pozbawione sensu. Również, jeśli chodzi o fruktozę, zdarzają się przypadki silnej wrodzonej nietolerancji, a osoby dotknięte tym schorzeniem reagują dolegliwościami trawiennymi nawet na najmniejsze dawki cukru owocowego. U znacznej części ludzi sensacje wywołuje jednak dopiero nadmiar fruktozy. Zwykle zresztą chorzy nie mają o tym pojęcia, a podczas zakupów wręcz preferują cukier owocowy, bo napis na etykiecie „zawiera fruktozę” brzmi lepiej niż zwykłe „zawiera cukier”. Dlatego też producenci żywności chętnie dodają czystą fruktozę niemal do wszystkiego i w ten sposób dodatkowo przyczyniają się do tego, że w naszym jadłospisie znajduje się jej więcej niż kiedykolwiek w historii ludzkości.

Jedno jabłko dziennie nie sprawiłoby większości z nas żadnych problemów – gdyby nie to, że z fruktozą zetkniemy się także w keczupie podanym do frytek, słodzonym jogurcie owocowym czy gotowej zupie z puszki. Pewne gatunki pomidorów specjalnie uprawia się w taki sposób, by zawierały szczególnie dużo cukru owocowego. Ponadto obecnie mamy do czynienia z wyjątkową w dziejach podażą owoców, którą umożliwiły globalizacja i rozwój transportu lotniczego. Zimą w sklepach znajdziemy pochodzące z tropików ananasy, a obok świeże truskawki z holenderskich szklarni i suszone figi z Maroka. Dlatego jest całkiem możliwe, że to, co uznajemy za nietolerancję pokarmową, jest po prostu naturalną reakcją całkowicie zdrowego organizmu, który nagle, w czasie życia jednego pokolenia, musiał przestawić się na dietę, z jaką ludzkość nie miała do czynienia przez miliony lat.

Za nietolerancją fruktozy kryje się jeszcze inny mechanizm, niż to było w przypadku laktozy czy glutenu. Fruktoza jest przecież cukrem prostym, nie trzeba jej więc dodatkowo rozkładać – wystarczy przetransportować ją przez ścianki jelita. U osób z wrodzoną nietolerancją w jelicie znajduje się po prostu mniej kanałów transportowych (tzw. transporterów GLUT-5). Wówczas nawet niewielka ilość fruktozy – na przykład po zjedzeniu gruszki – wystarczy, by przeciążyć istniejące kanały. W rezultacie cukier zawarty w gruszce staje się pożywką flory bakteryjnej w jelicie grubym, podobnie jak to się dzieje w wypadku nietolerancji laktozy.

Trudniej określić przyczynę kłopotów, jeśli nietolerancja pojawia się dopiero wraz z wiekiem, zwłaszcza że również u ludzi, którzy nie cierpią na żadne dolegliwości trawienne, część niestrawionej fruktozy dociera do jelita grubego (szczególnie wtedy, gdy jest jej bardzo dużo). A może się przecież zdarzyć, że skład naszej flory jelitowej będzie efektem niezbyt szczęśliwego doboru. W takiej sytuacji, gdy zjemy gruszkę, nadmiar fruktozy trafi przypuszczalnie do grupy bakterii jelitowych, które wywołają bardzo nieprzyjemne dolegliwości. Sensacje będą naturalnie tym większe, im więcej fruktozy spożyliśmy, na przykład w postaci keczupu, gotowych dań z puszki czy słodzonych jogurtów.

Nietolerancja fruktozy może też wpływać na nasz nastrój. Wszystko dlatego, że cukier ułatwia wchłanianie do krwi również wielu innych substancji odżywczych. I tak na przykład aminokwas zwany tryptofanem chętnie „przyczepia się” podczas trawienia do cząsteczek fruktozy. Jeśli jednak mamy w brzuchu zbyt wiele fruktozy, jej większa część w ogóle nie dostanie się do krwi, a w ten sposób stracimy również cenny tryptofan, który z kolei jest nam potrzebny do wytwarzania serotoniny. Serotonina, zwana też hormonem szczęścia, to substancja przekaźnikowa, której niedobór prowadzi często do depresji. A zatem niewykryta przez dłuższy czas nietolerancja fruktozy może powodować stany depresyjne. To odkrycie bardzo świeżej daty, które dopiero od niedawna przekłada się na praktykę lekarską.

Powstaje więc pytanie, czy na nasz nastrój źle wpływa również pożywienie, które zawiera zdecydowanie zbyt wiele fruktozy. Dawka większa niż 50 gramów fruktozy dziennie (co odpowiada pięciu gruszkom lub ośmiu bananom, względnie sześciu średnim jabłkom) wywołuje u bardzo wielu badanych przeciążenie naturalnych transporterów. Spożywanie większych ilości fruktozy może w rezultacie prowadzić do kłopotów ze zdrowiem, takich jak biegunki, bóle brzucha, wzdęcia, a na dłuższą metę także nastroje depresyjne. Obecnie w Stanach Zjednoczonych przeciętne spożycie fruktozy wynosi już blisko 80 gramów dziennie, podczas gdy jeszcze nasi rodzice – którzy słodzili herbatę miodem, kupowali niewiele produktów gotowych, a owoce jedli głównie w sezonie – spożywali ją na co dzień w ilości 16–24 gramów.

Serotonina nie tylko zapewnia nam dobry nastrój, ale też odpowiada za poczucie sytości. Dlatego ataki wilczego apetytu i ciągłe podjadanie mogą stanowić efekt uboczny nietolerancji fruktozy. Co charakterystyczne, atakom tym towarzyszą inne dolegliwości, jak na przykład bóle brzucha. Tu ważna informacja dla wszystkich dbających o linię miłośników sałatek. W wielu gotowych dressingach, które kupujemy w sklepie lub dostajemy w fast foodach, znajduje się obecnie syrop glukozowo-fruktozowy. Badania wykazały, że syrop ten hamuje wydzielanie określonych neuroprzekaźników (leptyny), odpowiedzialnych za poczucie sytości, i to nawet u osób, które nie cierpią na nietolerancję fruktozy. Dlatego sałatka o takim samym składzie (a więc równie kaloryczna), ale polana samodzielnie przyrządzonym winegretem lub sosem jogurtowym zapewni nam poczucie sytości na dłużej.

Podobnie jak w innych dziedzinach życia, również w produkcji żywności wciąż pojawiają się rozmaite nowinki. Część z nich wychodzi nam na dobre, część nie. Weźmy choćby peklowanie: w swoim czasie była to bardzo nowoczesna metoda, pozwalająca zapobiegać zatruciom w wyniku spożywania zepsutego mięsa. Dlatego przez całe stulecia tradycyjnie peklowano mięso i wędliny, czyli konserwowano je za pomocą dużej ilości azotynów i azotanów. Dzięki temu nabierały one też lśniącej, różowoczerwonej barwy. To właśnie z tego powodu szynka, salami, wątrobianka, ale też podsmażony peklowany schab nie są brązowobure, w odróżnieniu od befsztyka czy kotleta niepoddanego dodatkowym zabiegom. W roku 1980 wprowadzono jednak prawne ograniczenia stosowania azotynów ze względu na związane z nimi ewentualne zagrożenie dla zdrowia. W efekcie obecnie wędliny zawierają nie więcej niż 100 miligramów (tysięcznych części grama) azotynów na kilogram mięsa. Od czasu wprowadzenia obostrzeń odnotowano znaczny spadek zachorowalności na raka żołądka. Jak widać, wniesienie poprawek do tak niegdyś postępowych metod przetwarzania żywności było jak najbardziej pożądane. Obecnie przemyślni producenci wędlin, chcąc konserwować mięso w bezpieczny sposób, łączą niewielkie ilości azotynów z wysokimi dawkami witaminy C.

Taka zmiana tradycyjnych nawyków żywieniowych i metod produkcji może okazać się konieczna również w odniesieniu do pszenicy, mleka i fruktozy. Na pewno warto uwzględniać je w jadłospisie, bo zawierają wiele cennych składników – ale może trzeba się zastanowić, jaka ilość tych produktów naprawdę służy naszemu zdrowiu. Podczas gdy nasi praprzodkowie, zbieracze i łowcy, spożywali w ciągu roku nawet do pięciuset rozmaitych rodzimych korzeni, ziół oraz innych roślin, podstawą naszego współczesnego menu jest siedemnaście roślin użytkowych. Nic dziwnego, że nasz układ pokarmowy ma trudności z przestawieniem się.

Problemy z trawieniem dzielą nasze społeczeństwo na dwie grupy: jedni, panicznie bojąc się o zdrowie, skrupulatnie analizują każdy kęs, inni złoszczą się, że nie mogą już po prostu przygotować smacznej kolacji dla przyjaciół, nie zaopatrzywszy się wcześniej profilaktycznie w odpowiednie medykamenty. Każda ze stron ma trochę racji. Z całą pewnością wiele osób przesadza z ostrożnością. Gdy dowiedzą się od lekarza, że cierpią na określoną nietolerancję pokarmową, i zauważą, że po odstawieniu danego produktu ich stan się poprawił, natychmiast rezygnują z jedzenia owoców, produktów zbożowych czy nabiału i unikają ich za wszelką cenę, jakby były trujące. Tymczasem u zdecydowanej większości ludzi problemy pojawiają się dopiero po spożyciu nadmiernych ilości danego produktu, a nie są uwarunkowane genetycznie. Z pewnością mają więc oni dość koniecznych enzymów, by pozwolić sobie od czasu do czasu na odrobinę sosu śmietanowego, względnie kawałek bułki czy owocowy deser.

Jednak nadwrażliwości w żadnym wypadku nie należy lekceważyć. Nie na każdą zmianę w sposobie odżywiania się, do jakiej doszło w ostatnich dziesięcioleciach, musimy się posłusznie zgadzać. Nic dziwnego, że nasz organizm się buntuje, skoro jemy pszenicę na śniadanie, obiad i kolację, dostarczamy mu fruktozy wraz z niemal każdym przetworzonym produktem i pijemy mleko, choć czasy niemowlęce dawno za nami. Chroniczne bóle brzucha nie biorą się znikąd, tak samo jak nawracające biegunki czy poczucie ciągłego zmęczenia – i nikt nie powinien godzić się na nie bez protestu. Jeśli widzimy, że po odstawieniu danego produktu czujemy się lepiej, mamy pełne prawo zrobić to z korzyścią dla własnego zdrowia – choćby wyniki badań wykluczały celiakię lub silną nietolerancję fruktozy jako przyczynę naszych dolegliwości.

Oprócz podstawowego problemu nadmiaru przyczynami czasowej nadwrażliwości na określone produkty spożywcze mogą być też kuracje antybiotykowe, stres lub tzw. grypa jelitowa. Jednak gdy tylko organizm wróci do stanu zdrowej równowagi, ureguluje się także praca wrażliwego przewodu pokarmowego. Dlatego nie trzeba koniecznie na zawsze rezygnować z produktów, których przez jakiś czas nie tolerowaliśmy – można je spokojnie znowu jeść, byle w ilościach, które jesteśmy w stanie przyswoić bez przykrych konsekwencji.

O kupie słów kilka

Składniki
Barwa
Konsystencja

Drogi Czytelniku, przyszedł w końcu czas, by zająć się bliżej naszą grubszą potrzebą. Podciągnij więc szelki, popraw na nosie okulary i spokojnie napij się herbatki. Zachowując bezpieczny dystans, postaramy się zbliżyć do owych tajemniczych pagórków.

SKŁADNIKI

Często myślimy, że w skład kału wchodzi przede wszystkim to, co zjedliśmy. Nie jest to jednak prawda.

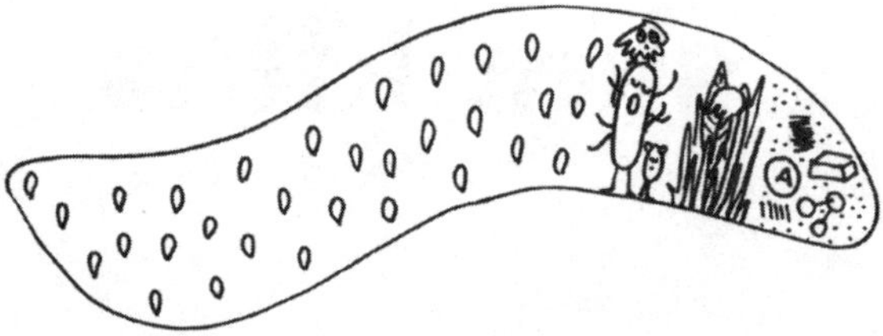

Aż w 75% kał składa się bowiem z wody. Każdego dnia tracimy z nim około 100 ml płynów. Podczas całego procesu trawienia jelito pobiera jednak nawet osiem, a czasem i dziewięć litrów wody. Dlatego też to, co widzimy w muszli sedesowej, jest oznaką absolutnie perfekcyjnej wydajności: cały płyn, który się tu znalazł, po prostu musiał tu trafić. Dzięki odpowiedniej zawartości wody stolec jest dostatecznie miękki, by gładko opuścić nasze wnętrze i w ten sposób bezpiecznie oczyścić organizm z odpadów przemiany materii.

Spośród elementów stałych jedną trzecią masy kału stanowią bakterie. To te mikroby, które odpracowały już swoje w szeregach flory jelitowej, i teraz są zwalniane z czynnej służby.

Kolejna jedna trzecia to niepodlegające trawieniu włókna roślinne. Im więcej jemy warzyw i owoców, tym większe robimy kupy. Roślinny jadłospis może sprawić, że waga odchodów wzrośnie z przeciętnych 100–200 aż do 500 gramów dziennie.

I wreszcie ostatnia część to jedna wielka zbieranina. Znajdują się tu wszystkie substancje, których organizm pragnie się pozbyć, a więc na przykład pozostałości lekarstw, barwników, a także cholesterol.

BARWA

Stolec zdrowego człowieka ma brązową lub żółtobrązową barwę. I to nawet wtedy, gdy nie zjedliśmy niczego w tym odcieniu. Identycznie wygląda sprawa z moczem – zawsze jest mniej lub bardziej żółty. A wszystko w związku z codziennym wytwarzaniem kolejnych porcji pewnej bardzo ważnej substancji, a mianowicie krwi. W jednej tylko sekundzie nasz organizm produkuje 2,4 miliona nowych krwinek. W tym samym czasie jednak identyczna ich liczba ulega rozpadowi. W trakcie tego procesu ich czerwony barwnik przybiera kolor zielony, a następnie żółty (takie przebarwianie obserwujemy również wtedy, gdy po uderzeniu zrobi nam się siniak). Niewielka część żółtego barwnika ulega wydaleniu bezpośrednio, czyli wraz z moczem.

Większość jednak trafia poprzez wątrobę do jelit. Flora bakteryjna dokonuje wówczas kolejnej modyfikacji kolorystycznej i z żółtego robi się brązowy. Ale odchody miewają też niekiedy inną barwę, a wiedza o jej pochodzeniu może nam się w pewnych sytuacjach bardzo przydać.

JASNOBRĄZOWA DO ŻÓŁTEJ. Taki odcień pojawia się na przykład w wyniku niegroźnej choroby nazywanej zespołem Gilberta. U dotkniętych nią osób wydajność jednego z enzymów odpowiedzialnych za rozkładanie krwi wynosi tylko 30% normy. W efekcie do jelit trafia znacznie mniej barwnika. Na zespół Gilberta cierpi około 8% ludzi na całym świecie, jest to więc dość popularna choroba. Zresztą wcale nie jest ona taka niebezpieczna, bo ów defekt enzymu nie powoduje praktycznie żadnych dolegliwości. Właściwie jedyny dokuczliwy skutek uboczny polega na tym, że osoby dotknięte zespołem Gilberta źle tolerują paracetamol, dlatego w miarę możliwości powinny się go wystrzegać.

Inną przyczyną żółtych stolców mogą być problemy z bakteriami jelitowymi – jeśli ich praca nie przebiega jak należy, nie pojawia się wytwarzany przez nie brązowy barwnik. Do zaburzeń tego rodzaju prowadzi choćby kuracja antybiotykowa lub biegunka.

JASNOBRĄZOWA DO SZAREJ. Jeśli połączenie pomiędzy wątrobą a jelitami zostanie zerwane lub „na linii" pojawią się zakłócenia (zwykle za pęcherzykiem żółciowym), może się zdarzyć, że do kału w ogóle przestanie trafiać barwnik odpowiadający za kolor krwi. Przerwanie naturalnych połączeń w organizmie nigdy nie jest dla nas korzystne, dlatego jeśli tylko zaobserwujemy szarawe zabarwienie stolca, powinniśmy udać się do lekarza.

CZARNA LUB CZERWONA. Świeża krew ma barwę czerwoną, a zakrzepła – czarną. Taki kolor stolca nie wynika już po prostu z obecności barwnika krwi (ten nadaje odchodom kolor brązowy). Tym razem do kału trafiają całe krwinki. Jeśli cierpimy na hemoroidy, jasna czerwień w kale nie jest zaskoczeniem. Wszystkie ciemniejsze odcienie czerwieni warto natomiast skonsultować z lekarzem – chyba że poprzedniego dnia jedliśmy buraczki.

KONSYSTENCJA

W roku 1997 opracowano tzw. bristolską skalę uformowania stolca. Nie jest więc ona szczególnie stara, zwłaszcza w zestawieniu z liczącą miliony lat historią ludzkich wypróżnień. Stolec podzielono tu na siedem typów, w zależności od konsystencji. Skala taka bywa bardzo pomocna, gdyż większość ludzi niechętnie rozwodzi się nad tym, jak wyglądała ich ostatnia kupa. Nie żeby było w tym coś złego, ale nie wszystko musi być tematem pogawędek. Problem polega jednak na tym, że w efekcie również osoby oddające nieprawidłowy stolec mogą uważać ten stan za normalny. W końcu skąd miałyby wiedzieć, że jest inaczej?

Właściwy proces trawienia, w wyniku którego stolec zawiera optymalną ilość wody, odpowiada typowi trzeciemu albo czwartemu w skali bristolskiej. Wszystkie pozostałe postacie kału odbiegają od normy. Jeśli one właśnie u nas dominują, powinniśmy zapytać o przyczyny dobrego lekarza. Może się okazać, że na przykład nie tolerujemy określonych produktów spożywczych albo że dokuczliwym zaparciom da się w jakiś sposób zaradzić.

Zamieszczona poniżej skala zawiera oryginalne opisy autorstwa angielskiego lekarza Kena Heatona.

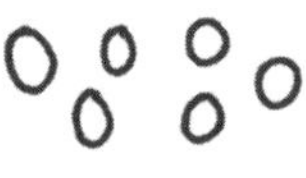

Typ 1. *Separate hard lumps, like nuts (hard to pass)* / Pojedyncze zbite grudki podobne do orzechów, trudne do wydalenia

Typ 2. *Sausage-shaped but lumpy* / Stolec o wydłużonym kształcie, grudkowaty

Typ 3. *Like a sausage but with cracks on the surface* / Stolec wydłużony, z pęknięciami na powierzchni

Typ 4. *Like a sausage or snake, smooth and soft* / Smukły, wężowaty stolec, gładki i miękki

Typ 5. *Soft blobs with clear-cut edges* / Miękkie drobiny z wyraźnymi krawędziami (łatwo wydalane)

Typ 6. *Fluffy pieces with ragged edges, a mushy stool* / Kłaczaste kawałki z postrzępionymi krawędziami

Typ 7. *Watery, no solid pieces. Entirely liquid* / Wodnisty, bez stałych elementów; ciecz

Na podstawie przynależności stolca do danego typu można określić w przybliżeniu tempo pasażu jelitowego, czyli czas, jakiego jelita potrzebują, by przetransportować niestrawione resztki pokarmowe. W wypadku typu pierwszego wynosi on około 100 godzin (zatwardzenie), w wypadku siódmego zaś – około 10 godzin (biegunka). Za najbardziej prawidłowy uznaje się typ czwarty, gdyż świadczy on o optymalnej proporcji wody do substancji stałych. Ci, którzy w trakcie wizyty w toalecie rozpoznają w muszli klozetowej typ trzeci lub czwarty, mogą dodatkowo zwrócić uwagę, jak szybko efekt ich starań znika w wodzie. Kupa nie powinna z pluskiem wpadać do muszli, może to bowiem oznaczać, że znajduje się w niej jeszcze zbyt dużo niedokładnie przetrawionego pokarmu. Stolec opada wolniej, kiedy w środku są pęcherzyki powietrza. To one pozwalają mu przez chwilę unosić się na wodzie. Ich obecność jest zasługą bakterii jelitowych, które zwykle wykonują bardzo potrzebną, wartościową pracę, i w zasadzie wyklucza występowanie wzdęć.

Na tym, Drogi Czytelniku, kończymy nasz krótki wykład o kupie. Możesz z powrotem poluzować szelki i odłożyć na miejsce okulary. Omówiwszy końcowy produkt działalności jelit, zamykamy tym samym pierwszy rozdział. Teraz zajmiemy się „instalacją elektryczną" naszego organizmu: nerwami.

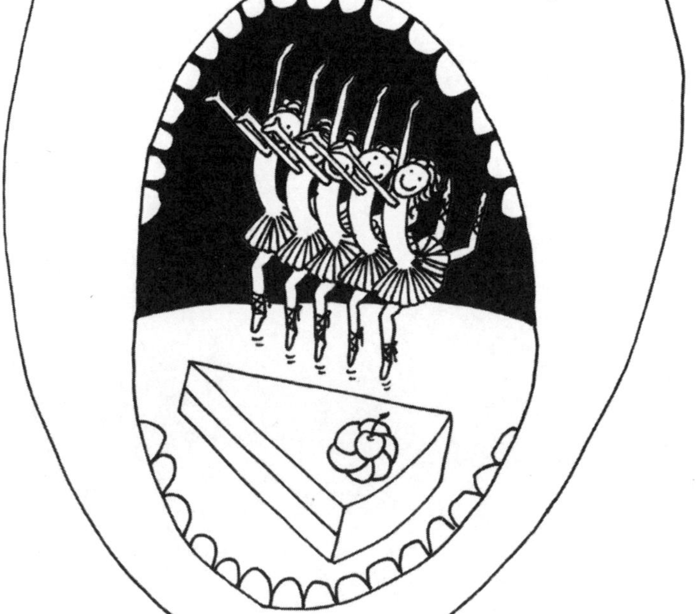

2

UNERWIENIE PRZEWODU POKARMOWEGO

Istnieją takie miejsca, w których to, co świadomie postrzegamy, styka się z tym, z czego nie zdajemy sobie sprawy. Oto siedzimy w pokoju i jemy obiad. Nie zauważamy przy tym, że zaledwie kilka metrów dalej, w mieszkaniu obok, też ktoś siedzi i coś je. Niekiedy tylko słyszymy dziwne skrzypienie podłogi i zastanawiamy się nad tym, co się dzieje poza obrębem naszych czterech ścian. Podobnie w naszym ciele są obszary, z których nie docierają do nas żadne sygnały. Nie czujemy na przykład, czym zajmują się całymi dniami nasze narządy wewnętrzne. Załóżmy, że jemy kawałek tortu: w ustach czujemy jego smak, mamy świadomość pokonywania przez kęs kilku centymetrów w jamie ustnej, a potem przełykamy – pyff! – i jedzenie znika. Tak oto przepada ono w tajemniczej krainie, przez lekarzy określanej sucho mianem „mięśni gładkich".

Mięśnie gładkie nie podlegają kontroli świadomości. Również pod mikroskopem prezentują się inaczej niż te, których ruchami możemy sterować, jak na przykład bicepsem. Biceps, czyli mięsień dwugłowy ramienia, możemy napinać i rozluźniać, kiedy chcemy. Włókna, które tworzą mięśnie poddające się kontroli, są poukładane tak równo, jakby odrysowano je od linijki.

Poszczególne grupy mięśni gładkich mają natomiast postać skomplikowanych organicznych sieci, które poruszają się harmonijnymi falami. Również naczynia krwionośne otoczone są mięśniami gładkimi, dlatego niektórzy ludzie czerwienią się ze wstydu. Mięśnie te wiotczeją bowiem pod wpływem odczuwanych emocji, przez co rozszerzają się żyłki na twarzy. U wielu osób płaszcz mięśniowy napina się pod wpływem stresu, naczynia stają się węższe i krew musi się przez nie przeciskać – co z kolei może prowadzić do nadciśnienia.

Przewód pokarmowy otaczają trzy warstwy mięśni gładkich. Dzięki temu może on wykonywać płynne ruchy, dla których w różnych partiach przewodu opracowana jest odmienna choreografia. Choreografem mięśni gładkich jest w tym wypadku trzewny układ nerwowy. To on steruje wszystkimi procesami zachodzącymi w przewodzie pokarmowym i na dodatek jest w swoich działaniach wyjątkowo samodzielny. Nawet gdybyśmy przecięli połączenie z mózgiem, wszystkie partie przewodu pokarmowego w dalszym ciągu dzielnie zajmowałyby się trawieniem – nigdzie indziej w naszym ciele nie mamy do czynienia z podobnym zjawiskiem. Nogi byłyby sparaliżowane, płuca nie mogłyby oddychać. Aż szkoda, że nie jesteśmy w stanie świadomie rejestrować pracy tych upartych włókienek nerwowych. Odgłos beknięcia czy puszczonego bąka brzmi wprawdzie krępująco, ale wewnętrzne ruchy, jakie im towarzyszą, są tak pełne gracji i subtelne jak popis baletnicy.

Jak przebiega transport jedzenia

A teraz zapraszam do prześledzenia drogi, którą przebywa w naszym ciele kawałek tortu – przed i po „pyff".

OCZY

Cząsteczki światła (fotony), odbijając się od tortu, docierają do zakończeń nerwów w oczach i tym samym je uruchamiają. Owo „pierwsze wrażenie" mózg wysyła następnie do kory wzrokowej. Znajduje się ona we wnętrzu głowy, trochę poniżej wysoko wiązanego końskiego ogona. To właśnie tutaj mózg konstruuje obraz z docierających sygnałów nerwowych – dopiero teraz naprawdę widzimy kawałek tortu. Ta smakowita informacja zostaje przekazana dalej: sygnały płyną do ośrodka regulującego wydzielanie śliny i już czujemy, jak ślinka napływa nam do ust. Sam widok pysznego jedzenia sprawia również, że żołądek wytwarza na wszelki wypadek niewielką ilość kwasu żołądkowego.

NOS

Jeśli wsadzimy palec do nosa, przekonamy się – choć nie możemy już tam dosięgnąć – że droga prowadzi dalej. Tu właśnie znajdują się nerwy węchowe. Okrywa je ochronna warstwa śluzu. Wszystko, co postrzegamy zmysłem węchu, musi najpierw zostać rozpuszczone w śluzie – inaczej nie dotrze do nerwów.

Nerwy węchowe to eksperci o wąskiej specjalizacji – dla poszczególnych zapachów istnieją oddzielne receptory. Niekiedy tkwią one w nosie całymi latami, zanim wreszcie znajdą zastosowanie. Wówczas wystarczy, że jedna jedyna cząsteczka zapachowa konwalii trafi na czekający na nią receptor, by ten natychmiast, przepełniony dumą, wysłał do mózgu meldunek: „Konwalia!". Później znów przez kilka lat receptor może nie mieć nic do roboty. Dodajmy jeszcze, że choć my, ludzie, mamy naprawdę bardzo dużo receptorów węchowych, to na przykład psy biją nas pod tym względem na głowę.

Abyśmy poczuli zapach tortu, trochę molekuł ciasta musi się najpierw oderwać, ulecieć w powietrze i podczas wdechu trafić przez dziurki do naszego nosa. Mogą to być substancje aromatyczne z laski wanilii, drobniutkie cząsteczki tworzywa z tandetnych plastikowych widelczyków albo oszałamiające opary alkoholu z kremu rumowego. Nasz nos to chemiczny ekspert, odpowiedzialny za wstępne testowanie produktów. Im bardziej zbliżamy do ust widelczyk z kawałkiem tortu, tym więcej rozpuszczonych w powietrzu cząsteczek smakołyku napływa do nosa. Gdy na ostatnich centymetrach wyczujemy zapach alkoholu, ręka zastyga na krótki moment, oczy na nowo badają przygotowaną do zjedzenia porcję ciasta, a usta wysyłają pytanie do mózgu, czy tort ma prawo zawierać alkohol, czy też jest po prostu sfermentowany. Gdy mózg udzieli nam wreszcie błogosławieństwa, możemy zaczynać przedstawienie: otworzyć buzię, wsunąć widelczyk i zainicjować mięśniowy balet.

USTA

W jamie ustnej wszystko jest „naj". Proporcjonalnie najsilniejszym mięśniem w organizmie jest żwacz, z kolei najbardziej ruchliwym

– język, należący do mięśni poprzecznie prążkowanych. Zwarłszy szeregi, mogą one nie tylko miażdżyć i rozgniatać z ogromną siłą, ale też wykonywać rozmaite manewry zwrotne. Wspomniani herosi występują w doborowej kompanii. Mowa tu o szkliwie zębowym, wykonanym z najwytrzymalszego materiału, jaki wytwarza organizm ludzki, twardością górującego nawet nad diamentem.

Ma to swoje uzasadnienie, bo nacisk wywierany przez szczękę może wynosić aż 80 kilogramów na jeden ząb trzonowy. Taki nacisk odpowiada wadze przeciętnego dorosłego mężczyzny! A gdy podczas gryzienia trafimy na coś bardzo twardego, wówczas zanim przełkniemy, na naszych zębach rytmicznie podskakuje prawie cała drużyna piłkarska! Jednak w odniesieniu do kawałka tortu nie musimy się aż tak wysilać – tu w zupełności wystarczy kilka szczuplutkich baletnic w swych zwiewnych spódniczkach i pantofelkach.

Podczas żucia do akcji wkracza język, odgrywający rolę trenera. Gdy jakiś kawałeczek tortu usiłuje schronić się w głębinach jamy ustnej, język wygarnia go z powrotem i każe mu wrócić do gry. Kiedy masa jest już dostatecznie rozdrobniona, przechodzimy do przełykania. Nabieramy językiem około 20 mililitrów tortowej papki i przesuwamy tę porcję w stronę podniebienia, które pełni funkcję kurtyny zasłaniającej przełyk. Działa to jak włącznik światła: dociśnięcie językiem do podniebienia uruchamia program przełykania. Usta zamykają się, bo wzięcie oddechu w tej właśnie chwili byłoby dla nas niewskazane. W rezultacie papka tortowa zostaje wyrzucona daleko do gardła – na arenę dalszych zmagań.

GARDŁO

Do akcji wkraczają wówczas dwie drużyny: podniebienie miękkie i zwieracze gardła. Uroczyście zamykają one ujście przewodów nosowych. Ruch jest tak potężny, że można go usłyszeć nawet z pewnej odległości: nasze uszy rejestrują wówczas ciche „plopp". Struny głosowe, nie mogąc w tym momencie wydawać jakichkolwiek dźwięków, po prostu się zamykają. Nagłośnia unosi się majestatycznie niczym dyrygent (można to wyczuć, przykładając palce do szyi), a cała podstawa jamy ustnej nieco się opuszcza – właśnie w tej chwili niewielka porcyjka tortu zostaje przepchnięta potężną falą do przełyku i obficie spłukana śliną.

PRZEŁYK

Na pokonanie tego odcinka papka tortowa potrzebuje od pięciu do dziesięciu sekund. W tym czasie przełyk porusza się podobnie jak fala na trybunach stadionu. Otwiera się przed nadchodzącą papką i zamyka zaraz za nią. Dzięki temu nic nie może się cofnąć.

Cały ten proces jest na tyle zautomatyzowany, że jesteśmy w stanie przełykać, nawet stojąc na rękach. W takiej sytuacji nasz torcik wężowym ruchem przeciska się przez tułów, całkowicie lekceważąc siłę ciążenia. Breakdancerzy nazywają takie ruchy *the snake* albo *the worm*, lekarze mówią o „aktywności propulsywnej". W górnym odcinku przełyku znajdują się mięśnie poprzecznie prążkowane, dlatego możemy świadomie zarejestrować pokonywanie przez pokarm pierwszych centymetrów w naszym ciele. Kraina nieświadomości rozciąga się poniżej niewielkiego zagłębienia, wyraźnie wyczuwalnego tuż nad mostkiem. Od tego miejsca przełyk zbudowany jest bowiem z mięśni gładkich.

Dolny koniec przełyku pozostaje zamknięty dzięki zaciskaniu się mięśnia o kształcie pierścienia. Gdy do owego mięśnia dotrze ruch wywołany przełykaniem, rozluźnia się on na całe osiem sekund, otwierając tym samym ujście przełyku do żołądka. Kawałek tortu wpada doń z pluskiem, a wówczas pierście-

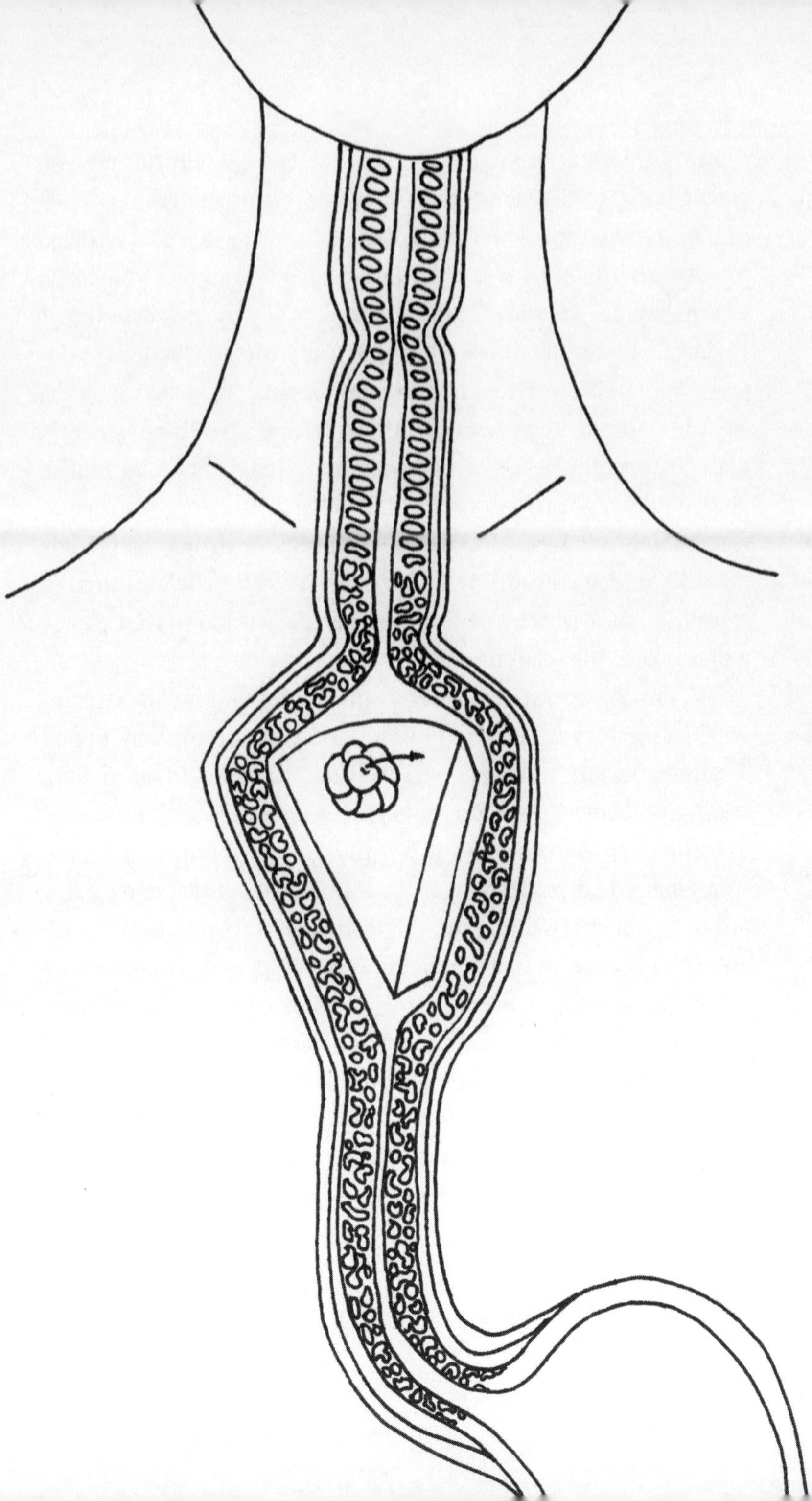

niowaty mięsień ponownie się zaciska. Tymczasem do naszego gardła wraz z wdechem trafia kolejna porcja powietrza.

Droga z jamy ustnej do żołądka to pierwszy akt naszego przedstawienia. Aby wszystko przebiegało sprawnie, konieczna jest maksymalna koncentracja i zgrana praca całego zespołu. Dwa układy nerwowe, obwodowy (z którego działania zdajemy sobie sprawę) i autonomiczny, muszą tu ściśle ze sobą współpracować. Tego współdziałania trzeba się dobrze nauczyć, dlatego treningi przełykania zaczynamy już w brzuchu matki. Tam właśnie, w ramach ćwiczeń, każdego dnia przełykamy nawet do pół litra wód płodowych. Jeśli raz czy drugi coś pójdzie nie tak, nie ma tragedii. Jesteśmy przecież całkowicie zanurzeni w płynie, nasze płuca również są go pełne – nie ma tu więc mowy o przełykaniu w ścisłym sensie.

W dorosłym życiu każdego dnia przełykamy od sześciuset do dwóch tysięcy razy. Przy tej okazji uruchamiamy ponad dwadzieścia par mięśni – i zazwyczaj wszystko idzie gładko. Wraz z wiekiem zaczynamy przełykać coraz częściej. Na starość mięśnie odpowiedzialne za tę czynność nie wykonują jej już tak sprawnie, górny zwieracz gardła zaczyna mieć problemy z koordynacją, a mały dyrygent, nagłośnia, potrzebuje laski, by się unieść. W takiej sytuacji walenie w plecy przy krztuszeniu się – choć niewątpliwie płynące z dobroci serca – może dodatkowo zastraszyć sędziwe mięśnie gardła. Zanim nasze dolegliwości przerodzą się w dokuczliwe, częste ataki takiego „kaszlu", lepiej więc odpowiednio wcześnie wybrać się do logopedy, by utrzymać nasz „zespół przełykający" w dobrej formie.

ŻOŁĄDEK

Żołądek, wbrew naszym wyobrażeniom, jest wyjątkowo skorym do ruchu narządem. Rozluźnia się na chwilę przed tym, jak wpadnie do niego kawałek tortu, i może się tak powiększać i rozciągać przez cały czas, kiedy napływa jedzenie. Po prostu robi dość miejsca dla wszystkich. Nawet kilogram tortu, równy objętością kartonowi mleka, spokojnie zmieści się na żołądkowej kanapie, przypominającej pęczniejącą huśtawkę ogrodową. Jednak pewne emocje, takie jak lęk czy stres, często utrudniają rozciąganie się mięśni gładkich żołądka. Dlatego gdy się boimy lub denerwujemy, błyskawicznie odczuwamy sytość albo robi nam się niedobrze już po zjedzeniu niewielkiej porcji.

W oczekiwaniu na nadchodzący kawałek tortu ścianki żołądka zwiększają tempo ruchów, podobnie jak nogi podczas rozbiegu. I nagle – bum! – pojawia się jedzenie. Efektownym łukiem torcik dolatuje do ścianki żołądka, odbija się od niej i z pluskiem ląduje we wnętrzu. Taki lot lekarze określają mianem retropulsji, starsze rodzeństwo nazywa to raczej zabawą w „zobaczymy, jak daleko umiesz latać". Obydwa ruchy, rozbieg i lądowanie w żołądku, składają się na typowy bulgoczący dźwięk, który możemy usłyszeć, jeśli przysuniemy ucho do górnej części brzucha (do miejsca, w którym zbiegają się żebra). Dziarskie kołysania żołądka wprawiają w ruch cały przewód pokarmowy. Pod ich wpływem również jelita zaczynają wypychać obecną w nich treść pokarmową, by zrobić miejsce na kolejną porcję. To właśnie dlatego po sutym obiedzie często szybko musimy udać się do toalety.

Jak widać, nawet niewielki kawałek tortu wywołuje w brzuchu niezłe zamieszanie. Nasz żołądek będzie się z nim „bujał" mniej więcej przez dwie godziny. Przez ten czas poszczególne kęsy zostaną rozgniecione na maleńkie cząsteczki. Większość z nich ma średnicę mniejszą niż 0,2 milimetra. Takie drobiny nie odbijają się już od ścianek żołądka, tylko przeciskają przez niewielki otworek u jego ujścia. Otwór ten to kolejny zwieracz, tym razem zwany odźwiernikiem. Stoi on na straży wylotu z żołądka i jednocześnie wlotu do jelita cienkiego.

Węglowodany proste, zawarte na przykład w biszkoptowym spodzie tortu, w ryżu czy makaronie, trafiają do jelita cienkiego bardzo szybko. Po ich strawieniu w krótkim czasie podnosi się poziom cukru we krwi. Tłuszczom i białkom zaś odźwiernik znacznie dłużej broni wstępu do jelita. Kawałek steku może huśtać się w żołądku nawet sześć godzin, zanim znajdzie się ostatecznie w jelicie cienkim. Dlatego właśnie po zjedzeniu mięsa lub produktów smażonych w głębokim tłuszczu mamy taką ochotę na coś słodkiego: krew, nie chcąc czekać aż tak długo na podniesienie poziomu cukru, domaga się szybkiego zastrzyku w postaci deseru. Posiłki obfitujące w węglowodany rzeczywiście szybciej dodają nam energii, nie zapewniają jednak uczucia sytości na tak długi czas jak białka czy tłuszcze.

JELITO CIENKIE

Prawdziwe trawienie rozpoczyna się wraz z chwilą, gdy pierwsze maleńkie porcje pożywienia trafiają do jelita cienkiego. Podróżując przez tę rurkę, kolorowa tortowa papka niemal całkowicie przeniknie przez jego ścianki – trochę tak jak Harry Potter na peronie 9 i ¾. Jelito cienkie śmiało przystępuje do działania. Ugniata papkę w jednym miejscu, rozsmarowuje ją na wszystkie strony, wnika do środka za pomocą kosmków, by ją dodatkowo wymieszać, po czym energicznie przepycha całość do przodu. Pod mikroskopem wyraźnie widać, że w proces ten mocno angażują się nawet najmniejsze mikrokosmki. Poruszają się w górę i w dół, by jeszcze bardziej „udeptać" masę pokarmową. W jelitach wszystko się rusza.

Ruchy jelita cienkiego podporządkowane są jednej naczelnej zasadzie: byle dalej, byle do przodu. Do tego służy nam specjalny mechanizm, zwany odruchem perystaltycznym. Badacz, który go odkrył, wtłoczył przez rurkę powietrze w wyizolowany kawałek jelita cienkiego – ono zaś, rade z nawiązania kontaktu z nową materią, wypchnęło je z siebie z powrotem. Dlatego właśnie wielu lekarzy zaleca dla lepszego trawienia dietę bogatą w błonnik: te niestrawne substancje balastowe uciskają ścianki jelit, a one, zaciekawione, odpowiadają naciskiem w drugą stronę. Dzięki takiej gimnastyce pasaż jelitowy trwa krócej i ma sprawny przebieg.

Gdyby papka tortowa miała dobry słuch, odebrałaby może jeszcze cichutkie komendy. W jelicie cienkim znajduje się szczególnie dużo tak zwanych komórek rozrusznikowych, które wysyłają impulsy elektryczne. Dla mięśni w jelitach oznacza to tyle, co okrzyk „wio!", po którym pojawia się kolejne „wio!". Dzięki temu mięsień nie traci koncentracji, tylko raz po raz dziarsko podryguje, jakby tańczył w rytm basów na dyskotece. W ten sposób tort, czy raczej to, co z niego zostało, może być sprawnie przesuwany do miejsca przeznaczenia.

Jelito cienkie to najbardziej sumienny „pracownik" naszego przewodu pokarmowego. Tylko w jednej jedynej sytuacji pozwala, by procesy trawienne nie doszły do skutku, a mianowicie wtedy, gdy mają wystąpić torsje. Jelito cienkie jest też bowiem bardzo pragmatyczne: nie będzie wkładać pracy w coś, co i tak nie przyniesie nam pożytku. W takim wypadku pożywienie jest bez ceregieli odsyłane z powrotem, w nienaruszonym stanie.

Nasz torcik, z wyjątkiem ściśle określonych substancji resztkowych, zniknął już we krwi. Właściwie moglibyśmy teraz podążyć za nim do jelita grubego – ale wówczas przeoczylibyśmy pewien tajemniczy proces, który doskonale słyszymy i często błędnie interpretujemy. Dlatego jeszcze na chwilkę zatrzymamy się w tym miejscu.

Po zakończeniu czynności trawiennych w żołądku i jelicie cienkim znajdują się już tylko pojedyncze niedobitki, jak na przykład nieprzeżute ziarenko kukurydzy, tabletka odporna na działanie soków żołądkowych, ocalałe bakterie zawarte w pokarmie czy połknięta przez pomyłkę guma do żucia. A tymczasem nasze jelito cienkie ubóstwia porządek. To typ pucusia, który nawet po wielkiej imprezie od razu sprząta kuchnię. Gdybyśmy odwiedzili jelito cienkie dwie godziny po zakończeniu trawienia, zobaczylibyśmy, że wszystko aż lśni i nie czuć prawie żadnych zapachów.

Już w godzinę po trawieniu jelito cienkie przystępuje do sprzątania. Proces ten nazywa się w podręcznikach medycznych „wędrującym kompleksem motorycznym". Odźwiernik żołądka otwiera wówczas bramki i wymiata resztki do jelita cienkiego. Wtedy jelito po raz kolejny przejmuje pałeczkę i inicjuje potężną falę, która przesuwa wszystko ku przodowi. Oglądane za pomocą kamery ruchy te prezentują się tak rozczulająco, że nawet niesklonni do wzruszeń naukowcy używają w stosunku do nich określenia „mały domowy sprzątacz" (ang. *housekeeper*).

Każdy z nas słyszał nieraz, jak pracuje jego wewnętrzny sprzątacz: to właśnie tak zwane burczenie w brzuchu, które wbrew pozorom wcale nie pochodzi z żołądka, tylko głównie z jelita cienkiego. Co ciekawe, burczenie nie jest oznaką głodu – to sygnał, że między jednym trawieniem a drugim jest wreszcie chwila spokoju na zrobienie porządków! Gdy żołądek i jelito cienkie są puste, sprzątacz ma wolną drogę i może przystąpić do pracy. Jeśli żołądek godzinami „buja się" ze stekiem, sprzątacz musi czekać wyjątkowo długo. Zanim można będzie ogarnąć wszystko po befsztyku, minie przynajmniej sześć godzin plus kolejne pięć na pobyt w jelicie cienkim. Sprzątacza nie słyszymy za każdym razem, bo pracuje raz głośniej, raz ciszej, zależnie od tego, ile powietrza dostało się do jelita i żołądka. Jeżeli w tym czasie coś zjemy, sprzątanie natychmiast zostanie przerwane. Nowy posiłek oznacza bowiem powrót do trawienia. Bez przerwy coś podjadając, odbieramy zatem sprzątaczowi możliwość wywiązania się z obowiązków. Dlatego właśnie niektórzy żywieniowcy zalecają pięciogodzinną przerwę po każdym posiłku. Nie ma jednak dowodów na to, że u każdego musi to być dokładnie pięć godzin. Jeśli porządnie przykładamy się do przeżuwania, zostawiamy mniej pracy dla sprzątacza, a wówczas, wybierając porę kolejnego posiłku, możemy po prostu zdać się na to, co podpowiada nam żołądek.

JELITO GRUBE

Na końcu jelita cienkiego znajduje się tzw. zastawka krętniczo-kątnicza, zwana też zastawką Bauhina. Oddziela ona jelito cienkie od grubego. I bardzo dobrze, że się tam znajduje, bo jelito cienkie i grube całkowicie różnią się swoim podejściem do pracy. Jelito grube, z natury spokojniejsze, nie jest skłonne do pośpiechu. W odróżnieniu od swego kolegi nie kieruje się zasadą: „Dalej, do przodu!". Niekiedy przemieszcza resztki pokarmowe wręcz do tyłu, a dopiero potem znowu przesuwa je do przodu, wedle swego uznania. Nie ma tu też żadnego gorliwego sprzątacza. Dlatego jelito grube stanowi spokojną przystań dla flory bakteryjnej. I jeśli zdarzy się, że trafi tu jakaś niestrawiona cząstka, właśnie owa flora się nią zajmie.

Jelito grube pracuje znacznie wolniej, bo musi brać pod uwagę interesy wielu stron: mózg nie zawsze zgadza się na natychmia-

stową wizytę w toalecie, bakterie jelitowe chcą mieć dość czasu, by dobrać się do niestrawionych resztek, a cała reszta organizmu tęsknie wygląda zwrotu „pożyczonych" na czas trawienia płynów.

To, co trafia do jelita grubego, nie przypomina już kawałka tortu – i zresztą wcale nie powinno. Z wejściowego produktu pozostało może kilka włókienek z wisienki na bitej śmietanie – cała reszta to soki trawienne, które tu właśnie ulegają ponownemu wchłonięciu. Gdy odczuwamy silny lęk, mózg wywołuje popłoch w jelicie grubym. W takiej sytuacji nie ma czasu na resorpcję płynów, czego efektem jest biegunka.

Chociaż jelito grube (podobnie jak cienkie) jest w zasadzie gładką rurką, na rysunkach zawsze przedstawia się je jako swego rodzaju sznur korali. Z czego to wynika? Istotnie, gdy otworzymy brzuch, jelito grube tak właśnie się prezentuje. Wszystko dlatego, że i ono wykonuje swój taniec, tyle że w zwolnionym tempie. Tak samo jak jelito cienkie, również jelito grube tworzy wpuklenia podczas ugniatania masy pokarmowej, aby dobrze utrzymać ją w środku. Ale w odróżnieniu od swego szczuplejszego kolegi zatrzymuje się w tej pozie na dłuższą chwilę, nie wykonując żadnego ruchu. Trochę tak jak uliczny mim, który zastyga w wybranym ustawieniu ciała. Za chwilę znów się na krótko rozluźni i utworzy wpuklenia w innym miejscu, po czym ponownie na dłuższy czas znieruchomieje w określonej pozycji. Z tego względu podręczniki uparcie obstają przy wersji „sznura pereł"... Jasne, jak ktoś raz zrobi zeza na klasowym zdjęciu, to już zawsze będzie tak wyglądać.

Trzy do czterech razy w ciągu dnia jelito grube zbiera siły i energicznie wypycha do przodu zgęszczoną masę pokarmową. U niektórych osób może to oznaczać konieczność odwiedzania toalety trzy do czterech razy dziennie – pod warunkiem, że masa pokarmowa osiągnęła odpowiedni stan. Większość ludzi jednak składa jedną wizytę w ubikacji dziennie. Ze statystycznego punktu widzenia nawet trzy wypróżnienia w tygodniu mieszczą się jeszcze w normie. Warto dodać, że jelito grube u kobiet z zasady jest bardziej leniwe niż u mężczyzn. Na razie naukowcy nie wiedzą, z czego to wynika, pewne jest jednak, że to nie hormony stanowią główną przyczynę.

Pomiędzy spożyciem porcyjki tortu a wypróżnieniem mija przeciętnie doba. Rzutkie jelita załatwiają sprawę w osiem godzin, bardziej powolnym może to zabrać nawet trzy i pół dnia. Tryb przemieszania się treści pokarmowej w jelitach sprawia, że wybrane składniki tortu mogą opuścić poczekalnię w jelicie grubym już po dwunastu godzinach, a niektóre dopiero po czterdziestu dwóch. Dopóki z konsystencją wszystko jest w porządku i nie skarżymy się na żadne dolegliwości, nie ma się czym przejmować – być może po prostu należymy do grona ludzi trawiących wolniej. Mało tego – przedstawiciele frakcji „raz dziennie lub rzadziej", którzy od czasu do czasu wykazują skłonność do zaparć, zgodnie z wynikami holenderskich badań są w mniejszym stopniu narażeni na pewne choroby odbytnicy. Tym samym urzeczywistnia się naczelna zasada jelita grubego, która brzmi: spokojnie, na wszystko przyjdzie czas.

Kwaśne odbijanie się

Wykonując swoją pracę, nasz żołądek też może się potknąć. Jego mięśnie gładkie mogą się pomylić dokładnie tak samo jak poprzecznie prążkowane mięśnie nóg. Jeśli przy tej okazji kwasy żołądkowe trafią do miejsc, które nie są do ich obecności przystosowane, odczuwamy nieprzyjemne pieczenie. Przy kwaśnych odbijaniach kwasy żołądkowe i enzymy trawienne podchodzą aż do gardła, uczucie palenia w klatce piersiowej zaś, pojawiające się podczas zgagi, jest wywołane pojawieniem się kwasów i enzymów w dolnym odcinku przełyku.

Przyczyna odbijania jest identyczna jak przy potknięciach: wszystko bierze się z nerwów. Właśnie nerwy bowiem regulują pracę mięśni. Jeśli nerwy wzrokowe nie zarejestrują schodka, nerwy w nogach otrzymają błędne informacje i nogi wykonają taki ruch, jakby żadna przeszkoda nie istniała – na tym właśnie polega potknięcie. Gdy fałszywe informacje dotrą zaś do nerwów układu pokarmowego, te nie będą w stanie powstrzymać kwasów żołądkowych przed popłynięciem pod prąd.

Ujście przełyku do żołądka jest niczym czarny punkt na drodze. Mimo znaków nakazujących ostrożność, takich jak: „wąski przełyk", „kolanko w przeponie" i „zakręt na drodze do żołądka", bardzo często coś tu idzie nie tak. Problemy z kwaśnym odbijaniem dręczą blisko jedną czwartą Niemców. I nie jest to bynajmniej związane z nowoczesnym stylem życia. W plemionach nomadów, którzy wciąż żyją jak ich praprzodkowie, zgaga i kwaśne odbijania występują bowiem z podobną częstotliwością.

Problem polega na tym, że w rejonie przełyku i żołądka muszą ze sobą ściśle współpracować dwa odrębne układy nerwowe: z jednej strony nerwy połączone z mózgiem, z drugiej – te należące do przewodu pokarmowego. Pierwsze z nich regulują na przykład działanie zwieracza pomiędzy przełykiem a żołądkiem. Mózg ma też wpływ na wytwarzanie kwasów żołądkowych. Nerwy przewodu pokarmowego dbają zaś o to, by przełyk poruszał się harmonijnie ku dołowi, niczym fala na stadionie, i zachowywał wzorową czystość dzięki przełykaniu śliny (robimy to kilkaset razy każdego dnia!).

Praktyczne sposoby na kwaśne odbijania i zgagę opierają się właśnie na przywróceniu harmonijnej współpracy pomiędzy obydwoma układami nerwowymi. Żucie gumy czy popijanie herbatki pełni w odniesieniu do przewodu pokarmowego funkcję doradczą: wiele drobnych przełknięć ma przypomnieć nerwom, by tłoczyły wszystko do żołądka, a nie odwrotnie. Techniki relaksacyjne zaś ograniczają liczbę gorączkowych poleceń wysyłanych z mózgu do nerwów. W najlepszym scenariuszu prowadzi to do trwałej kontroli zwieracza i ograniczenia produkcji kwasów.

Na te same obszary w mózgu, które są pobudzane w trakcie jedzenia, oddziałuje również dym papierosowy. Palenie poprawia zatem nasze samopoczucie, ale jednocześnie przyczynia się do nadprodukcji kwasu żołądkowego i rozluźnienia zwieracza przełyku. Dlatego rzucenie palenia często pomaga w kłopotach z kwaśnym odbijaniem i zgagą.

Zamieszanie mogą spowodować też hormony ciążowe. Ich podstawowym zadaniem jest rozluźnienie ścian macicy i uczynienie jej do czasu porodu miejscem przyjaznym dla płodu. Jednak hormony te rozluźniają jednocześnie m.in. zwieracz przełyku. W efekcie zamknięcie żołądka nie jest już tak szczelne, co w połączeniu z naciskiem wywieranym przez powiększony brzuch powoduje wypływ kwasów żołądkowych ku górze. Częstsze kwaśne odbijania mogą stanowić też efekt uboczny przyjmowania pigułek antykoncepcyjnych zawierających żeńskie hormony.

Dym papierosowy, hormony ciążowe – no cóż, nasze nerwy nie są szczelnie izolowanymi kablami elektrycznymi. Wplecione we wszystkie tkanki naszego ciała tworzą z nimi organiczną jedność i reagują na wszystkie substancje, z jakimi się tam stykają. Dlatego część lekarzy radzi wyeliminować z diety produkty, które przyczyniają się do osłabienia zwieracza przełyku, takie jak: czekolada, ostre przyprawy, alkohol, słodycze czy na przykład kawa.

Wszystkie te substancje oddziałują na nerwy, jednak nie u każdego muszą prowadzić do kwaśnych odbijań. Z amerykańskich badań wynika, że lepiej samemu wypróbować, na jakie produkty źle reagują nasze nerwy. Być może wcale nie trzeba będzie rezygnować od razu ze wszystkiego.

Interesującą zależność odkryto za sprawą pewnego leku, który ze względu na swe niepożądane działania nigdy nie został dopuszczony do obrotu. Środek ten blokuje aktywność nerwu w miejscu, w którym normalnie wiązany jest kwas glutaminowy. Większość z nas kojarzy glutaminian z zawartym w produktach wzmacniaczem smaku. Substancję tę uwalniają jednak także nerwy. W przypadku nerwów języka glutaminian powoduje wzmocnienie bodźców smakowych. Ale w żołądku może wywołać niezłe zamieszanie, ponieważ tamtejsze nerwy nie wiedzą, czy glutaminian, z którym się właśnie stykają, pochodzi od ich kolegów po fachu czy może z chińskiej restauracji. Dlatego warto przeprowadzić na sobie eksperyment i na pewien czas zrezygnować z produktów obfitujących w glutaminian. W tym celu na zakupy trzeba wziąć ze sobą okulary, by bez kłopotu przeczytać wszystkie maleńkie napisy widniejące na etykietach.

Często zresztą substancja, której szukamy, kryje się w tajemniczych złożeniach, jak na przykład „glutaminian monosodowy" czy „MSG". Jeśli po wyłączeniu z diety glutaminianu zauważymy poprawę – świetnie. Jeśli nie, korzyść jest taka, że przynajmniej przez jakiś czas jedliśmy zdrowiej.

Ci, którym kwaśne odbijania zdarzają się rzadziej niż raz w tygodniu, mogą sięgnąć po proste preparaty z apteki neutralizujące kwasy lub wypróbować domowe środki, takie jak sok z ziemniaka. Jednak ciągłe neutralizowanie kwasów żołądkowych nie jest dobrym rozwiązaniem! Kwas żołądkowy niszczy bowiem zawarte w pożywieniu alergeny i szkodliwe bakterie, pomaga też w trawieniu białek. Do tego część preparatów neutralizujących zawiera glin (aluminium). To pierwiastek bardzo niewskazany dla naszego organizmu, dlatego nie przesadzajmy nigdy z ilością leku, tylko ściśle trzymajmy się zaleceń podanych w ulotce.

Najpóźniej po czterech tygodniach stosowania należy poważnie zastanowić się nad dalszym zażywaniem tego rodzaju preparatów. Jeśli ich nie odstawimy, szybko dowiemy się, jak przekorny potrafi być żołądek. Ponieważ zależy mu na przywróceniu dotychczasowego stężenia kwasów w swoim wnętrzu, równoważąc działanie leku, po prostu zacznie wytwarzać je w zwiększonej ilości. Dlatego preparaty neutralizujące nigdy nie stanowią dobrego rozwiązania na dłuższą metę – również w przypadku innych schorzeń związanych z nadkwaśnością, takich jak zapalenie błony śluzowej żołądka.

Gdyby dolegliwości trawienne wciąż nas nękały mimo zastosowania preparatów neutralizujących, lekarz będzie musiał się nieco bardziej wysilić. Powinien zlecić zrobienie ogólnych badań, w tym morfologię krwi. Jeśli wynik będzie się mieścić w granicach normy, może przepisać leki zawierające substancje hamujące pompowanie kwasów żołądkowych (tzw. inhibitory pompy protonowej). Substancje te nie neutralizują kwasów, tylko utrudniają komórkom żołądka ich tłoczenie. Owszem, żołądkowi będzie ich tu i ówdzie brakować, ale chodzi o to, by na pewien czas uwolnić zarówno żołądek, jak i przełyk od ich działania i pozwolić im odpocząć od ataków nadkwaśności.

Jeśli problemy pojawiają się w nocy, dobrym pomysłem jest podwyższenie poduszki, tak by górna część tułowia leżała pod kątem 30° do reszty ciała. Można to załatwić na własną rękę, tworząc wieczorem skomplikowaną konstrukcję z poduszek z użyciem kątomierza. W sklepach specjalistycznych można też jednak kupić gotowe poduszki przystosowane do tego celu. Uniesienie tułowia pod takim kątem ma ponadto zbawienny wpływ na serce i układ krążenia. Nasz profesor od fizjologii powtarzał to na wykładach jakieś trzydzieści razy. Wierzę mu, bo specjalizuje się w chorobach układu krążenia, a przy tym rzadko się powtarza. Ale nic nie poradzę na to, że gdy tylko ktoś wymieni przy mnie jego nazwisko, zaraz wyobrażam sobie, jak śpi na poduszkach ułożonych pod kątem 30°.

Zdrowy sen to ważna sprawa, nie wolno jednak przespać takich sygnałów alarmowych płynących od organizmu, jak trudności z przełykaniem, utrata wagi, obrzmienia lub krwawienia w jakiejkolwiek formie. Ich wystąpienie jest ostatnim momentem na zrobienie gastroskopii, czyli wziernikowania obszarów wymagających kontroli – niezależnie od tego, z jaką niechęcią myślimy o takim badaniu. Podczas odbijania się prawdziwym zagrożeniem nie jest dla nas bowiem palący kwas żołądkowy, tylko żółć, która niekiedy przedostaje się z jelita cienkiego przez żołądek aż do przełyku. Żółć nie piecze ani trochę, jednak jej działanie może być znacznie bardziej szkodliwe. Na szczęście wśród rzeszy tych, którym dokuczają kwaśne odbijania, tylko u nielicznych występuje uchodzenie żółci.

Podstępne działanie kwasów żółciowych polega na tym, że pod ich wpływem komórki przełyku „głupieją". Zaczynają się zastanawiać: „Czy rzeczywiście jestem w przełyku? Przecież wciąż napływa tu żółć – może tak naprawdę jestem w jelicie cienkim, tylko przez lata tego nie zauważyłam... Rany, ale wstyd!". W tej sytuacji, aby jak najszybciej naprawić rzekomą pomyłkę, komórki przełyku przekształcają się w komórki żołądkowe i jelitowe. A to może się źle skończyć. Mutujące komórki mogą się źle zaprogramować i w efekcie narastać w niekontrolowany sposób. Nie wpadajmy jednak w panikę – potyka się całe mnóstwo ludzi, ale tylko u niewielkiego odsetka dochodzi przy tym do poważniejszych obrażeń.

W zdecydowanej większości przypadków uporczywe odbijanie się i zgaga to właśnie takie dokuczliwe, ale niegroźne potknięcia. I tak jak po potknięciu szybko poprawiamy na sobie ubranie, potrząsamy głową, by zneutralizować wstrząs, po czym ruszamy w dalszą drogę spokojniejszym krokiem, tak samo powinniśmy traktować odbijanie się: kilka łyków wody wystarczy, by naprawić sytuację, kwas można w razie potrzeby zneutralizować, a my postarajmy się tylko na przyszłość trochę bardziej uważać.

Wymiotowanie

Gdybyśmy mogli jednocześnie obserwować sto osób, które za chwilę zwymiotują, okazałoby się, że tworzą one bardzo zróżnicowaną grupę. Osoba z numerem 14 siedzi w kolejce górskiej i wyrzuca do góry ręce z radości, numer 32 nie może się nachwalić wyśmienitej sałatki jajecznej, numer 77 ściska w dłoni test ciążowy i wpatruje się w niego z niedowierzaniem, a numer 100 czyta właśnie informację na dołączonej do opakowania ulotce: „może wywoływać nudności i wymioty".

Wymiotowanie nie jest z pewnością przypadkowym potknięciem. To proces, który przebiega według niezwykle precyzyjnego planu. Można nawet powiedzieć, że jego realizację organizm doprowadził do mistrzostwa. Miliony maleńkich receptorów analizują zawartość żołądka, badają krew i przetwarzają wrażenia przesyłane przez mózg. Wszystkie zebrane informacje są gromadzone w olbrzymiej sieci włókien nerwowych, skąd trafiają z powrotem do mózgu. Tam zapada ostateczny wyrok. W zależności od ogólnej liczby odebranych sygnałów alarmowych mózg rozstrzyga sprawę: rzygamy czy nie. Decyzja zostaje przekazana do wybranych mięśni, które natychmiast zabierają się do pracy.

Gdybyśmy te same sto osób poddali w trakcie torsji badaniom obrazowym, w odniesieniu do każdej z nich otrzymalibyśmy ten sam wynik: zaalarmowany mózg aktywuje obszar odpowiedzialny za mdłości i zaciąga hamulec bezpieczeństwa. Gwałtownie bledniemy, bo krew odpływa z twarzy i zostaje skierowana do brzucha. Ciśnienie spada, puls staje się wolniejszy. Wreszcie nadciąga niemal pewny zwiastun wymiotów: ślina. Gdy tylko mózg przekaże informacje na temat aktualnego stanu rzeczy, gruczoły w jamie ustnej zaczynają wytwarzać ją na potęgę. Chodzi o to, by uchronić szkliwo zębów przed niszczącym działaniem kwasów żołądkowych.

Na początek żołądek i jelita zaczynają wykonywać niewielkie, nerwowe, faliste ruchy, próbując desperacko wypchnąć gdzieś swoją zawartość. Tych ruchów „w tę i we w tę" nie możemy poczuć, bo wszystkie następują w obszarze zbudowanym z mięśni gładkich. Jednak dokładnie w tym momencie wiele osób intuicyjnie wyczuwa, że najwyższy czas rozejrzeć się za jakimś ustronnym miejscem.

Wymiotować możemy nawet z pustym żołądkiem – również jelito cienkie pragnie niekiedy pozbyć się swej treści. W takiej sytuacji żołądek wyjątkowo otwiera bramkę i przepuszcza treść jelitową z powrotem do góry. Nagły napór treści jelit na żołądek podrażnia wrażliwe nerwy w jego ściankach, mobilizując je do wysyłania sygnałów do „centrum mdłości" w mózgu.

Teraz nie ma już żadnych wątpliwości: wszystko jest do wyrzygania... A zatem start!

Płuca robią wyjątkowo głęboki wdech, drogi oddechowe się zamykają. Żołądek i otwór prowadzący do przełyku nagle zupełnie się rozluźniają i – bach! – przepona i mięśnie brzucha zaczynają tłoczyć od dołu, jakbyśmy byli tubką pasty do zębów. W ten sposób wyciśnięta zostaje cała zawartość żołądka. Z życiem, z życiem, pozbądźmy się jak najszybciej tego paskudztwa!

DLACZEGO WYMIOTUJEMY I JAK MOŻEMY TEMU ZAPOBIEC?

Nasz gatunek został wyposażony w specjalne mechanizmy umożliwiające wymiotowanie. Łączy nas to z małpami, kotami, psami, świniami, rybami, a także ptakami. Niezdolne do torsji są zaś myszy, szczury, świnki morskie, króliki, a także konie. Mają one zbyt długi i wąski przełyk, a ponadto brakuje im odpowiedniego unerwienia.

Zwierzęta niezdolne do wymiotów są zdane na inne metody umożliwiające zachowanie bezpieczeństwa. Szczury czy myszy na początek podgryzają swoją karmę. Kosztują najpierw odrobinę, a do jedzenia zabierają się na dobre dopiero wtedy, gdy zyskają pewność, że próbny kęs im nie zaszkodził. Gdyby okazał się toksyczny, w większości przypadków zwierzątkom zrobiłoby się tylko trochę niedobrze. Zresztą w ten właśnie sposób uczą się, co mogą jeść, a czego nie. Ponadto gryzonie lepiej od nas umieją rozkładać substancje toksyczne, bo ich wątroba wytwarza więcej odpowiednich enzymów. Najgorzej mają konie, które nie umieją nawet wstępnie podgryzać pokarmu. Dlatego jeśli szkodliwa substancja dostanie się do ich jelita cienkiego, często oznacza to śmiertelne zagrożenie. Właściwie więc możemy czuć się dumni, gdy zgięci w pół pochylamy się nad muszlą klozetową.

A skoro już o wymiotach mowa, warto wykorzystać krótkie przerwy pomiędzy kolejnymi falami torsji i przyjrzeć się temu, co zwracamy. Wyśmienita sałatka jajeczna u osoby z numerem 32 zachowała się w zaskakująco dobrym stanie, zanim wróciła ze swej krótkiej podróży na przedpola żołądka. Wciąż doskonale widać kawałeczki jajka, makaronu i ziarenka groszku. W przebłysku przytomności numer 32 myśli więc jeszcze: „Musiałem po prostu źle pogryźć". Jednak chwilę później przychodzi kolejna fala torsji, złożona z wyraźnie drobniejszych cząstek. Jeśli nasze wymiociny zawierają rozpoznawalne składniki pożywienia, można z dużym prawdopodobieństwem przyjąć, że treść pochodzi z żołądka, a nie z jelita cienkiego. Wtedy natomiast, gdy mamy do czynienia z masą bardzo rozdrobnioną, gorzką i żółtawą, są to raczej swego rodzaju „pozdrowienia" z jelita cienkiego. Łatwo dające się rozpoznać jedzenie to pokarm źle przeżuty, który organizm katapultuje bezpośrednio z żołądka, nie dopuszczając, by trafił dalej.

O przyczynach torsji mówi nam co nieco również ich charakter. Jeśli przychodzą nagle, niemal bez ostrzeżenia i następują gwałtownymi falami, prawdopodobnie mamy do czynienia z wirusem żołądkowo-jelitowym. W takiej sytuacji czujne receptory najpierw określają liczbę chorobotwórczych zarazków. Jeśli w pewnym momencie dojdą do wniosku, że jest ich stanowczo za wiele, gwałtownie zaciągają hamulec bezpieczeństwa. Przed napadem torsji o stan naszego zdrowia mógł się jeszcze troszczyć układ odpornościowy, ale teraz przyszedł czas na działanie mięśni żołądka i jelit.

W przypadku zatruć nieświeżym jedzeniem lub alkoholem torsje co prawda również przychodzą falami, jednak są wobec nas bardziej fair: chwilę wcześniej ostrzegają o swoim nadejściu poczuciem mdłości. Ma ono nauczyć nas, że dany produkt spożywczy nie jest dla nas wskazany. Osoba numer 32 będzie na przyszłość podchodzić do sałatek jajecznych ze znacznie większą rezerwą.

Numer 14 z kolejki górskiej znajduje się w równie opłakanym stanie, co numer 32. Podłożem torsji jest tu choroba lokomocyjna. To z jej powodu – mimo iż nie mamy do czynienia z żadną toksyczną substancją – znajdując się na przykład w samochodzie, gwałtownie wymiotujemy pod nogi albo do schowka na rękawiczki, względnie wyrzucamy treść przewodu pokarmowego przed siebie, a wiatr znosi wszystko na tylną szybę. Mózg bowiem, stojący na straży naszego organizmu, niekiedy bywa nadopiekuńczy, szczególnie u dzieci. Obecnie powszechnie uznaje się, że dolegliwości związane z chorobą lokomocyjną pojawiają

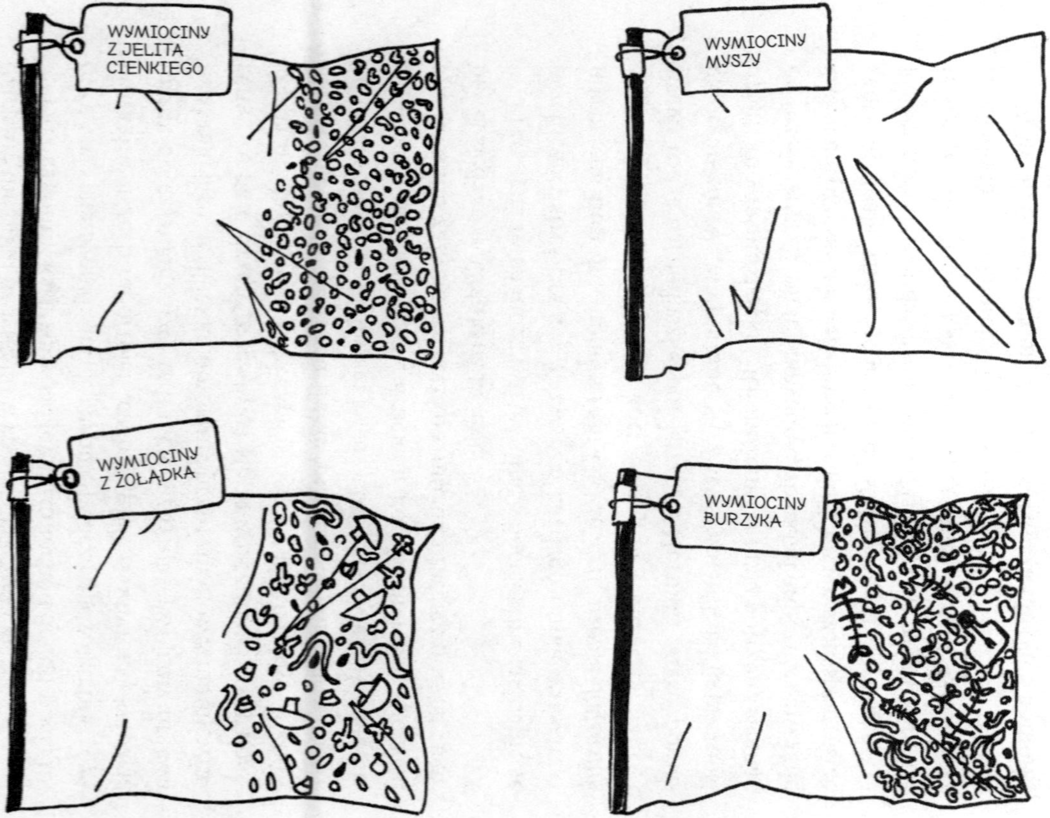
WYMIOCINY Z JELITA CIENKIEGO
WYMIOCINY MYSZY
WYMIOCINY Z ŻOŁĄDKA
WYMIOCINY BURZYKA

się, gdy informacje pochodzące od zmysłu wzroku wyraźnie odbiegają od tych, które wysyła błędnik: mózg nie wie już wtedy, co dzieje się nie tak, i na wszelki wypadek wszczyna alarm.

Gdy czytamy książkę w jadącym samochodzie lub pociągu, oczy wysyłają sygnał: „brak ruchu", podczas gdy czujnik równowagi w uszach raportuje: „ruch ciągły". Z odwrotną sytuacją mamy do czynienia, gdy w trakcie jazdy obserwujemy drzewa na skraju lasu. Jeśli lekko obrócimy przy tym głowę, mamy wrażenie, że pnie drzew przesuwają się ze znacznie większą prędkością niż ta, z którą w rzeczywistości się poruszamy – i znów mózg czuje się zbity z tropu. Takie sprzeczne sygnały docierające od oczu i zmysłu równowagi kojarzy on właściwie tylko z jedną sytuacją, a mianowicie z zatruciem. Po nadmiernym spożyciu alkoholu lub zażyciu narkotyków można przecież poczuć ruch, nawet siedząc spokojnie na krześle.

Przyczyną torsji mogą być też silne emocje, takie jak napięcie psychiczne, stres czy lęk. Zazwyczaj każdego ranka wytwarzamy pewną ilość hormonu stresu CRF (*Corticotropin Releasing Factor*, czynnik uwalniający kortykotropinę), służącego nam za swego rodzaju „poduszkę powietrzną". Hormon stresu pomaga organizmowi w uporaniu się z wyzwaniami, jakie przynosi dzień. To właśnie dzięki CRF możemy w razie potrzeby sięgnąć do rezerw energii, on też powoduje, że układ odpornościowy nie wykazuje przesadnie wrażliwych reakcji, on wreszcie sprawia, że skóra się opala, chroniąc nas przed stresem związanym z przyjęciem nadmiernej dawki promieniowania. Gdy znajdziemy się w szczególnie trudnej sytuacji, mózg może zarządzić wstrzyknięcie dodatkowej porcji CRF do krwi.

Problem polega na tym, że CRF wytwarza nie tylko komórki mózgu, ale także jelit i żołądka. Za każdym razem pojawienie się tego hormonu to dla organizmu wyraźny sygnał: alarm, stres i zagrożenie! Jeśli więc komórki żołądka i jelit zarejestrują wysoki poziom CRF, liczy się nie źródło sygnału (mózg czy jelita), a jedynie informacja, że coś jest nie tak. To wystarczy, żeby wywołać reakcję obronną w postaci biegunki, mdłości lub torsji.

Jeśli hormon stresu wysyłany jest przez mózg, pozbycie się jedzenia z żołądka ma na celu zaoszczędzenie cennej energii, którą zużylibyśmy na trawienie. Jej zapas mózg może wykorzystać do rozwiązania innych problemów. W wypadku sygnału pochodzącego z jelit treść pokarmowa usuwana jest ze względu na zawartość toksyn albo dlatego, że w danej chwili układ pokarmowy nie jest w stanie dobrze jej strawić. W obu sytuacjach opróżnienie przewodu pokarmowego może okazać się korzystne. Po prostu nie pora teraz na spokojne trawienie. Osoby wymiotujące ze zdenerwowania mają wyjątkowo troskliwy przewód pokarmowy, który na wszelkie sposoby stara się im pomóc, i dlatego reagują torsjami.

I na koniec ciekawostka: ptaki zwane burzykami wykorzystują wymioty jako technikę obronną. Trudno się dziwić – każdy chyba zostawiłby wymiotującego w spokoju. Zachowanie to jest jednak wykorzystywane do celów badawczych. Podszedłszy w pobliże gniazda, naukowcy podstawiają ptakom specjalne torebki, do których zbierają wymiociny. Zawartość burzykowych żołądków jest następnie badana w laboratorium pod kątem obecności metali ciężkich i różnorodności zjedzonych przez ptaki ryb. Na tej podstawie wysnuwane są wnioski co do stanu środowiska naturalnego.

Poniżej znajduje się kilka wskazówek, które pomogą ograniczyć do minimum ataki niepotrzebnych torsji:

1. W wypadku choroby lokomocyjnej sprawdza się utkwienie wzroku w znajdującej się na wprost linii horyzontu. Dzięki

temu informacje napływające do mózgu od oczu i narządu równowagi stają się bardziej spójne.

2. Niektórym pomaga słuchanie muzyki przez słuchawki, ułożenie się na boku lub zastosowanie jakiejś techniki relaksacyjnej. Prawdopodobnie skuteczność tych zabiegów wiąże się z ich uspokajającym działaniem. Im bezpieczniej się bowiem czujemy, tym mniej przejmujemy się stanem alarmowym w mózgu.
3. Jedzmy imbir: przeprowadzono wiele badań, z których wynika, że imbir naprawdę pomaga. Substancje zawarte w tym kłączu blokują w mózgu obszar odpowiedzialny za torsje, a tym samym powstrzymują odruch wymiotny. Pamiętajmy jednak, że cukierki czy inne preparaty imbirowe, aby były skuteczne, muszą rzeczywiście zawierać imbir, a nie tylko aromat imbirowy.
4. Apteczne preparaty przeciwwymiotne działają na różnych zasadach. Część z nich hamuje pracę ośrodka mózgu odpowiedzialnego za torsje (tak samo jak imbir), inne przytępiają wrażliwość nerwów żołądka i jelit lub tłumią określone sygnały alarmowe. Leki z tej ostatniej grupy są niemal identyczne jak preparaty stosowane przeciw alergiom. Zarówno jedne, jak i drugie tłumią działanie histaminy. Jednak środki przeciwdziałające mdłościom bardzo silnie wpływają na mózg, w odróżnieniu od nowoczesnych preparatów antyalergicznych, które zostały już na tyle ulepszone, że niemal o mózg nie zahaczają. A to właśnie osłabienie działania histaminy w mózgu powoduje, że po zażyciu lekarstwa czujemy się rozbici i zmęczeni.
5. Odkryjmy P6! To punkt akupunkturowy, którego istnienie uznała w ostatnich latach także medycyna konwencjonalna. Wyniki ponad 40 rozmaitych badań, w tym z zastosowaniem

placebo, potwierdziły skuteczność hamowania mdłości i wymiotów poprzez oddziaływanie na P6. Obecnie nie wiemy więc jak ani dlaczego, ale mamy pewność, że oddziaływanie na P6 przynosi dobre rezultaty. Punkt ten znajduje się w odległości dwóch, trzech palców od nadgarstka, dokładnie pomiędzy dwoma wyraźnie widocznymi ścięgnami przedramienia. Jeśli akurat nie ma w pobliżu doświadczonego akupunkturzysty, możemy spróbować sami delikatnie pogłaskać (ucisnąć) ów punkt kilka razy, aż nasze dolegliwości osłabną. Nie ma co prawda badań potwierdzających skuteczność takiego działania, ale spróbować nie zaszkodzi. Zgodnie z tradycyjną chińską medycyną punkt ten aktywuje kanały energetyczne (meridiany), biegnące poprzez rękę do serca, które odprężają przeponę i dalej prowadzą do żołądka i do miednicy.

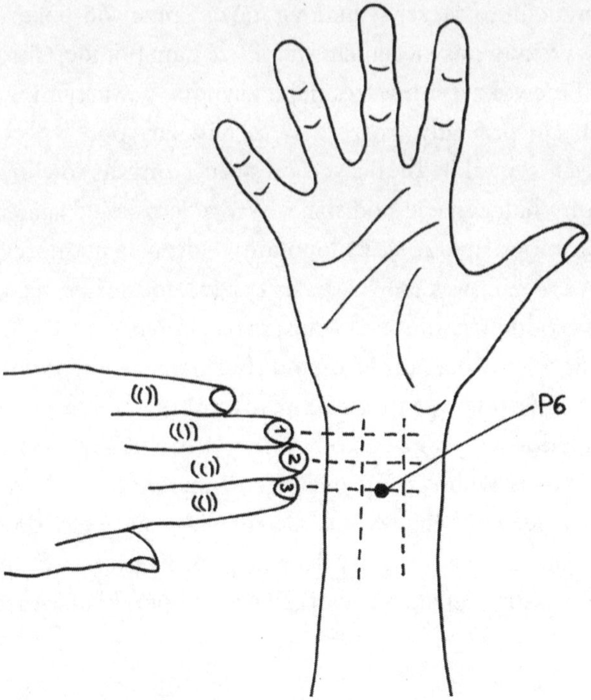

Bodźców prowadzących do torsji jest wiele, dlatego nie wszystkie powyższe wskazówki okazują się skuteczne w każdym przypadku. Tradycyjne metody, takie jak imbir, leki na chorobę lokomocyjną czy oddziaływanie na punkt P6, mogą nam przynieść ulgę – jeśli jednak wymiotujemy z przyczyn emocjonalnych, najlepiej by było, abyśmy zbudowali bezpieczne gniazdo dla naszego wewnętrznego burzyka. Za pomocą technik relaksacyjnych, a także hipnoterapii (oczywiście, prowadzonej przez wykwalifikowanego terapeutę, a nie hipnotyzera szarlatana!) można wytrenować nerwy i osłabić emocjonalny charakter własnych reakcji. Również w tym przypadku ćwiczenie czyni mistrza – po jakimś czasie głupia sprzeczka w pracy czy nadchodzący egzamin nie będą już dla nas takim problemem, bo po prostu nie dopuścimy, by się nim stały.

Pamiętajmy: torsje nigdy nie są karą, którą wymierza nam własny brzuch! To raczej sygnał, że mózg i przewód pokarmowy z najwyższym poświęceniem starają się nam pomóc. Chronią nas przed niewykrytymi wcześniej toksynami zawartymi w pożywieniu. Do przesady troszczą się o nas, gdy pod wpływem sprzecznych sygnałów płynących od oczu i zmysłu równowagi odczuwamy halucynacje podróżne. Wreszcie oszczędzają energię, byśmy mogli uporać się z kłopotami. Odczucie nudności powinno być ważną wskazówką na przyszłość odnośnie tego, co jest dla nas odpowiednie, a co wręcz przeciwnie.

Jeśli nie wiemy dokładnie, czemu chce nam się wymiotować, najlepiej będzie po prostu zdać się na instynkt i… zwymiotować. Zasada ta odnosi się także do odwrotnej sytuacji, gdy wiemy, że zjedliśmy coś niedobrego, ale nie odczuwamy mdłości. Również wtedy nie należy niczego wymuszać: ani wkładając palce do gardła, ani pijąc osoloną wodę czy decydując się na płukanie żołądka. W przypadku zatrucia chemikaliami, na przykład kwasami lub substancjami pianotwórczymi, można w ten sposób tylko pogorszyć swoje położenie. Piana lubi bowiem w takich sytuacjach wędrować do płuc, a kwas zyskuje drugą szansę, by uszkodzić przełyk. Dlatego też od końca lat dziewięćdziesiątych zasadniczo odradza się prowokowanie wymiotów podczas udzielania pierwszej pomocy.

Prawdziwy odruch wymiotny to element liczącego tysiące lat programu, który pozwala ciału w razie potrzeby przejąć kontrolę nad świadomością. Oczywiście, nasza świadomość jest często oburzona czy wręcz zaszokowana tak bezceremonialnym traktowaniem – jak to, przecież właśnie mieliśmy ochotę na jeszcze jedną kolejkę tequili, a tu coś takiego? Ale ponieważ w takiej sytuacji gniew mógłby tylko pogorszyć sprawę, świadomość musi się wycofać. W wypadku jednak gdy nudności spowodowane są nadmierną ostrożnością mózgu (jak w chorobie lokomocyjnej czy torsjach ze zdenerwowania), świadomość ponownie dochodzi do głosu i może nam pomóc opanować nieuzasadniony odruch wymiotny.

Zaparcia

Zatwardzenie jest jak . Czekamy na coś, co nie chce . Do tego często musimy użyć **naprawdę sporo siły.** A w nagrodę za wszystkie starania dostajemy tylko kilka ••• Albo niby wszystko przebiega prawidłowo, tyle że bardzo

rzadko.

Na zaparcia cierpi 10–20% Niemców. Jeśli i my pragniemy zaliczać się do tego ekskluzywnego grona, musimy spełniać co najmniej dwa spośród poniższych kryteriów: wypróżniamy się rzadziej niż trzy razy w tygodniu; jedna czwarta wszystkich wypróżnień przychodzi nam ze szczególnym trudem i sprowadza się do wydalenia zaledwie kilku niewielkich bobków (•••), a i to wymaga od nas ogromnego wysiłku; do defekacji dochodzi tylko dzięki pomocy z zewnątrz (w postaci rozmaitych preparatów czy sztuczek); po wyjściu z ubikacji nie czujemy się całkowicie wypróżnieni.

Podczas zaparć mięśnie i nerwy przewodu pokarmowego przestają zgodnie dążyć do obranego celu. Zwykle samo trawienie i transport mas pokarmowych przebiegają jeszcze w normalnym tempie – zaburzenia pojawiają się dopiero na końcu jelita grubego. Nerwy i mięśnie tego odcinka przewodu pokarmowego nie mogą podjąć wspólnej decyzji, czy już pozbywać się balastu, czy jeszcze trochę poczekać.

Dlatego miernikiem skłonności do zaparć jest nie tyle sama częstotliwość korzystania z toalety, co raczej uciążliwość poszczególnych wypróżnień. Właściwie czas spędzony w ustronnym miejscu powinien być dla nas chwilą relaksu – jeśli jest inaczej, możemy czuć się bardzo nieswojo. Istnieją rozmaite typy zatwardzeń, odznaczające się różnym stopniem natężenia – przejściowe zaparcia podczas podróży, choroby czy w szczególnie stresujących okresach, ale też znacznie bardziej uciążliwe zatwardzenia, które przekształcają się w chroniczny problem.

Niemal połowa z nas doświadcza zaparć w trakcie podróży. Szczególnie w pierwszych dniach organizm po prostu nie chce robić tego, co powinien. Sytuacja taka może mieć różne przyczyny, ale najczęściej wszystko sprowadza się do jednego: nasz przewód pokarmowy to miłośnik rutyny. Nerwy trzewne dobrze wiedzą, co lubimy jeść i mniej więcej w jakich porach. Pamiętają, jak dużo się ruszamy i ile wody pijemy. Wiedzą, kiedy jest dzień, a kiedy noc i o których godzinach chadzamy do toalety. Jeśli wszystko przebiega zgodnie z ustalonym schematem, pracują żwawo i pobudzają do trawienia mięśnie przewodu pokarmowego.

Gdy wybieramy się w podróż, myślimy o wielu sprawach: pakujemy klucze, wyłączamy kuchenkę, zabieramy ze sobą książkę albo ulubioną płytę, żeby zapewnić mózgowi jakąś rozrywkę. Tylko o jednym zapominamy: nasz układ pokarmowy też jedzie z nami, tymczasem my narażamy go nagle na ogromny stres.

Całymi dniami dostarczamy mu kanapek, wszystkich tych dziwacznych potraw podawanych w samolotach i do tego jeszcze nieznanych przypraw. W porze rutynowej przerwy na lunch stoimy właśnie w korku albo w kolejce do kasy biletowej. Pijemy znacznie mniej niż zwykle, by zbyt często nie biegać do łazienki, a powietrze w samolocie dodatkowo nas wysusza. Jakby tego było mało, po podróży nierzadko cierpimy na skutki zmiany strefy czasowej i dzień myli nam się z nocą.

Nerwy układu pokarmowego natychmiast rejestrują tę wyjątkową sytuację. Są rozdrażnione, dlatego zatrzymują wszystko w środku, dopóki nie dostaną sygnału, że już można działać normalnie. A jeśli nawet, mimo tak zaburzonego rozkładu dnia, nasz przewód pokarmowy zrobi swoje i zamelduje, że czas już do toalety, my sami często powstrzymujemy się z całych sił ze względu na niesprzyjające okoliczności. Bądźmy szczerzy: nierzadko jedyną przyczyną takiego zachowania jest „syndrom obcej łazienki". Osoby, które nań cierpią, wzdragają się przed skorzystaniem z nieznanej ubikacji. Najgorzej jest z toaletami publicznymi. Idziemy do nich tylko wtedy, gdy już naprawdę musimy, budujemy pracochłonne „sedesowe instalacje" z papieru toaletowego i staramy się trzymać możliwie jak najdalej od muszli. Ale w przypadku ostrej postaci „syndromu obcej łazienki" nawet takie środki nie wystarczą. Po prostu nie potrafimy na tyle się odprężyć, by umożliwić naszemu lubującemu się w rutynie przewodowi pokarmowemu dokończenie dzieła. W ten sposób urlop czy podróż służbowa przeradzają się w prawdziwy koszmar.

W przezwyciężeniu krótkotrwałych lub łagodnych zaparć może pomóc jeden z poniższych sposobów. Opisane tu metody mają na celu uspokojenie przewodu pokarmowego i zachęcenie go do pracy.

1. Istnieje pewien rodzaj produktów, które „poszturchując" ścianki jelit, umieją zmotywować je do działania, a mianowicie substancje balastowe. Nie podlegają one trawieniu w jelicie cienkim. Kiedy więc trafią do jelita grubego, pukają przyjaźnie w jego ścianki, oznajmiając, że ktoś pragnie się ze środka wydostać. Najlepsze rezultaty dają łupiny nasion babki jajowatej lub ewentualnie przyjemniejsze w smaku śliwki. Jedne

i drugie zawierają nie tylko błonnik, ale także substancje, które powodują wiązanie większej ilości płynu w jelitach, dzięki czemu cały proces przebiega, nomen omen, płynniej. Zwykle na ostateczny efekt trzeba poczekać od dwóch do trzech dni. Zacząć należy więc albo dzień przed podróżą, albo w pierwszym dniu urlopu – wszystko zależy od tego, jak będziemy się czuli pewniej. Jeśli nie chcemy wypełniać śliwkami połowy walizki, możemy też zdecydować się na dostępny w aptekach i drogeriach błonnik w proszku lub w tabletkach. Wbrew nazwie, substancje balastowe wcale nie ważą tak wiele – trzydzieści gramów w zupełności wystarczy nam na jeden dzień.

Dla dociekliwych podajemy jeszcze jedną informację: nierozpuszczalne w wodzie substancje balastowe co prawda silniej pobudzają ruchy jelit, ale też częściej powodują bóle brzucha. Błonnik rozpuszczalny zaś, choć działa słabiej, jest lepiej tolerowany przez organizm i sprawia, że masa pokarmowa nabiera gładszej konsystencji. Natura rozwiązała to bardzo sprytnie: w skórce owoców i warzyw często znajdują się duże ilości nierozpuszczalnych substancji balastowych, w ich miąższu zaś więcej jest rozpuszczalnego w wodzie błonnika.

Substancje balastowe niewiele pomogą, jeśli dostatecznie dużo nie pijemy: bez wody to tylko zbite grudki. W wodzie natomiast wyraźnie pęcznieją i zapewniają rozrywkę znudzonym mięśniom jelit, które dzięki temu też mają coś do roboty w czasie, gdy mózg pochłonięty jest oglądaniem filmów wyświetlanych podczas lotu.

2. Picie dużej ilości płynów pomoże tylko tym, którym brakuje wody. Jeśli i tak sporo pijemy, dodatkowa porcja napojów nie przyniesie żadnej poprawy. Jeśli jednak w organizmie istnieje niedobór płynów, wtedy jelito odciąga więcej wody z masy pokarmowej, a w rezultacie stolec staje się twardszy i bardziej

zbity. U chorych dzieci nękanych wysoką gorączką dochodzi do tak dużej utraty wody z potem, że trawienie niemal zupełnie ustaje. Długa podróż samolotem może dawać bardzo podobne rezultaty. Nie musimy się wcale pocić, wystarczy bardzo suche powietrze, które nas otacza i niepostrzeżenie wysysa wilgoć z naszego organizmu. Niekiedy zauważamy to dopiero, czując wyraźną suchość w nosie. W takich sytuacjach należy zadbać o podwyższenie poziomu płynów w organizmie, picie więcej niż zwykle jest więc wówczas jak najbardziej wskazane.

3. Trzeba słuchać głosu natury. Jeśli czujemy, że musimy skorzystać z toalety, to powinniśmy tam czym prędzej pójść. Zwłaszcza jeżeli przyzwyczailiśmy swój przewód pokarmowy do stałych godzin odwiedzania ubikacji. Jeśli codziennie rano chodzimy do toalety, a w podróży o tej samej porze powstrzymujemy się od wizyty w ubikacji, naruszamy cichą umowę z naszymi jelitami, które przecież pragną tylko wykonywać swoje zadania zgodnie z planem. Wystarczy, że kilka razy z rzędu zmusimy przewód pokarmowy do odesłania zawartości jelit „do kolejki", by mięśnie i nerwy wyćwiczyły sobie ruch w odwrotnym kierunku niż pożądany. W rezultacie nasze trudności z przywróceniem naturalnego biegu rzeczy mogą się zwiększyć. Na dodatek, gdy resztki pokarmowe czekają w kolejce na wydalenie z organizmu, jelito ma więcej czasu na odciąganie z nich wody. To z kolei sprawia, że stolec staje się twardszy i trudniejszy do przepchnięcia. Powstrzymywanie wypróżnień może już po kilku dniach prowadzić do zaparć. Dlatego jeśli planujemy tygodniowy wyjazd na kemping, przekonajmy się do sławojek, zanim będzie za późno!
4. Probiotyki i prebiotyki – dobre żywe bakterie i ich ulubione pożywki mogą tchnąć nowe życie w ospałe jelita. Więcej na

ten temat dowiemy się w aptece lub z kolejnych rozdziałów niniejszej książki.

5. Dodatkowy spacerek? Niestety, nie zawsze pomaga. To prawda, że jeśli nagle zmienimy tryb życia i zaczniemy ruszać się mniej niż zwykle, jelita także mogą zwolnić. Jeśli jednak utrzymujemy aktywność fizyczną na dotychczasowym poziomie, dodatkowy spacer nie poprawi znacząco sytuacji. Badania dowodzą, że zauważalny wpływ na pracę jelit wywiera dopiero bardzo intensywne uprawianie sportu. Jeśli więc nie zamierzamy dawać z siebie wszystkiego, nie ma się co zmuszać do obowiązkowej rundki po okolicy. Na pewno nam nie pomoże, przynajmniej nie w rozwiązaniu problemu zaparć.

Miłośnicy niekonwencjonalnych metod mogą też wypróbować sposób „na wańkę-wstańkę": siedząc na sedesie, pochylamy tułów aż do ud, po czym odchylamy z powrotem aż do pełnego wyprostowania się. Ruch wykonujemy kilkakrotnie – teraz powinno się udać! Na sedesie nikt nas nie widzi, mamy też trochę czasu – idealne warunki, żeby przeprowadzić taki nietypowy eksperyment.

Co jednak zrobić, jeśli domowe środki i sedesowa huśtawka nic nie dały? Przyczyną uporczywych zaparć nie jest już tylko to, że nerwy przewodu pokarmowego są zbite z tropu albo nadąsane z powodu odstępstwa od rutyny. Tym razem potrzebują one od nas nieco więcej uwagi i wsparcia. Jeśli więc wypróbowaliśmy już wszystkie tradycyjne sposoby, a mimo to wciąż nie wybiegamy z toalety ze śpiewem na ustach, trzeba sięgnąć po inne metody. Dotyczy to jednak tylko tych osób, które znają przyczynę swoich dolegliwości. Jeśli nie wiemy dokładnie, skąd wzięło się dręczące zaparcie, nie zdołamy sobie skutecznie pomóc.

Zawsze należy też iść do lekarza, jeśli zaparcie pojawia się ni stąd, ni zowąd lub trwa wyjątkowo długo. Może się okazać, że po prostu z natury mamy wolniejszy pasaż jelitowy, ale bywa i tak, że za nagłym zaparciem kryje się nierozpoznana cukrzyca albo problemy z tarczycą.

ŚRODKI PRZECZYSZCZAJĄCE

Leki przeczyszczające bierzemy w ściśle określonym celu – chcemy wreszcie zrobić porządną kupę. Nawet najbardziej bojaźliwe jelita trzeba kiedyś skłonić do podjęcia normalnej pracy. Istnieje wiele typów preparatów przeczyszczających – każdy z nich działa w nieco inny sposób. Poniżej przedstawiamy rozwiązania dla wszystkich: tych, co z natury trawią wolno, za żadne skarby nie pójdą do obskurnej ubikacji na kempingu albo walczą z hemoroidami.

Preparaty osmotyczne

Środki te pozwalają uzyskać stolec dobrze uformowany i niezbyt twardy. Osmoza opiera się na silnym poczuciu sprawiedliwości, jakim odznacza się woda. Jeśli woda w jednym miejscu zawiera więcej soli, cukrów i innych substancji niż w innym, ta „uboższa" zaczyna napływać do miejsca pobytu „bogatszej" koleżanki. Dzięki temu wkrótce obie mają po równo i żyją w zgodzie i harmonii. Wykorzystując to zjawisko, możemy łatwo odświeżyć przywiędłą sałatę: wystarczy włożyć ją na pół godziny do miski z wodą, by przywrócić listkom jędrność. Woda z naczynia przenika do sałaty, ponieważ woda w liściach zawiera więcej soli, cukrów i innych składników niż kranówka w misce.

Działanie osmotycznych środków przeczyszczających opiera się na tym samym wodnym poczuciu sprawiedliwości. W ich skład wchodzą określone sole, cukry lub krótkie łańcuchy cząsteczkowe. Przemieszczając się do jelita grubego, zbierają po drodze odpowiednią ilość wody, by w miarę możliwości ułatwić nam wypróżnienie. Jeśli przesadzimy z ilością, preparaty odciągną zbyt dużo wody. Efekt jest łatwy do przewidzenia – nasze zaparcie płynnie przejdzie w biegunkę.

W przypadku środków osmotycznych możemy wybrać, czy wolimy, by substancją czynną były sole, cukry czy łańcuchy cząsteczek. Sole, takie jak na przykład sól glauberska, odznaczają się ostrym działaniem. Organizm reaguje na nie bardzo gwałtownie, a przyjmowanie ich przez dłuższy czas może prowadzić do zaburzenia gospodarki elektrolitowej.

Najbardziej znanym przeczyszczającym cukrem jest laktuloza. Nie tylko przyciąga ona wodę, ale także stanowi doskonałą pożywkę dla bakterii jelitowych. Te małe stworzonka mogą nam bardzo pomóc, na przykład produkując substancje zmiękczające lub pobudzając ruchy ścianek jelita. Niestety, właśnie ich praca może też dawać nieprzyjemne efekty uboczne: przekarmione lub nieodpowiednie bakterie wytwarzają zbyt dużo gazów, co prowadzi do wzdęć i bólów brzucha.

Laktuloza powstaje z cukru mlecznego – laktozy, na przykład wskutek silnego podgrzewania. W procesie pasteryzacji mleko podgrzewa się przez krótki czas, dlatego zawiera ono więcej laktulozy niż mleko świeże. Tak zwane mleko UHT (podgrzewane w bardzo wysokiej temperaturze) ma go jeszcze więcej niż pasteryzowane. Istnieją jednak także niepochodzące z mleka cukry o działaniu przeczyszczającym, takie jak choćby sorbitol. Naturalny sorbitol znajdziemy m.in. w niektórych gatunkach owoców, na przykład w śliwkach, jabłkach czy gruszkach. To właśnie za jego sprawą śliwki cieszą się tak dobrą sławą jako środek o działaniu pomocniczym w leczeniu zaparć, a nadmiar świeżego soku jabłkowego może się skończyć biegunką. W ludzkim organizmie sorbitol, podobnie jak laktuloza, prawie nie jest wchłaniany do krwi, dlatego często wykorzystuje się go jako substytut cukru. Nosi on wówczas nazwę E420 i to właśnie z jego powodu na opakowaniu bezcukrowych przeciwkaszlowych cukierków możemy znaleźć następujące ostrzeżenie: „Nadmierne spożycie może wywołać biegunkę". Badania wykazują, że sorbitol działa na nasz organizm identycznie jak laktuloza, ale wywołuje mniej skutków ubocznych (przede wszystkim pozwala uniknąć nieprzyjemnych wzdęć).

Krótkie łańcuchy cząsteczkowe to najlepiej przez nas tolerowane substancje czynne w osmotycznych środkach przeczyszczających. Noszą wymyślne nazwy, jak to zwykle łańcuchy cząsteczek, na przykład polietylenoglikol, w skrócie PEG. Nie zaburzają one gospodarki elektrolitowej, tak jak sole, ani nie powodują wzdęć, jak cukry. Długość łańcucha wyrażona jest już w jego nazwie: PEG3350 zbudowany jest z takiej ilości atomów, że jego masa cząsteczkowa wynosi 3350. To znacznie lepsze rozwiązanie niż PEG150 – tam łańcuchy są bowiem na tyle krótkie, że mogą mimowolnie zostać wchłonięte w jelicie cienkim. Nie stwarza to może wielkiego zagrożenia dla zdrowia, ale z pewnością działa drażniąco na jelita. Polietylenoglikole nie są przecież zwykłym elementem naszego jadłospisu.

Z tego względu krótkich łańcuchów, takich jak PEG150, nie używa się w środkach przeczyszczających – znajdują one jednak zastosowanie na przykład w produkcji kosmetyków. Polietylenoglikole zawarte w kosmetykach wywołują zresztą bardzo podobny efekt jak te w środkach przeczyszczających, a mianowicie sprawiają, że skóra staje się gładsza. Nie wydaje się prawdopodobne, żeby stosowanie tych substancji pociągało za sobą jakiekolwiek szkodliwe skutki uboczne, ale nie ma co do tego całkowitej pewności. Środki przeczyszczające takie jak PEG zawierają wyłącznie niepodlegające trawieniu łańcuchy cząsteczkowe, dlatego można je bez obaw przyjmować przez dłuższy czas – z najnowszych badań wynika, że nie powodują one uzależnienia ani trwałych uszkodzeń. Niektóre rezultaty pozwalają nawet sądzić, że środki takie wzmacniają barierę ochronną jelit.

Osmotyczne środki przeczyszczające są skuteczne nie tylko dlatego, że wchłaniają wilgoć, ale także ze względu na swoją masę. Im więcej wilgoci, dobrze odżywionej flory jelitowej albo łańcuchów cząsteczkowych znajduje się w jelicie, tym silniej jest ono pobudzane do ruchu. Na tym właśnie opiera się wspomniany już odruch perystaltyczny.

Preparaty powlekające i nadające poślizg

Poślizg dla jelit – brzmi jak wymarzony sposób spędzenia aktywnego urlopu, coś jak surfing czy latanie na paralotni. Wynalazca wazeliny, Robert Chesebrough, był zagorzałym zwolennikiem zjadania łyżeczki owego preparatu dziennie. Jedzenie wazeliny miało dawać podobny efekt jak przyjmowanie innych bogatych w tłuszcze preparatów przeczyszczających, które nadają poślizg – dzięki nadmiarowi niepodlegających strawieniu tłuszczów otulają one resztki pokarmowe śliską otoczką, co ułatwia ich wydalenie. Robert Chesebrough dożył 96 lat, co wydaje się prawdziwym cudem, gdyż codzienne spożywanie preparatów nadających poślizg powoduje też utratę wielu rozpuszczalnych w tłuszczach witamin, które za jednym zamachem zostają otulone wspomnianą otoczką i wydalone z organizmu. W ten sposób powstają niedobory, które mogą prowadzić do wielu chorób – zwłaszcza jeśli robimy to zbyt często i przedawkowujemy. Wazelina nie jest oficjalnie zaliczana do preparatów przeczyszczających (i naprawdę nie należy jej jeść). Jednak nawet tak powszechnie uznane środki jak ciekła parafina też nie są na dłuższą metę dobrym rozwiązaniem. Mogą za to okazać się bardzo pomocne przez krótki czas, na przykład przy hemoroidach lub dokuczliwych rankach odbytu. W takim przypadku delikatne zmiękczenie odchodów może nam wyjść na dobre – zaoszczędzi bólu przy wydalaniu i zapobiegnie ewentualnym uszkodzeniom. W tym samym celu można jednak sięgnąć również po żelotwórcze substancje balastowe (do kupienia w aptece), które są znacznie bezpieczniejsze i lepiej przyswajalne przez organizm.

Preparaty kontaktowe

Ich działanie polega na intensywnym pobudzaniu pracy jelit. Środki te przeznaczone są dla osób o bardzo „nieśmiałym" i powolnym układzie pokarmowym. O tym, czy należymy do tej grupy, można się przekonać na podstawie rozmaitych testów. Jeden z nich obejmuje łykanie preparatów w postaci niewielkich kuleczek, które uwiecznia się następnie na obrazie fluoroskopowym podczas wędrówki przez przewód pokarmowy. Jeżeli po określonym czasie większość kuleczek w dalszym ciągu zalega w różnych miejscach jelit zamiast grzecznie zebrać się przy ujściu jelita grubego, lekarz prawdopodobnie przepisze nam właśnie preparaty kontaktowe.

Preparaty kontaktowe pobudzają pasaż jelitowy

Środki te przyczepiają się do kilku receptorów, którymi ciekawskie jelito bada otoczenie. To właśnie receptory wysyłają do jelit takie sygnały, jak: „nie odciągać już więcej wody z masy pokarmowej”, „ściągnąć więcej wody z zewnątrz”, „mięśnie – do roboty!”. Sprytnie skonstruowane preparaty kontaktowe odpowiadają za „pranie mózgu” komórek nerwowych i kanałów wodnych. Gdy działanie preparatów osmotycznych okazuje się niewystarczające, to znak, że nieśmiałe jelito potrzebuje kilku jasnych komend. Zażyte wieczorem środki kontaktowe osiadają w wybranych miejscach przez całą noc, sprawiając, że następnego ranka jelito przystępuje do działania. Jeśli zależy nam na czasie, można też sięgnąć po preparaty kontaktowe w czopkach, które dostarczą komendy bezpośrednio do jelita grubego. W takim przypadku wiadomość dociera do adresata zwykle w ciągu godziny.

W roli takiej „grupy specjalnej” mogą występować nie tylko środki syntetyczne, ale także preparaty roślinne. Na bardzo podobnej zasadzie działają bowiem aloes i senes. Do tego wykazują one fascynujące efekty uboczne – jeśli zamarzyły nam się jelita czarne w środku, nie zastanawiajmy się ani chwili nad wyborem! Takie przebarwienie nie jest groźne i po pewnym czasie ustępuje samoistnie.

Wyniki niektórych badań wskazują jednak, że częste stosowanie środków kontaktowych lub aloesu może doprowadzić do uszkodzenia nerwów, co nie jest już tak zabawne. Okazuje się, że nerwy zbyt często poddawane „praniu mózgu” w pewnym momencie zaczynają mieć dosyć. Kulą się wówczas i zamykają w sobie niczym ślimak trącony w czułki. Dlatego też nie należy sięgać po preparaty z tej grupy częściej niż raz na dwa, trzy dni.

Prokinetyki

To ostatni krzyk mody – w sensie przenośnym i dosłownym. Zadaniem tych preparatów jest wspieranie jelit w tym, czym i tak się one zajmują, bez prowokowania jakichkolwiek niepożądanych ruchów. W gruncie rzeczy prokinetyki pełnią podobną funkcję jak megafon. Dla wielu badaczy najbardziej interesujące jest to, że działają one wyłącznie w miejscu przeznaczenia. Niektóre z nich wpływają tylko na jeden wybrany receptor albo wręcz w ogóle nie trafiają do krwiobiegu. Trzeba jednak dodać, że leki z tej grupy znajdują się w większości wciąż w fazie testów lub zostały dopiero niedawno wprowadzone na rynek. Jeśli więc nie odczuwamy potrzeby, by za wszelką cenę nadążać za modą, bezpieczniej będzie sięgnąć po sprawdzone od dawna środki.

REGUŁA TRZECH DNI

Wielu lekarzy przepisuje środki przeczyszczające, nie tłumacząc istoty rzeczy. A przecież to naprawdę nieskomplikowana i przydatna wiedza. Otóż jelito grube składa się z trzech części: wstępującej, poprzecznej i zstępującej. Gdy udajemy się do łazienki, zwykle opróżniamy tylko trzecią, ostatnią część. Jej ponowne napełnienie potrwa do następnego dnia i wtedy cała zabawa zacznie się od nowa. Jeżeli natomiast zażywamy silne środki przeczyszczające, może zdarzyć się tak, że opróżnimy całe jelito grube, a więc wszystkie trzy części. W tej sytuacji mogą upłynąć nawet trzy dni, zanim znów będzie ono dostatecznie wypełnione, by domagać się wypróżnienia.

Nie znając tej zasady, często wpadamy w popłoch. Znowu nic? Już trzeci dzień z rzędu? Co się dzieje? I dlatego – bach, bierzemy kolejną tabletkę czy proszek przeczyszczający. W ten sposób wpadamy w błędne koło. Po zażyciu preparatu przeczyszczającego powinniśmy zostawić swoje jelito na dwa dni w spokoju, a ponowne odliczanie rozpocząć dopiero trzeciego dnia. Jeśli mamy pewność, że znajdujemy się w grupie osób ze spowolnionym pasażem jelitowym, możemy po upływie tych dwóch dni zażyć kolejny środek.

1)

2)

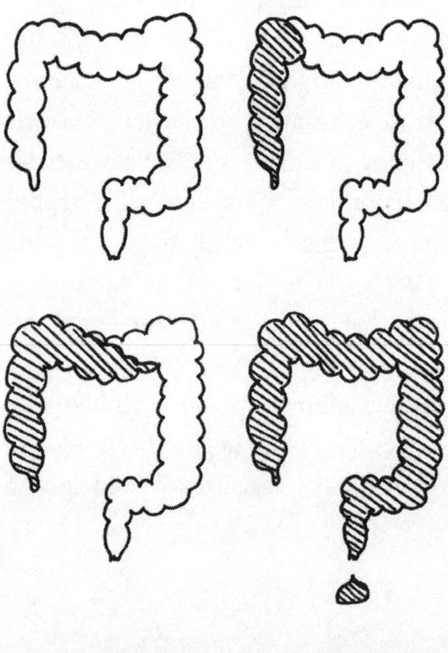

1. Stan normalny: jedna trzecia jelita grubego opróżnia się i ponownie napełnia w ciągu kolejnego dnia
2. Stan po środkach przeczyszczających: opróżnieniu ulega całe jelito grube. Jego ponowne napełnienie może zająć aż trzy dni

Mózg i trzewia

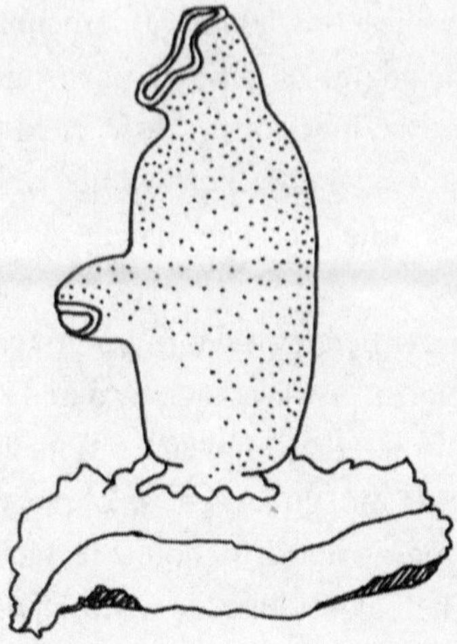

Tak wygląda żachwa, morskie zwierzę zaliczane do osłonic

Żachwa mogłaby nam sporo powiedzieć na temat konieczności posiadania mózgu. Podobnie jak my, żachwy zaliczają się do strunowców. Mają maleńki mózg i coś w rodzaju rdzenia kręgowego. Poprzez rdzeń mózg wysyła swoje polecenia na dół, dostarczając w ten sposób ciału informacji o tym, co się dzieje dookoła. U człowieka będzie to na przykład otrzymany od oczu wizerunek ulicznego szyldu, u żachwy – pochodząca od oczu informacja na temat krążących wokół ryb. Receptory umiejscowione w skórze człowieka przekazują wiadomość, czy na zewnątrz jest ciepło, czy zimno, receptory żachwy donoszą, jaka jest temperatura wody w głębszych warstwach oceanu. U człowieka mózg wysyła sygnał, czy dany pokarm jest godny zainteresowania, u żachwy… też. Wyposażona w te wszystkie informacje młoda żachwa śmiało żegluje przez wielki ocean w poszukiwaniu swojego idealnego miejsca. Gdy znajdzie skałę, która wyda jej się bezpieczna, dogodnie ukształtowana, a na dodatek umiejscowiona w okolicy bogatej w pożywienie, przechodzi na osiadły tryb życia. Żachwa jest bowiem organizmem osiadłym, co oznacza, że gdy raz się gdzieś zadomowi, pozostaje tam na resztę życia, nieważne, co przyniesie przyszłość. A co robi żachwa tuż po tym, jak osiądzie w swej nowej ojczyźnie? Ano właśnie – pożera własny mózg. W sumie dlaczego nie? Bez mózgu też można żyć i pozostać żachwą.

Daniel Wolpert, będący wybitnym inżynierem i lekarzem o naukowym zacięciu, postawę żachwy uznał za modelową. W rezultacie sformułował teorię mówiącą o tym, że jedynym uzasadnieniem posiadania mózgu jest ruch. W pierwszej chwili teza ta brzmi tak banalnie, że mamy ochotę z irytacją wzruszyć ramionami. Ale może jednak mylimy się w swojej ocenie trywialności.

Ruch to najbardziej niezwykłe osiągnięcie, do jakiego zdolne są żywe istoty. Nie istnieje inny powód posiadania mięśni, nerwów prowadzących do tych mięśni, a zapewne także i samego mózgu. Wszystkie zmiany, jakie następowały w całej historii ludzkości, były możliwe wyłącznie dzięki naszej umiejętności poruszania się. Bo zdolność ruchu wyraża się nie tylko w bieganiu czy rzucaniu piłki, ale też w mimice twarzy, artykułowaniu słów czy realizowaniu powziętych postanowień. Mózg koordynuje pracę naszych zmysłów i gromadzi doświadczenia, po to by inicjować ruch. Może to być ruch ust lub dłoni, przemieszczenie o wiele kilometrów albo tylko o kilka milimetrów. Niekiedy możemy wpływać na świat także poprzez powstrzymywanie się od ruchu. Gdybyśmy jednak byli drzewami i w kwestii ruchu nie mieli żadnego wyboru, również mózg nie byłby nam potrzebny.

Dlatego właśnie nasza żachwa rezygnuje z mózgu w chwili, gdy osiada na stałe w wybranym miejscu. Czasy poruszania się minęły, więc i mózg nie jest już dłużej potrzebny. Kiedy znika możliwość poruszania się, myślenie traci jakiekolwiek znaczenie. Ważniejsze jest posiadanie otworu gębowego do pobierania planktonu. To ostatnie ma przynajmniej wpływ na utrzymanie równowagi w otaczającym świecie, choćby w niewielkim stopniu.

My, ludzie, jesteśmy niezwykle dumni z naszych złożonych mózgów. Umiejętność refleksji nad prawami rządzącymi światem, nad filozofią, religią czy fizyką, jest prawdziwie mistrzowskim osiągnięciem i może prowadzić do bardzo przemyślanych ruchów. To naprawdę wspaniałe, że nasz mózg jest do czegoś takiego zdolny. Jednak niekiedy nasz podziw dla jego umiejętności prowadzi nas na manowce. Jak wtedy, gdy zaczynamy przypisywać głowie odpowiedzialność za wszystkie nasze życiowe doświadczenia. To mózg, jak sądzimy, generuje poczucie dobrostanu, radość czy zadowolenie. Z kolei, odczuwając niepewność, lęk czy depresję, wstydzimy się z powodu rzekomo popsutego „komputera" w naszej głowie. Tymczasem, choć rzeczywiście filozofowanie czy prowadzenie badań z zakresu fizyki jest domeną mózgu, to na nasze „ja" składa się coś więcej.

Takiej właśnie lekcji udziela nam przewód pokarmowy – zespół narządów znany głównie z produkowania niewielkich brązowych kupek i wydawania nieprzyzwoitych odgłosów w rozmaitych tonacjach. Tymczasem to właśnie jelita i spółka prowokują ostatnio badaczy do zasadniczej zmiany stanowiska – powoli i ostrożnie zaczyna się podważać tezę o bezwzględnej dominacji mózgu. I nie chodzi tylko o to, że w przewodzie pokarmowym znajduje się niezwykle wiele nerwów. W porównaniu z resztą ciała mają one też całkowicie odmienną budowę. Przewód pokarmowy ma do dyspozycji najrozmaitsze substancje przekaźnikowe, materiały izolacyjne dla nerwów i typy przełączników W naszym ciele jest jeszcze tylko jeden narząd, który może się pochwalić podobnym „zapleczem", a mianowicie mózg. Z tego względu sieć neuronalna w naszym układzie pokarmowym bywa też niekiedy nazywana „drugim mózgiem", zwłaszcza że cechuje się podobną wielkością, a i pod względem chemicznym jest równie skomplikowana. Gdyby przewód pokarmowy miał służyć tylko do „przewożenia" pokarmów i bekania od czasu do czasu, tworzenie tak przemyślnego układu nerwowego byłoby zdumiewającym marnotrawstwem energii – żaden organizm nie wykształciłby na tyle skomplikowanych sieci neuronowych tylko po to, by puścić bąka. Musi więc kryć się za tym coś więcej.

Ludzie już od wieków instynktownie zdają sobie sprawę z tego, do czego naukowcy powoli dziś dochodzą: to, co czujemy w brzuchu, znacząco wpływa na całokształt naszego samopoczucia. Mamy „pełne portki", kiedy się czegoś boimy. Gdy coś nam się nie udaje, zostajemy „z ręką w nocniku". „Przełykamy" gorzkie rozczarowania, porażki musimy najpierw „przetrawić", a czyjaś niemiła uwaga długo nam się „odbija". Gdy jesteśmy zakochani, czujemy „motylki w brzuchu". Wszystko dlatego, że o naszym „ja" decyduje nie tylko głowa, ale i brzuch – od niedawna potwierdzają to już nie tylko ludowe mądrości, ale także poważne naukowe wywody.

JAK JELITA WPŁYWAJĄ NA MÓZG?

Gdy naukowcy biorą się do badania uczuć, przede wszystkim próbują dokonać rozmaitych pomiarów. Przyznają punkty za natężenie skłonności samobójczych, mierzą poziom hormonów, gdy mowa o miłości, albo określają skuteczność pigułek przeciw stanom lękowym. Z punktu widzenia laika wygląda to często niezbyt romantycznie. We Frankfurcie przeprowadzono nawet kiedyś badania polegające na wykonywaniu szczegółowych skanów mózgu ochotnikom, którym studentka-asystentka szczoteczką do zębów łaskotała genitalia. Takie eksperymenty służą ustaleniu, do jakich obszarów mózgu docierają sygnały z określonych partii ciała. Dzięki temu można sporządzić mapę mózgu.

Jak dotąd wiemy już, że sygnały z genitaliów trafiają do górnej środkowej partii mózgu, tuż pod czaszką. Lęk powstaje we wnętrzu mózgu, w przybliżeniu na wysokości uszu. Za dobór słów odpowiada obszar umiejscowiony nieco powyżej skroni i tak dalej. Aby lepiej zrozumieć relacje pomiędzy mózgiem a jelitami, trzeba prześledzić odpowiednie szlaki komunikacyjne: w jaki sposób sygnały z trzewi docierają do mózgu i jaki efekt mogą tam wywołać?

Co prawda, sygnały wysyłane przez przewód pokarmowy trafiają do rozmaitych obszarów mózgu, nie docierają jednak do wszystkich. Nigdy na przykład nie dochodzą do kory wzrokowej, położonej z tyłu głowy. Gdyby tak było, moglibyśmy odbierać obraz z jelita i podglądać, co się tam dzieje. Impulsy te trafiają za to do wyspy, układu limbicznego, kory przedczołowej, ciała migdałowatego, hipokampu, a także do ACC, czyli przedniego zakrętu kory obręczy. Badacze mózgu złapią się teraz na pewno za głowę, ale zadania tych obszarów można w uproszczeniu opisać następująco – generowanie poczucia „ja" (wyspa) i dalej, po kolei: przetwarzanie emocji, ocena moralna, odczuwanie lęku, pamięć i motywacja. Nie oznacza to bynajmniej, że jelita sterują naszymi sądami moralnymi – mają jednak możliwość, by na nie wpływać. Aby przekonać się, jak to dokładnie działa, trzeba przeprowadzić jeszcze dziesiątki, a może i setki doświadczeń.

Jednym z najbardziej wymownych eksperymentów z zakresu badań nad motywacją i depresją jest ten z pływającą myszą.

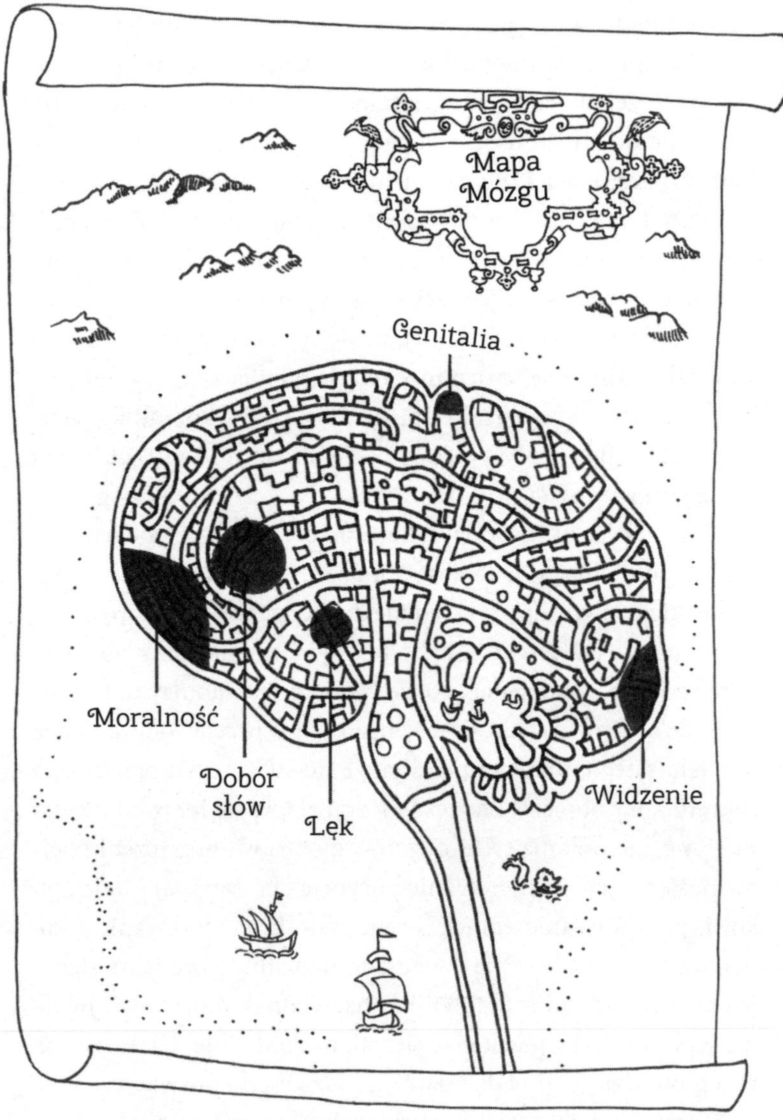

Obszary mózgu pobudzane podczas widzenia, odczuwania lęku, dobierania słów, dokonywania oceny moralnej i stymulacji genitaliów

Zwierzę umieszcza się w niewielkim zbiorniku z wodą, tak by nie sięgało łapkami dna. Myszka zaczyna wówczas pływać w kółko, bo chce wydostać się na suchy ląd. Pytanie brzmi: jak długo mysz będzie tak robić? Właściwie jest to fundamentalne pytanie, leżące u podstaw całej naszej egzystencji: jak bardzo będziemy zdeterminowani w dążeniu do czegoś, co naszym zdaniem powinno nastąpić? Może to dotyczyć spraw bardzo konkretnych, jak ląd pod stopami, ale też uzyskania świadectwa ukończenia szkoły czy kwestii zupełnie już abstrakcyjnych, takich jak satysfakcja czy radość.

Myszy ze skłonnością do depresji nie pływają zbyt długo. Po kolejnych nieudanych próbach po prostu zastygają w bezruchu. Jak się wydaje, w ich mózgu sygnały hamujące są przewodzone znacznie lepiej niż impulsy motywujące i pobudzające do działania. Do tego osobniki te silniej reagują na stres. Zazwyczaj zwierzęta takie wykorzystuje się do testowania nowych rodzajów antydepresantów – jeśli po ich zażyciu myszy pływają dłużej, to znak, że dana substancja istotnie może być skuteczna.

Badacze z zespołu irlandzkiego naukowca Johna Cryana poszli krok dalej. Połowie laboratoryjnych myszy podali bakterię *Lactobacillus rhamnosus JB-1*, znaną z korzystnego wpływu na jelita. W 2011 roku sam pomysł, by spróbować przez jelita wpłynąć na zachowanie myszy, wydawał się niezwykle odważny. Okazało się, że zwierzęta z „podrasowanym" w ten sposób przewodem pokarmowym nie tylko pływały dłużej i z większą determinacją, ale też w ich krwi stwierdzono niższy poziom hormonów stresu.

Na dodatek w testach na pamięć i zdolność uczenia się wypadały znacznie lepiej od swych krewniaczek. Gdy jednak naukowcy przecinali u nich nerw błędny, różnice pomiędzy myszami z obu grup natychmiast znikały.

Nerw ten jest najważniejszym i najszybszym szlakiem prowadzącym z jelit do mózgu. Biegnie on przez przeponę, a następnie pomiędzy płucami i sercem w górę wzdłuż przełyku i za gardłem do mózgu. Podczas eksperymentów na ludziach stwierdzono, że stymulowanie nerwu błędnego impulsami elektrycznymi o określonych częstotliwościach wywołuje pozytywne odczucia bądź strach. Od roku 2010 w Europie pobudzanie nerwu błędnego jest oficjalnie przyjętą metodą terapeutyczną w leczeniu depresji. Nerw ów działa więc jak rodzaj „gorącej linii", za której pomocą „pracownik z terenu" przekazuje swoje wrażenia do mózgowej centrali.

Na podstawie odebranych informacji mózg wytwarza sobie obraz tego, co dzieje się w organizmie. Trzeba bowiem pamiętać, że jest on tak izolowany i chroniony, jak żaden inny narząd w naszym ciele. Znajduje się w kostnej puszce – czaszce, otulony grubymi oponami mózgowymi. Na dodatek każda kropla krwi przed otrzymaniem zezwolenia na przepłynięcie przez mózg zostaje jeszcze raz poddana procesowi filtracji. Jakże inaczej jest z jelitami, tkwiącymi w samym centrum wydarzeń. Mają one kontakt z każdą cząsteczką z naszego ostatniego posiłku, z ciekawością wyłapują wirujące we krwi hormony, wymieniają informacje z układem odpornościowym albo w skupieniu wsłuchują się w odgłosy wytężonej pracy bakterii jelitowych. Mogą więc opowiedzieć mózgowi takie rzeczy na nasz temat, o których w innym przypadku biedak nie miałby zielonego pojęcia.

Wszystkie te informacje jelita zbierają nie tylko dzięki swej imponującej sieci komórek nerwowych, ale także za sprawą olbrzymiej powierzchni. To właśnie ona czyni je największym narządem zmysłowym w naszym organizmie. Oczy, uszy, nos czy skóra to przy jelitach po prostu betka. Informacje płynące z oczu lub uszu trafiają do naszej świadomości, gdzie wykorzystuje się je, by odpowiednio reagować na świat zewnętrzny. Stanowią więc swoisty odpowiednik samochodowych czujników parkowania, tyle że tu chodzi o nasze funkcjonowanie. Jelita zaś to raczej gigantyczny Matrix, który rejestruje nasze „życie wewnętrzne" i oddziałuje na podświadomość.

Jelita i mózg współpracują ze sobą już od samego początku. Razem tworzą większość pierwszych emocji kształtujących nasz świat w niemowlęctwie. Lubimy wówczas stan błogiej sytości, płaczemy, gdy jesteśmy głodni, lub kwękamy i marudzimy, gdy męczą nas wzdęcia. Najbliższe osoby karmią nas, przewijają i dbają, by nam się odbiło. W tym okresie nasze „ja" podlega wyraźnemu kształtowaniu przez jelita i mózg jednocześnie. Wraz z wiekiem w coraz większym stopniu do poznawania świata wykorzystujemy pozostałe zmysły. Nie wybuchamy już głośnym płaczem, gdy danie w restauracji okaże się niesmaczne. Jednak kontakt jelit z mózgiem bynajmniej nie zanika, a staje się jedynie bardziej dyskretny. Zarówno kiepsko funkcjonujące jelita, jak i te zdrowe, zadowolone z życia, wciąż subtelnie oddziałują na nasz nastrój – te ostatnie nadal dodają nam skrzydeł, tyle że nie robią już tego tak otwarcie.

Pierwsze wyniki badań nad wpływem „dopieszczania" jelit na funkcjonowanie mózgu człowieka opublikowano w roku 2013 – dwa lata po przeprowadzeniu doświadczeń na myszach. Badacze czuwający nad przebiegiem eksperymentu wyszli z założenia, że u ludzi nie wystąpią żadne wyraźnie zauważalne efekty. Rezultaty zaskoczyły nie tylko ich samych, ale także całe środowisko naukowe. Po czterech tygodniach przyjmowania mieszanki wybranych bakterii u badanych nastąpiły wyraźne zmiany w pewnych obszarach mózgu, zwłaszcza tych, które odpowiadają za odczuwanie bólu i przetwarzanie emocji.

O DRAŻLIWYCH JELITACH, STRESIE I DEPRESJI

Nie każde nieprzeżute ziarenko groszku to powód, by od razu kłopotać mózg. Takich drobnych, nieistotnych sygnałów trawiennych jelito nie kieruje przez nerw błędny do mózgu. Z drobnymi problemami rozprawia się we własnym zakresie – do tego służy mu osobisty „mózg". Ale jeśli uzna coś za wyjątkowo ważne, może zadecydować o zaangażowaniu również „centrali".

Oczywiście, nie każda informacja, która dociera do mózgu, trafia od razu do świadomości. Te płynące poprzez nerw błędny sygnały, które pragną dotrzeć do szczególnie istotnych obszarów w głowie, muszą najpierw minąć swego rodzaju „bramkarza". Funkcję tę pełni tak zwane wzgórze. Jeśli więc oczy po raz dwudziesty donoszą, że w salonie wciąż wiszą te same zasłonki, wzgórze odrzuci taką informację, bo dla naszej świadomości nie ma ona specjalnego znaczenia. Co innego, jeśli na przykład pojawią się nowe zasłonki – nie u każdego wzgórze uzna to za istotną wiadomość, jednak u większości osób tak właśnie się stanie.

Informacja o nieprzeżutym groszku nie przedostaje się więc przez barierę jelit i mózgu. Z innymi bodźcami bywa rozmaicie. Określone meldunki z brzucha docierają do głowy. I tak na przykład „ośrodek wymiotów" otrzymuje informację o zadziwiająco wysokim poziomie alkoholu albo „ośrodek bólu" odbiera doniesienie o silnych wzdęciach, a „wydział złego samopoczucia" – wiadomość o pojawieniu się chorobotwórczych zarazków. Bodźce te docierają do miejsca przeznaczenia, ponieważ „bramkarze" stojący na straży zarówno w mózgu, jak w jelitach uznali je za ważne. Zasada ta dotyczy zresztą nie tylko informacji nieprzyjemnych. Inne płynące z brzucha sygnały sprawiają na przykład, że w wigilijny wieczór błogo zasypiamy na kanapie w poczuciu zadowolenia i sytości. W wypadku pewnych informacji można bez trudu stwierdzić, że pochodzą z brzucha; inne przetwarzane są w naszej podświadomości i dlatego nie dają się tak łatwo zaklasyfikować.

U osób z podrażnionymi jelitami pojawiają się zakłócenia w komunikacji między jelitami a mózgiem, które mogą prowadzić do poważnych kłopotów. Widać to także na skanach mózgu. W trakcie pewnego eksperymentu badanym wprowadzono do jelit balonik, a następnie nadmuchano go, śledząc jednocześnie aktywność mózgu. U tych uczestników badań, którzy nie uskarżali się na dolegliwości, rejestrowano normalny obraz pracy

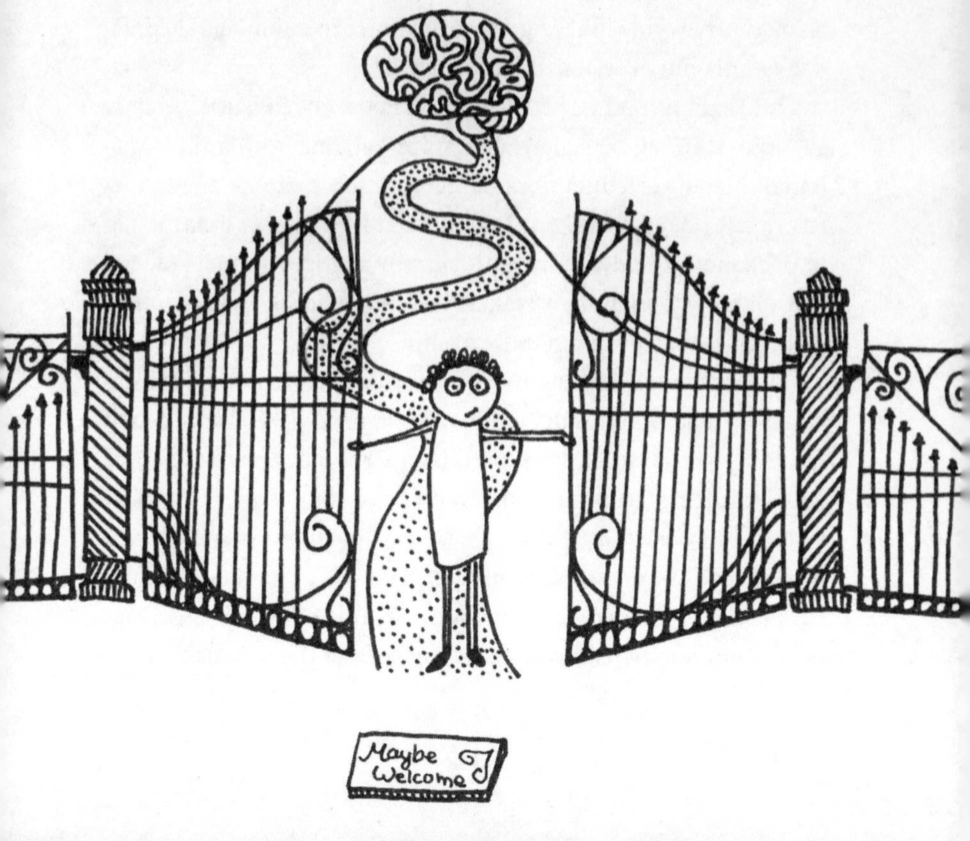

mózgu, bez rzucających się w oczy komponentów emocjonalnych. Natomiast u pacjentów z podrażnionymi jelitami rozciąganie się balonika wyzwalało wyraźnie podwyższoną aktywność w partii mózgu odpowiedzialnej zwykle za przetwarzanie nieprzyjemnych emocji. Ten sam bodziec był więc w stanie przedrzeć się przez obie „bramki" - w jelitach i mózgu. Badani czuli negatywne emocje, choć przecież w niczym nie zawinili.

Pacjenci z zespołem jelita drażliwego nierzadko odczuwają w brzuchu nieprzyjemny ucisk lub bulgotanie, mają też skłonność do biegunek lub zaparć. Zdecydowanie częściej cierpią ponadto na stany lękowe czy depresję. Eksperymenty takie jak ten z balonikiem pokazują, że złe samopoczucie i negatywne emocje mogą powstawać na linii jelita–mózg, jeśli na przykład bariera jelitowa dla impulsów nerwowych przesyłanych do mózgu jest słabsza niż zwykle lub też gdy mózg koniecznie domaga się przekazywania mu określonych informacji.

Taki stan może mieć wiele przyczyn, jak choćby: utrzymujące się przez dłuższy czas niewielkie stany zapalne (tzw. mikrozapalenia), nieodpowiednia flora bakteryjna lub nierozpoznane nietolerancje pokarmowe. A mimo to niektórzy lekarze wciąż uznają pacjentów z nadwrażliwymi jelitami za hipochondryków lub symulantów, ponieważ w trakcie badań nie da się wykryć u nich żadnych widocznych uszkodzeń jelita.

W przypadku „klasycznych" chorób jelit sprawy przedstawiają się inaczej. U osób cierpiących na przewlekłe stany zapalne, takie jak choroba Leśniowskiego-Crohna czy wrzodziejące zapalenie jelita grubego, w ostrych fazach choroby rzeczywiście można zaobserwować tworzenie się w jelitach prawdziwych ran. U tych pacjentów problem nie polega więc na przedostawaniu się z jelit do mózgu drobnych bodźców. Takie bodźce zatrzymuje bowiem odpowiednio wysoka bariera. Za dolegliwości odpowiada uszkodzona błona śluzowa jelit. Inna sprawa, że również u tych chorych, podobnie jak u pacjentów z drażliwymi jelitami, depresje i stany lękowe występują znacznie częściej niż u pozostałych ludzi.

Obecnie kwestią wzmocnienia barier blokujących przepływ bodźców z jelit do mózgu zajmują się jedynie bardzo nieliczne zespoły badaczy, są to jednak naukowcy najwyższej miary. Ich praca ma znaczenie nie tylko dla osób z dolegliwościami trawiennymi, ale jak się wydaje, także dla pozostałych. Wśród najważniejszych bodźców pozwalających zaobserwować ścisłą komunikację jelit i mózgu znajduje się bowiem stres. Gdy mózg zmaga się z ważnym problemem (np. z presją czasu czy złością), dąży do jego rozwiązania. W tym celu zaś potrzebuje energii, którą pożycza przede wszystkim właśnie od jelit. Poprzez tak zwane nerwy sympatyczne do jelita trafia informacja o tym, że „na górze" zapanował właśnie stan wyjątkowy, dlatego „dół" w drodze wyjątku musi się podporządkować. W całym układzie pokarmowym oszczędza się więc energię przeznaczoną na trawienie, wydziela mniej śluzu i ogranicza dopływ krwi.

System ten nie sprawdza się jednak na dłuższą metę. Jeśli mózg przez cały czas donosi o „stanach wyjątkowych", cierpliwość jelit się wyczerpuje. Wówczas i one czują się w obowiązku raz czy drugi wysłać do mózgu nieprzyjemny sygnał – inaczej cała zabawa będzie trwała w nieskończoność. Dopada nas wtedy nieustępujące zmęczenie, cierpimy na utratę apetytu, złe samopoczucie lub biegunkę. Podobnie jak w przypadku torsji na tle nerwowym, również w tej sytuacji jelita starają się pozbyć pożywienia – wszystko po to, by mózg przestał podbierać im energię. Tyle tylko, że fazy silnego stresu mogą trwać o wiele dłużej niż przejściowe zdenerwowanie, które skłania nas do wymiotów. A zbyt długie poświęcanie się jelit w imię „wyższego dobra" pociąga za sobą negatywne skutki. Niedostateczne ukrwienie i cieńsza warstwa ochronnego śluzu osłabiają ich ścianki. Znajdujące się tam komórki odpornościowe wydzielają wówczas w zwiększonych ilościach substancje sygnałowe, które sprawiają, że jelita stają się coraz bardziej wrażliwe, przyczyniając się tym samym do obniżenia progu pierwszej bariery. Fazy stresu oznaczają czerpanie energii na kredyt – a jak wiadomo, zawsze lepiej roztropnie gospodarować posiadanymi zasobami niż na prawo i lewo zaciągać długi.

Bakteriolodzy stawiają ponadto następującą tezę: stres jest niehigieniczny. Zmienia on warunki panujące w jelicie, umożliwiając przetrwanie innym bakteriom niż te, które zasiedlają jelito w „dobrych czasach". Można powiedzieć, że stres przyczynia się do zmiany klimatu w brzuchu. Nasi niesympatyczni „lokatorzy", którzy świetnie czują się podczas takiej emocjonalnej zawieruchy, mnożą się wówczas na potęgę, a ich wytężone wysiłki bynajmniej nie przekładają się na nasz dobry nastrój. A zatem nie jesteśmy tylko nieszczęsnymi ofiarami swoich bakterii jelitowych, które wpływają na nasze samopoczucie, lecz mamy spory udział w tym, kto osiedla się w naszym brzuchu i co tam wyprawia. Oznacza to też, że jelita potrafią dać nam odczuć fazę ostrego stresu właśnie poprzez obniżony nastrój.

Emocje napływające „z dołu", szczególnie te, które wiążą się z przykrym posmakiem w ustach, skłaniają mózg do tego, byśmy następnym razem dokładnie zastanowili się, czy na pewno chcemy przemawiać publicznie albo jeść za ostry gulasz. Na tym też polega, jak można by uznać, rola jelit w podejmowaniu decyzji: ich doznania są przechowywane i w razie potrzeby przywoływane w podobnej sytuacji. Gdyby możliwe było wzmacnianie w ten sposób także pozytywnych uczuć, wówczas okazałoby się, że istotnie droga do serca wiedzie przez żołądek – czy też raczej przez jelita.

Pogląd, że nasz brzuch może wpływać nie tylko na emocje i podejmowanie intuicyjnych decyzji, lecz także ogólnie na całe nasze zachowanie, to bardzo interesująca hipoteza, której słuszność weryfikują obecnie specjaliści z różnych dziedzin. Wielu cennych informacji dostarczył nam eksperyment przeprowadzony przez zespół naukowców skupionych wokół Stephena Collinsa. Myszy, których zachowanie poddawano gruntownym badaniom, pochodziły z dwóch różnych szczepów. Zwierzęta ze szczepu BALB/c były bardziej lękliwe i nieśmiałe niż ich pobratymcy z grupy NIH-Swiss, wyróżniający się odwagą i ciekawością. Badacze podali zwierzętom kombinację trzech różnych antybiotyków, działających wyłącznie w jelitach, tak by usunąć z nich wszelkie możliwe bakterie. Na zakończenie zwierzętom z każdej grupy podano florę bakteryjną typową dla myszy z drugiej grupy. W wykonanych następnie testach behawioralnych role się odwróciły : myszy BALB/c stały się odważniejsze, myszy NIH-Swiss – bardziej lękliwe. Potwierdza to hipotezę o wpływie stanu jelit na zachowanie, przynajmniej u myszy. Jak na razie nie stwierdzono, czy u ludzi jest podobnie. Brakuje nam bowiem bardzo wielu informacji na temat rozmaitych bakterii u człowieka, funkcjonowania mózgu trzewnego i komunikacji na linii mózg–jelita.

Możemy jednak w praktyce wykorzystać posiadaną wiedzę. Zacznijmy od podstawowych spraw, choćby codziennych posiłków. Skoro bowiem jelita mają taki wpływ na mózg, to znaczy, że podczas jedzenia należy unikać wszelkich napięć i pośpiechu. Posiłki powinny być czasem wolnym od stresu, kłótni, zdań w rodzaju: „Nie wstaniesz od stołu, dopóki nie zjesz wszystkiego" oraz od skakania pilotem po kanałach. Dotyczy to przede wszystkim małych dzieci, u których mózg trzewny rozwija się równolegle z mózgiem w głowie, ale bardzo ważne jest także dla dorosłych – im wcześniej zaczniemy, tym lepiej. Wszelki stres pobudza nerwy, które hamują proces trawienia. W efekcie nie tylko pobieramy z jedzenia mniej energii, ale potrzebujemy na to więcej czasu, dodatkowo obciążając jelita.

Dotychczasowa wiedza o zależnościach pomiędzy jelitami a mózgiem skłania do prowadzenia myślowych eksperymentów i stawiania dalszych pytań.

Dostępne są przecież gumy do żucia zapobiegające chorobie lokomocyjnej i środki przeciwko mdłościom, które znieczulają nerwy w jelitach. Po ich zażyciu wraz z poczuciem nudności znika często i lęk. Skoro jest prawdopodobne, że niewyjaśnione nastroje przygnębienia i lęki pochodzą z jelit (nawet te, którym nie towarzyszą mdłości), czy nie można by się od nich uwolnić metodami skutecznymi w odniesieniu do problemów z przewodem pokarmowym? Po prostu na pewien czas znieczulając zaaferowane jelita? Alkohol w pierwszej kolejności dociera nie do komórek nerwowych w głowie, a do tych w jelitach – może więc poczucie odprężenia po wypiciu wieczornej lampki wina pochodzi właśnie od uspokojonego „mózgu" w naszym brzuchu? Albo: jakie bakterie znajdują się w rozmaitych rodzajach jogurtów na sklepowej półce? Czy *Lactobacillus reuteri* pomoże w konkretnym przypadku bardziej niż *Bifidobacterium animalis*? Zespół chińskich badaczy, przeprowadziwszy testy laboratoryjne, dowiódł w ostatnim czasie, że *Lactobacillus reuteri* hamuje działanie receptorów bólowych w jelicie.

Już teraz wiemy, że bakterie *Lactobacillus plantarum* i *Bifidobacterium infantis* odgrywają pomocniczą rolę w leczeniu dolegliwości towarzyszących zespołowi jelita drażliwego. Osoby cierpiące na niski próg bólu w jelitach często sięgają obecnie po środki przeciw biegunkom lub zaparciom albo po preparaty o działaniu rozkurczowym. W ten sposób można wprawdzie złagodzić dokuczliwe objawy, jednak nie zwalcza się istoty problemu. Dlatego jeśli stan zdrowia nie poprawia się mimo odstawienia produktów spożywczych potencjalnie źle tolerowanych przez organizm ani wskutek odbudowania właściwej flory bakteryjnej, trzeba popracować nad podwyższeniem progu bólu w jelitach. Dotychczasowe badania nad jego podniesieniem wykazały skuteczność bardzo nielicznych metod. Jedną z nich jest hipnoterapia.

Naprawdę dobre psychoterapie działają jak gimnastyka rehabilitacyjna dla naszych nerwów. Tak samo łagodzą napięcia i wpajają nam nowe, zdrowsze wzorce ruchowe, tyle że na płaszczyźnie neuronalnej. Ponieważ jednak nerwy czaszkowe to znacznie bardziej skomplikowane twory niż mięśnie, trenując je, trzeba sięgnąć również po bardziej wymyślne ćwiczenia.

Hipnoterapeuci wykorzystują często podróże myślowe i ćwiczenia wyobraźni. Ich celem jest złagodzenie sygnałów bólowych i zmiana postrzegania określonych bodźców. Podobnie jak w przypadku treningu mięśni, również wybrane nerwy można wzmocnić poprzez ich częstsze używanie. Wizyta u hipnoterapeuty nie przypomina jednak znanych nam z telewizji seansów hipnozy. Byłoby to wręcz wbrew regułom, ponieważ ta forma terapii zakłada, że pacjent powinien sam cały czas zachowywać kontrolę nad przebiegiem wydarzeń. Szukając odpowiedniego terapeuty, trzeba bardzo uważać, by nie trafić na szarlatana. Godnym polecenia miejscem jest Instytut Miltona Ericksona w Heidelbergu, który pośredniczy w kontaktach z wykwalifikowanymi terapeutami.

U sporej liczby pacjentów z jelitem drażliwym hipnoterapia przynosiła dobre rezultaty. Wielu z nich za zgodą lekarza zdecydowanie ograniczało potem ilość przyjmowanych lekarstw, a część chorych mogła je całkowicie odstawić. U dzieci ta forma leczenia dawała w efekcie redukcję bólu nawet o 90%, okazała się więc znacznie bardziej skuteczna niż metody farmakologiczne, które przeciętnie zmniejszają ból tylko o 40%. Specjalistyczne terapie przeznaczone dla pacjentów z syndromem jelita drażliwego oferują już dziś niektóre szpitale, jak na przykład klinika w Saarbrücken.

Pacjentom, którzy oprócz chorób jelit cierpią na silne stany lękowe bądź depresje, lekarze często zalecają przyjmowanie antydepresantów. Rzadko jednak tłumaczą przyczyny takiej decyzji. Powód jest prosty: nawet lekarze czy naukowcy nie znają szczegółowo mechanizmu ich działania. Dopiero bowiem gdy wyniki badań potwierdziły, że leki te poprawiają nastrój, zaczęto bliżej zajmować się sposobem ich wpływu na organizm. Prostego wyjaśnienia nie znamy do tej pory. Przez dziesiątki lat podejrzewano, że polepszenie samopoczucia wynika z wzmocnienia działania „hormonu szczęścia", czyli serotoniny. Nowsze badania nad depresją uwzględniają jednak również inne czynniki, na przykład to, że zażywanie określonych preparatów pozwala nerwom na odzyskiwanie plastyczności.

Tak zwana plastyczność nerwów oznacza ich zdolność do przebudowy. Okres dojrzewania jest wielkim wyzwaniem dla dorastającego mózgu, ponieważ nerwy cechują się wówczas zbytnią plastycznością: wiele rzeczy jest jeszcze nieustalonych, wszystko może się stać, ale nie musi, wciąż jest wiele dźwigni, które tylko czekają, by przestawić je w jedną lub drugą stronę. Stabilizacja następuje około 25. roku życia. Od tej pory nerwy reagują wedle wyuczonych schematów. Zachowujemy te wzorce, które zdały egzamin, a inne, które nie wypadły najlepiej, odrzucamy. W ten sposób znikają nie tylko niespodziewane napady śmiechu czy furii, ale także plakaty ze ścian naszego pokoju. Prawdą jest, że trudniej teraz coś zmienić, za to zyskujemy przyjemną stabilność psychiczną. Istnieje jednak ryzyko, że utrwalą się nam także pewne negatywne wzorce myślowe, jak na przykład „Jestem do niczego" albo „Nic mi się nie udaje". Na podobnej zasadzie w głowie mogą się też zakorzenić sygnały nerwowe wysyłane przez drażliwe jelito. Gdy jednak pod wpływem antydepresantów wzrośnie plastyczność nerwów, wzorce takie stracą nieco na znaczeniu. Najlepsze rezultaty osiąga się wówczas, gdy kuracji farmakologicznej towarzyszy dobrze prowadzona psychoterapia. Zmniejsza ona ryzyko ponownego podążenia utartą ścieżką.

Działania uboczne dostępnych na rynku antydepresantów, takich jak Prozac, wiele mówią nam na temat tzw. hormonu szczęścia, czyli serotoniny. Co czwarty przyjmujący je pacjent cierpi na mdłości, przejściowe biegunki, a przy dłuższym przyjmowaniu leku – zaparcia. Wszystko dlatego, że w naszym „trzewnym mózgu" istnieją dokładnie te same receptory co w mózgu znajdującym się w głowie. Antydepresanty automatycznie oddziałują więc na jedne i drugie. Uzbrojony w tę wiedzę amerykański badacz dr Michael Gershon posunął się o krok dalej. Zadał sobie pytanie, czy skuteczne mogłoby się okazać zastosowanie u części pacjentów takich antydepresantów, które działają wyłącznie w jelicie, a w ogóle nie docierają do mózgu.

Nie jest to bynajmniej niedorzeczny pomysł – ostatecznie 95% wytwarzanej przez nasz organizm serotoniny powstaje nie gdzie indziej, a w komórkach jelit. Serotonina ułatwia tamtejszym nerwom kierowanie mięśniami, służy też jako ważny neuroprzekaźnik. Jeśli więc zmienimy jej aktywność w jelitach, do mózgu zaczną trafiać zupełnie inne meldunki. Byłoby to szczególnie interesujące u tych pacjentów, których ni z tego, ni z owego dopadają ciężkie depresje, choć w ich życiu pozornie wszystko układa się jak najlepiej. Być może na kozetce u psychoterapeuty powinien zjawiać się tylko ich brzuch – bo przecież w tym akurat przypadku głowa nie ponosi żadnej odpowiedzialności za zaistniałą sytuację.

Zatem wszyscy, których dręczą lęki bądź nastroje depresyjne, muszą pamiętać, że źródłem takich odczuć może być także udręczony brzuch. Niekiedy ma on zresztą mocne podstawy, by czuć się źle – na przykład, gdy jest poddany silnemu stresowi lub gdy istnieje niewykryta nietolerancja pokarmowa. Za swój stan nie obwiniajmy więc wyłącznie własnej głowy lub tego, co się dzieje wokół nas, bo… na nasze „ja" składają się też inne czynniki.

GDZIE SIĘ RODZI „JA"?

Powtórzmy raz jeszcze: nastroje przygnębienia, radości, niepewności, zadowolenia lub smutku nie powstają wyłącznie w głowie. Jesteśmy istotami wyposażonymi w nogi, ręce, narządy płciowe, serce, płuca i jelita. Jednak obowiązujący w nauce „głowocentryzm" przez długie lata nie pozwalał nam dostrzec, że siedliskiem naszego „ja" jest nie tylko mózg. Dopiero w ostatnich latach, między innymi pod wpływem badań nad przewodem pokarmowym, zaczęto ostrożnie kwestionować dogmatyczne stwierdzenie: „Myślę, więc jestem".

Jednym z najbardziej interesujących obszarów w mózgu, do których docierają informacje z jelit, jest wyspa. Badaniom nad nią poświęcił się prawdziwy geniusz naszych czasów Bud Craig. Przez ponad dwadzieścia lat z niemal nadludzką cierpliwością śledził przebieg ścieżek neuronalnych w mózgu. Pewnego dnia, opuściwszy swoje laboratorium, wygłosił godzinny odczyt, którego myśl przewodnia brzmiała: to właśnie wyspa jest miejscem, w którym powstaje nasze „ja".

Przedstawmy w skrócie tezy tego wykładu. Po pierwsze, wyspa zbiera z całego organizmu informacje dotyczące emocji. Każdą taką wiadomość można porównać do piksela – dopiero z wielu pikseli w wyspie tworzy się całościowy obraz. Jeśli na przykład właśnie siedzimy na krześle, rejestrujemy odgniecenie pośladków, być może też stwierdzamy, że jest nam zimno i że czujemy głód. W efekcie powstaje obraz głodnego, zziębniętego człowieka, który siedzi na twardym krześle. Dochodzimy przy tym do wniosku, że choć nie czujemy się fantastycznie, to jednak nie jest nam też strasznie źle, raczej po prostu tak sobie.

Po drugie, zgodnie z twierdzeniem Daniela Wolperta nadrzędnym zadaniem mózgu jest ruch – niezależnie od tego, czy chodzi o młodą żachwę, poszukującą pięknej podwodnej skały, by się osiedlić, czy o człowieka, dążącego do możliwie najlepszego życia. Ruchy wykonuje się po to, by wprowadzać zmiany. Dzięki mapie tworzonej przez wyspę mózg może planować rozsądne ruchy. Gdy więc nasze „ja", głodne i przemarznięte, wierci się na krześle, inne obszary mózgu mają motywację, by dokonać zmian w dotychczasowym stanie rzeczy. W tej sytuacji możemy na przykład zacząć dygotać z zimna albo ruszyć cztery litery i podejść po coś do jedzenia w kuchni. Ruchy wykonujemy bowiem głównie po to, by przywracać zdrową równowagę – by przejść, na przykład, od bycia zmarzniętym, nieszczęśliwym czy zmęczonym do stanu, w którym jest nam ciepło, czujemy się zadowoleni i pełni wigoru.

I wreszcie po trzecie, mózg to przecież też narząd. A zatem gdy wyspa sporządza obraz całego organizmu, „rysuje" także i mózg. W nim zaś znajduje się kilka godnych uwagi ośrodków, takich jak obszary odpowiedzialne za empatię i zachowania społeczne, moralność i logikę. Rejony „społeczne" nie lubią, gdy kłócimy się z partnerem, obszary logiczne głowią się nad trudną zagadką. Można przypuszczać, że w celu wytworzenia w wyspie właściwego obrazu naszego „ja" dopuszczane są do niej także spostrzeżenia dotyczące świata zewnętrznego i doświadczenia z przeszłości. A zatem nie tylko rejestrujemy zimno, ale jednocześnie w naszym wnętrzu pojawia się myśl: „To dziwne, że jest mi zimno. Przecież w pokoju jest bardzo ciepło. Hmmm. Może dopadło mnie przeziębienie?" albo nawet: „No dobra, przy takich temperaturach chyba rzeczywiście nie warto nago wyskakiwać na balkon". Nasze reakcje na pierwotne odczucie „zimno mi" są więc znacznie bardziej złożone niż u jakiegokolwiek innego gatunku zwierząt.

Im więcej informacji łączymy w całość, tym bardziej przemyślane ruchy możemy wykonywać. Prawdopodobnie o ich ostatecznym kształcie decyduje ustalona hierarchia narządów. Kwestie szczególnie ważne dla zachowania zdrowej równowagi odgrywają podczas tworzenia obrazu w wyspie większą rolę niż inne. Ze względu na swoje rozległe kompetencje mózg i jelita mają tu zapewnione poczesne miejsca – być może nawet najważniejsze.

Na podstawie tego, co się dzieje w całym organizmie, wyspa generuje więc obraz, który następnie zostaje uzupełniony informacjami z różnych obszarów mózgu. Wedle Buda Craiga taki skomplikowany obraz aktualizowany jest co czterdzieści sekund. Klatka po klatce tworzą one swego rodzaju film. To film naszego „ja", czyli po prostu nasze życie.

Mózg niewątpliwie wnosi olbrzymi wkład w tworzenie owego filmu, jednak nie jest jego jedynym reżyserem. Może więc warto wreszcie nieco rozwinąć znany aforyzm Kartezjusza, nadając mu następującą postać: „Czuję, więc myślę, myślę, więc jestem".

3

ŚWIAT MIKROBÓW

Gdy oglądamy Ziemię z pokładu statku kosmicznego, nie dostrzegamy żyjących na niej ludzi. Samą planetę, owszem, możemy rozpoznać: okrągły świecący punkt obok innych jasnych punktów na ciemnym tle. Z mniejszej odległości widać, że ludzkość zamieszkuje najróżniejsze obszary. Nocami nasze miasta przyjmują postać jasnych plam. Tu i ówdzie ludzie skupiają się w ogromnych metropoliach, gdzie indziej żyją rozproszeni w niewielkich osadach. Zamieszkujemy zimne obszary na północy, ale też lasy tropikalne i obrzeża pustyń. Jesteśmy wszędzie, nawet jeśli z kosmosu nie da się nas dostrzec.

Gdy przyjrzymy się z kolei samym sobie, zauważymy, że każdy z nas jest takim właśnie odrębnym światem. Czoło jawi się jako wietrzna górska hala, łokieć to suche pustkowie, oczy – słone jeziora, a jelito… Jelita to ogromna, tajemnicza dżungla pełna najdziwniejszych stworzeń. Nie tylko bowiem my sami zasiedlamy swoją planetę, lecz jesteśmy również celem dla osadników. Naszych mieszkańców – bakterie – doskonale widać pod mikroskopem. Wyglądają jak… małe świecące punkty na ciemnym tle.

Przez długie wieki zajmowaliśmy się otaczającym nas szerokim światem. Mierzyliśmy go wzdłuż i wszerz, badaliśmy rośliny i zwierzęta, formułowaliśmy teorie na temat życia. Zbudowaliśmy wielkie maszyny i dotarliśmy na Księżyc. Pragnąc dziś odkrywać nowe lądy i plemiona, musimy zainteresować się małym światem, który znajduje się w nas samych. Okaże się wówczas, że najbardziej fascynującym kontynentem są nasze własne jelita. Żadnego innego obszaru nie zasiedlają tak liczne gatunki i szczepy. Nauka właściwie dopiero zaczyna je tak naprawdę poznawać. Zamieszkujące nas bakterie stają się powoli równie wielkim wyzwaniem dla badaczy, jak niegdyś genom, a z ich poznaniem – jak dawniej z rozszyfrowaniem genomu – wiąże się wielkie nadzieje. Czas pokaże, czy się spełnią i będą dla nas punktem wyjścia do dalszych odkryć.

Prace nad „mapą ludzkich bakterii" trwają zaledwie od 2007 roku. Do udziału w badaniach zaproszono mnóstwo ludzi, którym pobiera się próbki z najrozmaitszych miejsc – z trzech punktów w jamie ustnej, spod pach, z czoła… Naukowcy analizują próbki kału i wymazy z narządów płciowych. Obszary, które dotąd uznawano za wolne od bakterii, nagle okazują się zasiedlone – dobrym przykładem są chociażby płuca. Twórcy atlasu bakterii traktują jelita jak prawdziwe wyzwanie. Spośród wszystkich mikroorganizmów, które kłębią się na nas i w nas, aż 99% zamieszkuje właśnie jelita. Nie znaczy to, że pozostałe obszary są pozbawione bakterii – po prostu w jelitach jest ich niewiarygodnie dużo.

Człowiek jako ekosystem

O bakteriach wiemy zwykle, że to małe żyjątka, składające się zaledwie z jednej komórki. Część z nich zamieszkuje gorące gejzery islandzkie, inne żyją tam, gdzie jest zimno jak w psiarni. Jedne do wytwarzania energii potrzebują tlenu i „oddychają" podobnie jak my, inne z kolei giną na świeżym powietrzu, a niezbędną do życia energię czerpią z atomów metali lub z kwasów, w związku z czym roztaczają wokół siebie interesującą woń. Niemal wszystko, co od istot żywych da się wyczuć węchem, to sprawka bakterii. Począwszy od przyjemnego zapachu skóry ukochanej osoby aż do odoru z pyska rozbrykanego psa sąsiadów – wszystko to zawdzięczamy temu pracowitemu ludkowi.

Chętnie obserwujemy popisy muskularnych surferów, ale gdy kichamy, nawet nie przyjdzie nam do głowy, jakie surfingowe ewolucje wykonuje właśnie flora bakteryjna w naszym nosie. Pocimy się obficie, uprawiając sport – lecz nikt nie dostrzega, jak bardzo z upałów w naszych tenisówkach cieszą się bakterie. Ukradkiem zjadamy kawałeczek tortu, przekonani, że nikt nas nie widzi, a tymczasem w naszym brzuchu rozlega się głośny okrzyk: „Hurra, tooort!". Aby rzetelnie zrelacjonować wszystkie newsy ze świata bakterii zamieszkujących tylko jednego człowieka, potrzebna byłaby wielka międzynarodowa agencja prasowa. Podczas gdy my zalegamy znudzeni na kanapie, na nas i w nas rozgrywają się fascynujące historie.

Stopniowo zaczynamy zdawać sobie sprawę, że zdecydowana większość bakterii jest dla nas niegroźna lub wręcz korzystna.

Naukowcom udało się już ustalić kilka niezbitych faktów dotyczących świata mikrobów. Wiemy więc, że bakteryjna flora jelitowa człowieka waży około dwóch kilogramów i składa się ze 100 bilionów bakterii. W jednym gramie kału jest więcej bakterii niż ludzi na całym świecie. Wiemy także, że bakteryjna społeczność daje sobie radę z niestrawnymi dla nas składnikami pożywienia, zaopatruje jelita w energię, wytwarza witaminy, rozkłada toksyny i lekarstwa czy trenuje nasz układ odpornościowy. Różne bakterie wytwarzają rozmaite substancje: kwasy, gazy, tłuszcze – bo bakterie to mali producenci. Wiemy, że z obecnością bakterii wiąże się wykształcenie grup krwi oraz że w wyniku aktywności złych bakterii możemy dostać biegunki.

Wciąż jednak nie mamy pojęcia, co to wszystko oznacza konkretnie dla każdego z nas! Co prawda, dosyć szybko orientujemy się, że dopadły nas bakterie powodujące biegunkę. Ale czy w ogóle zdajemy sobie sprawę z codziennej aktywności milionów, miliardów i bilionów innych maleńkich żyjątek w naszym organizmie? A może nie jest bez znaczenia, kto konkretnie zasiedla nasze jelita? U osób z nadwagą, a także cierpiących na niedobory pokarmowe, choroby nerwowe, depresję bądź przewlekłe dolegliwości jelitowe można zaobserwować zmiany w składzie flory jelitowej. Innymi słowy, gdy nasze bakterie mają jakieś problemy, pogarsza się nasz ogólny stan.

Może być tak, że ktoś z nas ma mocniejsze nerwy tylko dlatego, że w jego jelitach bytuje bardzo dużo bakterii wytwarzających witaminę B. Możliwe, że właśnie ze względu na posiadaną florę jelitową część ludzi bez problemu upora się ze zjedzonym przez nieuwagę kawałkiem nadpleśniałego chleba. Niektórzy będą mieć skłonność do tycia za sprawą nazbyt ochoczo dokarmiających go bakterii odpowiedzialnych za przybieranie na wadze. Nauka powoli zaczyna postrzegać człowieka jako złożony

Rozmieszczenie bakterii w poszczególnych odcinkach jelit

ekosystem. Na razie jednak badania nad zasiedlającymi nas bakteriami znajdują się w powijakach.

W czasach, gdy jeszcze nie wiedziano zbyt dużo na temat bakterii, zaliczono je do roślin – stąd określenie „flora bakteryjna". Właściwie pojęcie „flora" nie jest więc całkiem poprawne, za to bardzo obrazowe. Tak jak rośliny bakterie różnią się wymaganiami odnośnie siedliska czy pożywienia, a także stopniem toksyczności. Pod względem naukowym poprawny jest termin „mikroorganizmy", a także „mikrobiom" na określenie łącznie wszystkich zamieszkujących nas bakterii, grzybów i pierwotniaków oraz ich genów.

Ogólnie rzecz ujmując, w górnych odcinkach przewodu pokarmowego znajduje się niezbyt dużo bakterii, za to w dolnych partiach, a więc w jelicie grubym i odbycie, są ich nieprzebrane rzesze. Część bakterii jelitowych preferuje jelito cienkie, inne żyją wyłącznie w grubym. Istnieją wielbiciele ślepej kiszki, spokojni mieszkańcy błon śluzowych oraz śmiałkowie, którzy osiedlają się tuż przy komórkach jelita.

Bliższe poznawanie się z poszczególnymi bakteriami bywa dość trudne. Część z nich bowiem za żadne skarby nie chce opuszczać swojego naturalnego środowiska. Gdy umieszczamy je na pożywce w laboratorium, po prostu odmawiają współpracy. Bakterie bytujące na skórze śmiało wcinają laboratoryjne posiłki i mnożą się jak oszalałe – a z bakteriami jelitowymi tak się nie da. Ponad połowa bakterii zamieszkujących przewód pokarmowy jest po prostu za bardzo z nami związana i nie może przeżyć na zewnątrz. Nasze jelita to ich cały świat, to przyjemne, ciepłe i wilgotne środowisko, gdzie nie ma zabójczego tlenu, jest za to doskonałe, sprawdzone wcześniej jedzenie.

Jeszcze dziesięć lat temu naukowcy skłaniali się ku poglądowi, że istnieje względnie stały zestaw bakterii jelitowych, wspólny wszystkim ludziom. Gdy na przykład umieszczali na pożywce próbki ludzkiego kału, znajdowali tam zawsze bakterie *Escherichia coli*. I już, wszystko było jasne i proste. Dziś za pomocą specjalistycznej aparatury jesteśmy w stanie przebadać każdy gram kału atom po atomie i wykryć genetyczne pozostałości wielu miliardów bakterii. Wiemy też, że bakterie *E. coli* stanowią mniej niż jeden procent całej flory bakteryjnej. W naszych jelitach bytuje ponad tysiąc rozmaitych gatunków bakterii. Do tego trzeba dodać „przedstawicieli mniejszości", czyli wirusy i drożdże, a także inne grzyby i rozmaite jednokomórkowce.

Mogłoby się wydawać, że układ odpornościowy powinien natychmiast przeciwstawić się tak intensywnej kolonizacji. Do jego podstawowych zadań należy przecież obrona organizmu przed obcymi wpływami. Jak wiemy, niekiedy do uruchomienia silnej reakcji obronnej wystarczy maleńki pyłek, który przez przypadek zabłąka się do nosa. Na tak błahe zdarzenie alergik natychmiast zareaguje zaczerwienieniem oczu i wodnistym katarem. Jak to możliwe, że jednocześnie w naszych wnętrznościach trwa w najlepsze niekończąca się bakteryjna impreza?

Bakterie a układ odpornościowy

Każdego dnia dziesiątki razy jesteśmy narażeni na śmiertelne niebezpieczeństwo. Zapadamy na raka, pokrywamy się od środka pleśnią, podgryzają nas bakterie, atakują wirusy. I jednocześnie każdego dnia raz po raz nasze życie zostaje cudownie ocalone. Dziwacznie mutujące komórki czy zarodniki grzybów podlegają bezwzględnej eliminacji, bakterie dostają kulkę w łeb, wirusy są siekane na kawałki. Takie dyskretne usługi świadczy nasz układ odpornościowy, a ściślej mówiąc – zastępy jego różnorodnych komórek. Są wśród nich eksperci od rozpoznawania obcych, płatni zabójcy, a nawet profesjonalni kapelusznicy. Wszyscy oni ściśle ze sobą współpracują i trzeba przyznać, że świetnie im to wychodzi.

Zdecydowana większość komórek układu odpornościowego (ok. 80%) znajduje się w jelitach. I nie bez powodu. To tu przede wszystkim toczy się bowiem wspomniana „bakteryjna impreza", a układ odpornościowy powinien przynajmniej znać jej przebieg. Przyjęcie odbywa się jednak w izolowanym pomieszczeniu – błonie śluzowej jelita, w pewnym oddaleniu od naszych komórek. Układ odpornościowy może więc spokojnie prowadzić tu wobec bakterii swoje „działania taktyczne", nie stwarzając jednocześnie niebezpieczeństwa dla reszty organizmu. Dzięki temu nasze komórki obronne mają okazję poznać wiele nowych gatunków bakterii.

Gdy jakiś czas później komórka odpornościowa spotka znaną już sobie bakterię poza jelitem, będzie umiała błyskawicznie zareagować. Układ odpornościowy w jelitach, zachowując przez cały czas najwyższą ostrożność, musi tłumić instynkt obronny, by pozostawić przy życiu wiele bytujących tam bakterii. A jednocześnie w całej tej masie musi rozpoznawać i wyławiać organizmy nazbyt już dla nas niebezpieczne. Gdybyśmy bowiem podchodzili do każdej z jelitowych bakterii z życzliwą otwartością, witając ją: „Cześć, jak się masz?", nasz gatunek wyginąłby jakieś trzy miliony lat temu. Dlatego nasz układ odpornościowy mówi bakteriom nie tylko „cześć". Niektóre z nich słyszą od niego: „Jesteś w porządku", inne niestety: „Martwa podobasz mi się bardziej".

Choć w pierwszej chwili może to brzmieć paradoksalnie, kolejna trudność, z którą zmaga się układ odpornościowy, polega na tym, by odróżnić komórki bakterii od naszych własnych komórek ciała. O dziwo, nie zawsze jest to proste. Na powierzchni części bakterii znajdują się bowiem struktury podobne do tych, które znajdziemy na komórkach ludzkich. To dlatego nie można zbyt długo zwlekać z podaniem antybiotyków, gdy dopadną nas bakterie wywołujące szkarlatynę bądź anginę. Jeśli choroba nie zostanie zwalczona odpowiednio wcześnie, wprowadzony w błąd układ odpornościowy może „z rozpędu" zaatakować też stawy lub inne narządy, uznając na przykład kolano za podłego sprawcę bólu gardła, który podstępnie ukrył się w nodze. Takie przypadki zdarzają się dziś rzadko – ale nie są niemożliwe.

Podobne zjawisko badacze zaobserwowali w cukrzycy pojawiającej się zazwyczaj w wieku młodzieńczym, tzw. cukrzycy typu 1. W tym wypadku układ odpornościowy niszczy komórki organizmu wytwarzające insulinę. Za jedną z możliwych przyczyn uznaje się szwankującą komunikację pomiędzy komórkami odpornościowymi a bakteriami jelitowymi. Albo bakterie źle owe komórki szkolą, albo układ odpornościowy nie potrafi zrozumieć ich sygnałów.

Prawdą jest jednak, że nasz organizm opracował niemal perfekcyjną sieć zabezpieczeń na wypadek możliwych problemów komunikacyjnych i katastrofalnych w skutkach pomyłek. Zanim jakakolwiek komórka odpornościowa trafi do krwiobiegu, przechodzi najostrzejszy obóz rekrucki, jaki można sobie wyobrazić. Szkolenie obejmuje między innymi pokonanie długiego toru przeszkód, z jednoczesnym zapoznawaniem się ze strukturami własnymi organizmu. Gdy komórka nie jest pewna, czy ogląda strukturę własną, czy obcą, przystaje na chwilę niezdecydowana i próbuje jej dotknąć. To niestety jej ostatni błąd – taka komórka nigdy nie dostanie się do krwiobiegu.

A zatem już na etapie szkolenia eliminuje się komórki, które atakują tkanki swojego własnego organizmu. Następnie, podczas treningu w jelicie, komórki uczy się, jak zachować tolerancję wobec obcych czy też jak się lepiej przygotować na spotkanie z nimi. Cały ten system funkcjonuje naprawdę nieźle i z reguły udaje się uniknąć spornych sytuacji.

Jedno z ćwiczeń dla komórek jest jednak szczególnie podstępne. Sprowadza się do odpowiedzi na pytanie, co robić w przypadku, gdy obce twory przypominają układowi odpornościowemu bakterie – choć wcale bakteriami nie są. Na przykład na powierzchni czerwonych ciałek krwi znajdują się białka zbliżone do bakterii. W takim wypadku właściwie nasz system odpornościowy powinien się na nie rzucić, gdyby jeszcze na etapie szkolenia nie dowiedział się, że własna krew jest nietykalna. Jeżeli więc nasze czerwone krwinki mają na swej powierzchni antygen grupy A, będziemy też tolerować przetoczoną nam krew innych osób z tą samą grupą. Po wypadku na motorze lub ciężkim porodzie (połączonym z utratą dużej ilości krwi) może to być kwestia życia i śmierci.

Nie możemy jednak przyjąć krwi od kogoś, kto na powierzchni krwinek ma znaczniki grupy odmiennej od naszej. Gdyby do

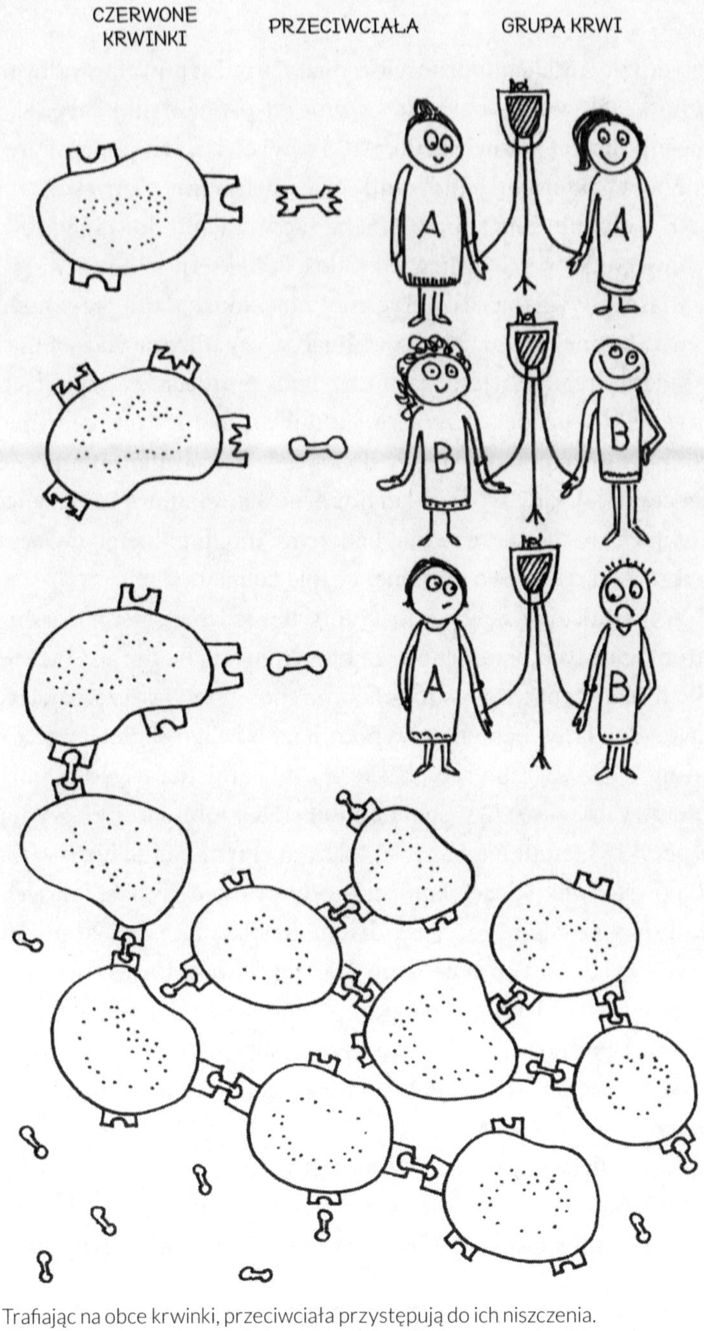

Trafiając na obce krwinki, przeciwciała przystępują do ich niszczenia. Osoby z grupą krwi B posiadają przeciwciała atakujące grupę krwi A

tego doszło, układ odpornościowy natychmiast potraktowałby te komórki jak wrogie bakterie i wytoczył przeciw nim cały swój arsenał. Bez tej gotowości do walki – wyćwiczonej podczas treningów z bakteriami jelitowymi – nie mielibyśmy różnych „grup krwi" i moglibyśmy śmiało przetaczać każdemu dowolną krew. U noworodków, z ich niewielką ilością bakterii jelitowych, tak to właśnie wygląda. Teoretycznie więc można im przetoczyć krew dowolnej grupy, nie wywołując w organizmie żadnej niepożądanej reakcji. (Jeśli zachodzi taka potrzeba, w szpitalach na wszelki wypadek przetacza się noworodkom krew o grupie zgodnej z grupą matki, jako że do krwi dziecka trafiają matczyne przeciwciała). Gdy tylko układ odpornościowy i flora bakteryjna w jelitach trochę się rozwiną, będziemy mogli pobierać wyłącznie krew od dawców o tej samej grupie co nasza.

Wykształcanie się grup krwi to tylko jeden z całej masy immunologicznych fenomenów, za którymi stoją bakterie. O wielu takich fenomenach prawdopodobnie nie mamy jeszcze pojęcia. Pewne działania bakterii przypominają bowiem raczej subtelny tuning. Poszczególne typy bakterii oddziałują na układ odpornościowy we właściwy sobie sposób. Niektóre gatunki czynią na przykład ten układ bardziej tolerancyjnym. Jedne dbają o to, by powstawało więcej komórek odpornościowych skłonnych do „prowadzenia negocjacji", drugie działają na nasze komórki podobnie jak kortyzon czy inne leki przeciwzapalne. Dzięki ich wysiłkom układ immunologiczny staje się mniej wojowniczy, nabiera łagodności. To bardzo przemyślny ruch ze strony tych małych żyjątek – w ten sposób zwiększają bowiem swoje szanse na przetrwanie w jelitach.

Zastanawiający jest fakt, że akurat w jelicie cienkim młodych kręgowców (w tym ludzi) wykryto bakterie pobudzające do pracy układ odpornościowy. Czy może być tak, że to właśnie ci „motywatorzy" pomagają nam utrzymać populację bakterii w jelicie cienkim na niskim poziomie? Dzięki małej tolerancji wobec bakterii ten fragment jelita może, nie rozpraszając się na inne czynności, zająć się w spokoju swoją pracą, czyli trawieniem. Dodajmy, że wspomniane bakterie nie siedzą wcale grzecznie w błonie śluzowej, tylko przyczepiają się mocno do kosmków jelitowych. Podobne upodobania mają chorobotwórcze zarazki, takie jak niebezpieczni krewniacy bakterii *E. coli*. Jeśli jednak trafią do jelita cienkiego, w którym wszystkie dobre miejsca są już zajęte przez „motywatorów", chcąc nie chcąc, będą się musiały wynieść.

Efekt ten nazywamy „odpornością kolonizacyjną". Większość bakterii jelitowych chroni nas już przez sam fakt, że nie pozostawiają miejsca dla złośliwych przybyszów, którzy mogliby nam wyrządzić krzywdę. Dodajmy tu, że „motywujące do pracy" bakterie w jelicie cienkim należą do tych, których wciąż nie umiemy wyhodować w warunkach laboratoryjnych, a więc poza jelitem. Czy możemy założyć, że są one dla nas zupełnie nieszkodliwe? Nie. Być może części z nas szkodzą, nadmiernie mobilizując układ odpornościowy. W tej kwestii wciąż jest mnóstwo pytań.

Pierwszych odpowiedzi dostarczają nam sterylne myszy z nowojorskich laboratoriów. Przychodzą one na świat przez cesarskie cięcie wykonane w całkowicie sterylnych warunkach, mają idealnie zdezynfekowane klatki i karmę sterylizowaną na parze. Tak sterylne zwierzęta w naturze nie bytują. Również praca z nimi wymaga zachowania najwyższych środków ostrożności, bo samo nieprzefiltrowane powietrze może zawierać bakterie. Na przykładzie sterylnych myszy badacze mogą obserwować, co się dzieje, gdy układ odpornościowy nie ma kompletnie nic do roboty. Jak funkcjonuje jelito całkowicie pozbawione bakterii? Jak niewytrenowany układ odpornościowy reaguje na chorobotwórcze zarazki? Czy w porównaniu z „normalnymi" myszami są jakieś różnice dostrzegalne gołym okiem?

Każdy, kto choć raz w życiu zetknął się z tymi zwierzętami, stwierdzi zapewne, że sterylne myszy to dziwaczne stworzenia. Nierzadko są nadaktywne, a przy tym, jak na myszy, zachowują się wyjątkowo nieostrożnie. Jedzą więcej niż ich zasiedleni przez bakterie pobratymcy i więcej czasu potrzebują na trawienie. Mają ogromne jelito ślepe, słabo ukrwiony przewód pokarmowy, skarlałe kosmki jelitowe (lub wcale owych kosmków nie mają) i bardzo niewiele komórek odpornościowych. Nawet stosunkowo niegroźne zarazki mogą je łatwo zabić.

Po wstrzyknięciu tym zwierzakom flory bakteryjnej innych myszy obserwuje się zdumiewające zjawiska. Jeśli na przykład sterylne myszy dostaną bakterie od chorych na cukrzycę typu 2, niedługo same zaczynają mieć problemy z metabolizmem cukrów. Jeśli podamy im bakterie jelitowe pochodzące od ludzi z nadwagą, prawdopodobieństwo, że utyją, będzie znacznie większe, niż gdyby otrzymały florę od człowieka o normalnej wadze. Sterylnym myszom podaje się też wyizolowane typy bakterii. Efekty tych działań bywają interesujące. Istnieją bakterie, które w pojedynkę są w stanie odwrócić znakomitą większość konsekwencji wymuszonej sterylności – mobilizują do wytężonej pracy układ odpornościowy, prowadzą do obkurczenia jelita ślepego i normalizacji zachowań żywieniowych. Inne nie robią zupełnie nic, a jeszcze inne zaczynają działać dopiero we współpracy z członkami pozostałych rodzin.

Badania nad sterylnymi myszami przysporzyły nam istotnej wiedzy. Obecnie możemy przyjąć następującą hipotezę: oddziałuje na nas nie tylko wielki świat, który nas otacza, ale także mikroświat w naszym wnętrzu. A co ciekawsze, u każdego z nas ten mikroświat wygląda nieco inaczej.

Rozwój flory bakteryjnej

Dopóki pozostajemy w łonie matki, z reguły jesteśmy wolni od bakterii. Przez długie dziewięć miesięcy nie mamy styczności z nikim oprócz naszej rodzicielki. Pokarm, który otrzymujemy, został wcześniej strawiony, powietrze – przefiltrowane. Matczyne płuca i jelita oczyszczają wszystko, co ma do nas trafić. Odżywiamy się i oddychamy poprzez jej krew, która dzięki pracy układu odpornościowego jest pozbawiona zarazków. Dodatkowo jesteśmy otuleni pęcherzem płodowym i zamknięci w umięśnionym worku macicy, zatkanym z kolei potężną zatyczką niczym karafka. Dzięki tym wszystkim zabezpieczeniom nie muśnie nas nawet żaden pasożyt, wirus, grzyb czy bakteria, nie wspominając już o innym człowieku. Nasze „mieszkanie" jest bardziej sterylne niż zdezynfekowany stół operacyjny.

Taki stan jest w naturze czymś wyjątkowym. Już nigdy później nie będziemy tak troskliwie chronieni, a zarazem tak odizolowani i samotni. Gdybyśmy również poza macicą mieli żyć bez bakterii, bylibyśmy całkiem inaczej zbudowani. W naszym świecie jednak każda większa istota żywa ma do dyspozycji przynajmniej jednego mniejszego pomocnika, który w zamian może na niej (lub w niej) mieszkać. Dlatego właśnie powierzchnia naszych komórek jest doskonale przystosowana do tego, by „kotwiczyły" na niej bakterie, a pewne bakterie współewoluują z nami od tysięcy lat.

Gdy tylko ochronny pęcherz płodowy odrobinę się rozszczelni, zaczyna się ożywiona kolonizacja. Jeszcze niedawno skła-

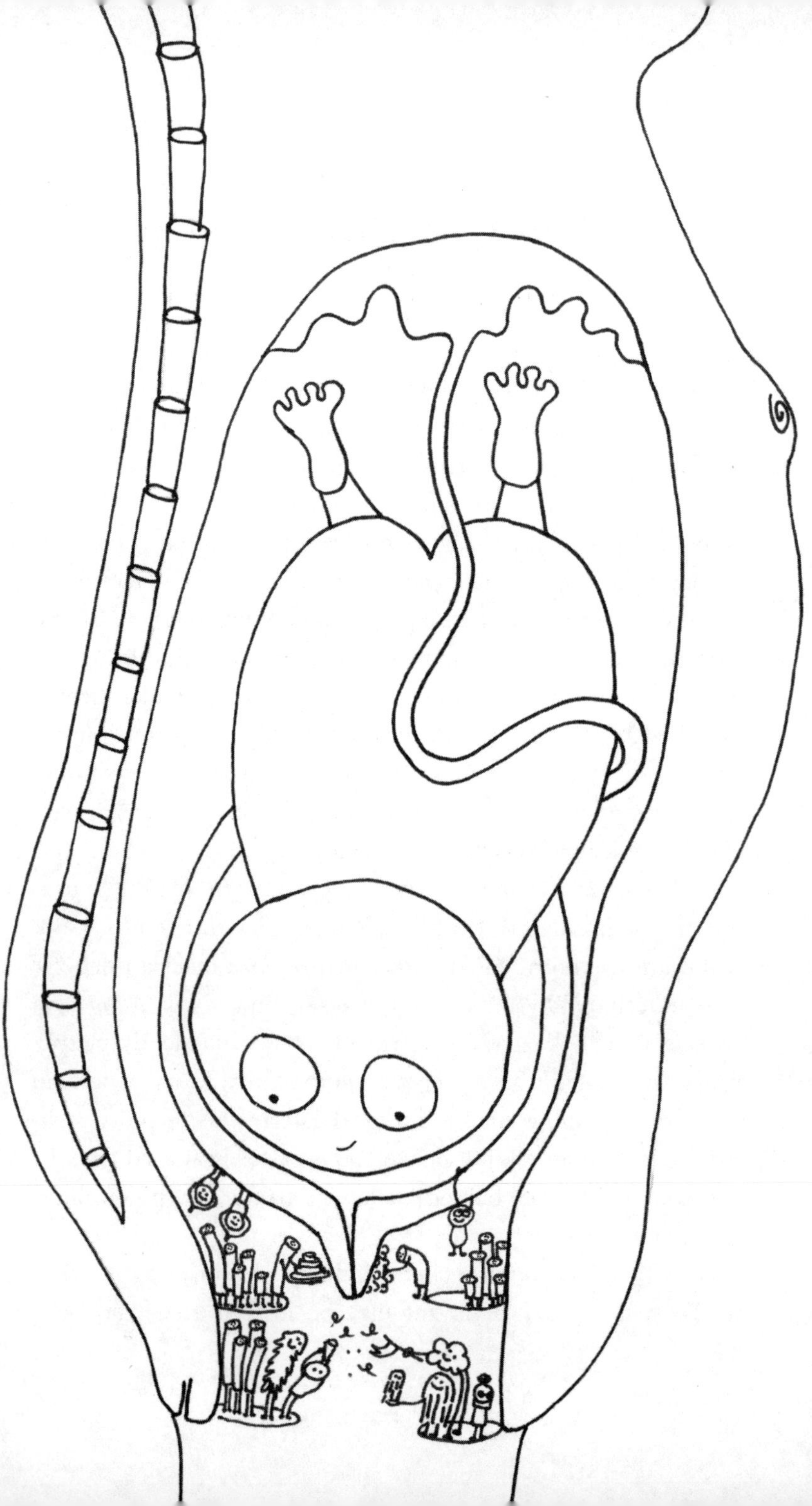

daliśmy się w stu procentach z ludzkich komórek, teraz jednak zasiedla nas tak wiele maleńkich żyjątek, że w przeliczeniu na komórki stajemy się tylko w 10% człowiekiem, pozostałe 90% to mikroorganizmy. Nie dostrzegamy tego, bo nasze ludzkie komórki są zdecydowanie większe niż te, które należą do naszych nowych współlokatorów. Zanim pierwszy raz spojrzymy w oczy własnej matce, uważnie przyglądają się nam liczne stwory, które żyją w jej wnętrzu. Na początek zawieramy znajomość z ochronną florą bakteryjną pochwy – wojowniczym ludem, którego zadaniem jest obrona tego niezwykle ważnego obszaru. W tym celu wytwarza on na przykład kwasy. Substancje te odstraszają inne bakterie i pomagają utrzymać w dobrym stanie drogę do macicy, która z każdym centymetrem w głąb staje się coraz czystsza.

W naszym nosie bytuje około 900 rozmaitych rodzajów bakterii, w kanale rodnym taka różnorodność jest nie do pomyślenia. Jego mieszkańcy podlegają ścisłej selekcji. To te bakterie będą tworzyć przecież ochronny płaszcz otulający skórę dziecka. Połowa z nich należy wyłącznie do jednego rodzaju: *Lactobacillus*. Szczególnie chętnie wytwarzają one kwas mlekowy. W efekcie jedynie te bakterie, które przejdą kwasową kontrolę bezpieczeństwa, przetrwają w środowisku pochwy.

Jeśli wszystko idzie dobrze, tuż przed narodzinami musimy podjąć tylko jedną decyzję: w którą stronę skierować głowę. Do wyboru mamy dwie atrakcyjne możliwości – w stronę pośladków lub do przodu. W każdym przypadku będziemy mieć styczność ze skórą matki, do chwili, gdy odbierze nas obca najczęściej osoba w plastikowych rękawiczkach i zawinie w jakiś materiał.

Mamy tu już więc wszystkich „ojców założycieli" naszej pierwszej flory bakteryjnej. Składa się na nią przede wszystkim flora bakteryjna z pochwy i jelit matki, do tego bakterie bytujące na skórze plus ewentualnie to, co ma do zaoferowania konkretny szpital. To doskonała mieszanka na początek. Wojownicze bakterie produkujące kwasy strzegą nas przed intruzami, inne natychmiast przystępują do trenowania naszego układu odpornościowego. Znajdą się też pożyteczne bakterie, które pomogą nam rozłożyć pierwsze niestrawione resztki pokarmowe z matczynego mleka.

Część owych bakterii potrzebuje zaledwie dwudziestu minut, by założyć własną rodzinę. Proces, który u nas zajmuje dwadzieścia lat lub więcej, tu trwa króciutką chwilę, odpowiednio do rozmiarów samych bakterii. A zatem w chwili, gdy my zaledwie od dwóch godzin leżymy w objęciach rodziców, nasza pierwsza bakteria jelitowa może pomachać swym przepływającym obok praprapraprawnukom.

Jednak mimo tak błyskawicznie postępującej kolonizacji muszą jeszcze minąć mniej więcej trzy lata, zanim w naszych jelitach wykształci się ostatecznie odpowiedni zestaw bakterii. Aż do tej chwili w brzuchu trwa dramatyczna „gra o tron", a mikroby toczą ze sobą wielkie bitwy. Pewne ich rodzaje, które w ten czy inny sposób dostały się do naszej buzi, gwałtownie rozprzestrzeniwszy się w naszym brzuchu, ni stąd, ni zowąd niebawem znikają. Inne pozostaną z nami przez całe życie. Po części sami wybieramy bakterie, które się w nas osiedlą: przez chwilę ssiemy pierś, zaraz potem próbujemy obgryzać stołową nogę, a na koniec składamy mokrego całusa na szybie samochodowej lub psim pysku. Wszystkie żyjątka, które w ten sposób trafiają do naszej buzi, mogą niedługo później zbudować w naszych jelitach własne mocarstwo. Nie wiadomo tylko, jak długo takie imperium przetrwa ani też czy ma wobec nas dobre zamiary. Można powiedzieć, że ustami wyszykowujemy sobie swój przyszły los. Jednak dopiero próbka kału pozwala sprawdzić, co z tego przetrwało. Jest to bowiem równanie o wielu niewiadomych.

W tej grze mamy kilku pomocników, przede wszystkim matkę. Bez względu na to, ile szyb obdarujemy gorącymi buziakami, jeśli matka często nas dotyka, jej bakterie zadbają o naszą ochronę. Dodatkowe wsparcie mama zapewnia nam przez karmienie piersią, stymulujące rozwój określonych rodzajów bakterii jelitowych, na przykład bifidobakterii lubujących się w matczynym mleku. Osiedlając się w nas tak wcześnie, bakterie te pomagają wykształcać takie mechanizmy, jak odporność czy metabolizm. Dziecko, które w pierwszym roku życia otrzyma zbyt mało bakterii *Bifidus,* jest bardziej zagrożone nadwagą w przyszłości niż to, które miało ich pod dostatkiem.

Wśród wielu rozmaitych rodzajów bakterii można wyróżnić lepsze i gorsze. Karmienie piersią pozwala przechylić szalę na stronę tych dobrych. W ten sposób zmniejsza się na przykład ryzyko późniejszej nietolerancji glutenu. Pierwsze bakterie jelitowe niemowlęcia przygotowują grunt dla „dorosłych" mikrobów, usuwając z jelita tlen i elektrony. Gdy powietrze w jelitach zostanie pozbawione tlenu, mogą się tam osiedlać bardziej typowe bakterie jelitowe.

Karmienie piersią ma taką moc, że jeśli matka sama odżywia się w miarę zdrowo, może z czystym sumieniem uznać, że zadbała o odpowiednią dietę dla swego dziecka. Pod względem zawartości niezbędnych dla niemowlęcia składników odżywczych matczyne mleko jest bezkonkurencyjne. Ma wszystko, wie wszystko, umie wszystko. I jakby tego było mało, kobiecemu mleku trzeba przyznać dodatkowe punkty za podnoszenie odporności dziecka. Znajdują się w nim bowiem przeciwciała matki, które w razie potrzeby mogą podjąć walkę z niebezpiecznymi bakteriami (np. po obściskiwaniu się z domowym zwierzakiem).

Zakończenie okresu karmienia oznacza dla bakteryjnego światka w brzuchu dziecka pierwszą rewolucję. Dochodzi bowiem wówczas do całkowitej zmiany diety. Na szczęście natura tak sprytnie wyposażyła nasze pierwsze bakterie, że te, które gustują w mleku matki, dysponują też genami pozwalającymi przyswajać proste węglowodany, a więc na przykład biały ryż. Jeśli jednak spróbujemy od razu podawać dziecku tak złożone produkty roślinne, jak choćby groch, flora jelitowa malucha sobie nie poradzi. W tym celu potrzebni są nowi pomocnicy. W zależności od sposobu żywienia bakterie te mogą zyskiwać dodatkowe umiejętności lub pewne umiejętności tracić. Na przykład bakterie afrykańskich dzieci wytwarzają narzędzia niezbędne, by rozprawić się z bardzo włóknistym pokarmem roślinnym. Mikroorganizmy dzieci europejskich raczej niechętnie podejmują tak ciężką pracę – i nic dziwnego, skoro niemowlęta u nas karmione są głównie rozmaitymi papkami z niewielką zawartością mięsa.

Jednak w razie potrzeby bakterie potrafią nie tylko samodzielnie wytwarzać określone narzędzia, lecz także je pożyczać. Na przykład w Japonii bakterie jelitowe chętnie wymieniają się z bakteriami morskimi. Po prostu pożyczają od swoich morskich kolegów gen, który pomaga im w rozkładaniu alg morskich, używanych choćby do owijania sushi. Skład naszej flory jelitowej zależy więc w dużej mierze również od tego, jakie narzędzia konieczne są do rozkładania przyjmowanego pożywienia.

Przydatne bakterie mogą być przekazywane z pokolenia na pokolenie. Każdy Europejczyk, który po zjedzeniu dużej ilości sushi cierpiał na zaparcia, pomyśli zapewne, że nie byłoby źle, gdyby gdzieś w jego rodzinie występowały również japońskie bakterie, przystosowane do przetwarzania alg. Niestety, nie da się po prostu wstrzyknąć sobie i dzieciom gromadki jelitowych pomocników do trawienia sushi. Bakterie muszą same zechcieć osiedlić się tam, gdzie mają w przyszłości pracować.

Jeśli dany mikroorganizm świetnie rozwija się w naszych wnętrznościach, to znaczy, że podoba mu się architektura naszych ścianek jelit, odpowiada mu środowisko i smakuje jedzenie, w które go zaopatrujemy. Każdy z tych czynników może się różnić u poszczególnych osób. Geny z pewnością wpływają na funkcjonowanie naszego organizmu, jednak to nie do nich należy ostatnie słowo w kwestii doboru bakterii. Bliźniaki jednojajowe mają identyczne geny, ale różną florę bakteryjną. W tej kwestii podobieństwa między nimi nie są większe niż u „zwykłego" rodzeństwa. Na wygląd mikroświatka w naszym brzuchu wpływa bowiem nasz styl życia, znajomości, choroby czy zamiłowania.

Zanim w okolicach trzeciego roku życia flora jelitowa osiągnie względną dojrzałość, bierzemy do buzi po prostu wszystko jak leci. Część pozyskanych tymi metodami bakterii dobrze się u nas czuje, a i my korzystamy na ich obecności. W ten sposób gromadzimy coraz to nowe okazy, aż – wyszedłszy od kilku setek rozmaitych osobników – dojdziemy do kilkuset różnych gatunków zamieszkujących nasze jelita. Każde zoo byłoby naprawdę dumne z takiej kolekcji.

Obecnie uznaje się za pewnik, że najwcześniejsi mieszkańcy naszego brzucha kładą fundamenty pod przyszłe funkcjonowanie całego organizmu. Badania pokazują, jak ważne dla rozwoju układu odpornościowego są pierwsze tygodnie życia, podczas których gromadzimy rozmaite bakterie. Już po trzech tygodniach od narodzin można stwierdzić na podstawie badania produktów przemiany materii bakterii jelitowych, czy istnieje zwiększone prawdopodobieństwo, że będziemy cierpieć na alergię, astmę czy atopowe zapalenie skóry. Jak to się dzieje, że tak wcześnie wchodzimy w styczność z bakteriami, które czynią nam więcej szkody niż pożytku?

Jedna trzecia dzieci w uprzemysłowionych krajach zachodnich przychodzi na świat „elegancko", w wyniku cesarskiego cięcia. Żadnego niewygodnego przeciskania się przez kanał rodny i żadnych nieprzyjemnych skutków ubocznych dla matki, takich jak pęknięcie krocza czy rodzenie łożyska. Wydawać by się mogło – same zalety cywilizacji. Trzeba jednak pamiętać, że dzieci wyjęte bezpośrednio z brzucha matki mają w pierwszych sekundach życia kontakt przede wszystkim ze skórą obcych ludzi. Muszą same skompletować sobie swoją florę jelitową, bo nie otrzymują tradycyjnej wyprawki w postaci specyficznych bakterii matki. Coś wezmą więc z prawego kciuka położnej, coś od pana roznoszącego kwiaty, któremu dumny ojciec wcisnął bukiet do ręki, coś od psa dziadka. Nagle niezwykle ważne mogą się okazać takie kwestie, jak motywacja do pracy kiepsko opłacanej salowej. Czy chciało jej się starannie powycierać stoły, telefony lub krany w łazience, czy może zrobiła to byle jak?

Nasze bakterie skórne nie podlegają tak ścisłej selekcji jak te w kanale rodnym, a ponadto są znacznie bardziej narażone na kontakt z otoczeniem. Wszystko, co się znajduje na skórze, może też teoretycznie wkrótce pojawić się w jelitach dziecka. Problemem są jednak nie tylko ewentualne zarazki chorobotwórcze, ale także te inne, mniej groźne bakterie, które wkrótce przystąpią do trenowania układu odpornościowego malucha dziwacznymi metodami. U dzieci urodzonych przez cesarskie cięcie wykształcenie się bakterii, które normalnie bytują w jelitach, może zająć całe miesiące. Trzy czwarte noworodków gromadzących typowe szpitalne bakterie, to dzieci z „cesarki". U niemowlaków tych wyższe jest też ryzyko rozwinięcia się alergii bądź astmy. Wyniki amerykańskich badań dowodzą, że ryzyko to można obniżyć, podając maluchom określone bakterie z rodzaju *Lactobacillus*. W przypadku dzieci, które urodziły się drogami natury, nie ma takiej potrzeby – one bowiem już podczas porodu zostały skąpane w magicznym eliksirze pełnym probiotyków.

Około siódmego roku życia zacierają się różnice pomiędzy florą jelitową naturalnie urodzonych dzieci a tych, które przyszły na świat w wyniku cesarskiego cięcia. Okres, w którym takie czy inne bakterie mogły wywierać wpływ na rozwój układu odpornościowego i metabolizmu, należy już wówczas do przeszłości. Trzeba też pamiętać, że nieprawidłowa flora bakteryjna powstaje nie tylko w wyniku cesarskiego cięcia – do wystąpienia nieprawidłowości mogą się przyczynić także: nieodpowiednia dieta, niepotrzebne stosowanie antybiotyków, nadmierna higiena lub zbyt częsta styczność z niedobrymi bakteriami. Dlatego nie dajmy się zwariować. My, ludzie, jesteśmy tak ogromnymi i złożonymi organizmami, że nie możemy kontrolować wszystkiego z dokładnością do jednej bakterii.

Bakterie jelitowe u dorosłych

Z punktu widzenia bakterii osiągamy dorosłość w wieku lat trzech. Nasza flora jelitowa zna już wtedy zasady funkcjonowania organizmu i jego upodobania. Od tej chwili wybrane grupy bakterii podejmują swoją wielką podróż badawczą przez nasze życie. Trasę ustalamy my sami na podstawie tego, co jemy, poprzez stresy, jakich doświadczamy, przechodząc choroby, dojrzewając i starzejąc się.

Jeśli wrzucamy na Facebooka zdjęcia z ostatniej kolacji i dziwimy się, że przyjaciele nie komentują ich z entuzjazmem, to znak, że po prostu wybraliśmy sobie nieodpowiednich odbiorców. Gdyby istniał Facebook dla bakterii, na widok każdego obrazka milionowa publiczność reagowałaby gromkim aplauzem albo gwizdami. Oferta jest przebogata i codziennie inna: niekiedy są to bardzo przydatne bakterie rozkładające mleko w kanapce z serem, innym razem garstka salmonelli w pysznym tiramisu. Niekiedy sami zmieniamy swoją florę jelitową, innym razem to ona zmienia nas. Tworzymy jej środowisko i jej pory roku. Ona z kolei może zadbać o nasze zdrowie lub mocno je nadwyrężyć.

Uczeni wciąż jednak mają bardzo wyrywkową wiedzę na temat tego, na co konkretnie wpływa flora bakteryjna w brzuchu osób dorosłych. Wspomniane zagadnienie lepiej przebadano u pszczół. Owady te odniosły ewolucyjny sukces dzięki bardzo zróżnicowanym bakteriom jelitowym. Od swych mięsożernych przodkiń (os) pszczoły różnią się posiadaniem kolekcji bakterii jelitowych, które pozyskują energię z pyłków roślinnych. Dzięki temu pszczoły mogły przejść na dietę wegetariańską. W sytuacji występowania ograniczonych zasobów pożywienia dobre bakterie zapewniają bezpieczeństwo: w razie pojawienia się wyższej konieczności pszczoła strawi nawet obcy nektar pochodzący z odległych okolic. Zwierzęta nastawione na pozyskiwanie bardziej jednorodnego pożywienia nie są do tego zdolne. Dlatego w kryzysowych czasach wygrywa ten, kto ma lepszą armię mikrobów. Pszczoły, z ich zharmonizowanym zestawem różnych bakterii jelitowych, lepiej od innych znoszą plagi niektórych pasożytów. Wynika z tego, że flora jelitowa to niebywale istotny czynnik, decydujący o przetrwaniu.

Niestety, rezultatów tych badań nie możemy bezpośrednio przełożyć na ludzi. Ci ostatni należą do kręgowców, no i mają Facebooka. Dlatego całą robotę trzeba tu zacząć od początku. Zrozumienie zasad rządzących światem ludzkiego wnętrza i jego relacji z makroświatem na zewnątrz jest wciąż przed naukowcami. Muszą się oni dowiedzieć, kto i po co zamieszkuje nasze jelita.

Zastanówmy się więc raz jeszcze, tym razem rozważając tę kwestię bardziej szczegółowo, czym są nasze bakterie.

Biolodzy uwielbiają wszystko porządkować. Od przestrzeni własnego biurka po ziemski glob. Na początek więc rozdzielili cały świat do dwóch wielkich szuflad, oznaczonych jako istoty ożywione i nieożywione. Z kolei wszystkie istoty żywe podzielili na trzy główne grupy: jądrowce (eukarionty), archeony i bakterie. W naszych jelitach znajdziemy przedstawicieli każdej z nich. Nie przesadzę, jeśli powiem, że wszystkie one stanowią dla badaczy spore wyzwanie.

Organizmy eukariotyczne, zwane też jądrowcami, zbudowane są z największych i najbardziej skomplikowanych komórek. Mogą składać się z ogromnej ich liczby i osiągać naprawdę pokaźne rozmiary. Wieloryb jest eukariontem. Ludzie są eukariontami. Mrówki, choć o tyle mniejsze – także. Zgodnie z współczesną systematyką jądrowce dzielą się na sześć podgrup: stworzenia amebopodobne, stworzenia z nibynóżką (czyli bez prawdziwych nóg), rośliny, pierwotniaki z otworem gębowym, algi i *Opisthokonta.* Mała uwaga dla wszystkich, którzy nie mieli dotąd okazji zetknąć się z pojęciem *Opisthokonta* (z greckiego: tylnowiciowce): do tej supergrupy zaliczają się wszystkie zwierzęta, włącznie z ludźmi, a także grzyby. Jeśli więc spotkamy na ulicy mrówkę, z biologicznego punktu widzenia grzecznie będzie pozdrowić naszą koleżankę z grupy. Najpopularniejszymi jądrowcami w jelitach są drożdże, które zresztą również należą do *Opisthokonta.* Znamy je choćby z placka ze śliwkami, ale istnieje też wiele innych rodzajów drożdży.

Archeony to swego rodzaju byt pośredni. Nie są to właściwe eukarionty, ale też i nie bakterie. Ich komórki są małe i złożone. By dodać nieco kolorów do tego dość bezbarwnego opisu, ujmijmy sprawę tak: archeony to prawdziwi twardziele, lubujący się w ekstremalnych doznaniach. Wyróżniamy wśród nich na przykład hipertermofile, które dobrze czują się dopiero w temperaturach powyżej 100°C i często bytują w okolicach wulkanów. Z kolei acydofile uwielbiają się pluskać w kwasach o wysokim stężeniu. Barofile lubią mocny nacisk na ścianki komórkowe, dlatego żyją na dnie morza. Są też wreszcie halofile, które mają się najlepiej w silnie zasolonych wodach (Morze Martwe to dla nich istny raj). Nieliczne archeony dające się hodować w laboratorium to te, które godzą się na życie w nieco mniej ekstremalnych warunkach. Zwykle kochają one zimno. Świetnie się czują w zamrażalniku, w temperaturze -80°C. W naszym jelicie często występuje pewien gatunek archeonów, który czerpie energię z odpadów produkowanych przez bakterie i potrafi świecić.

W ten sposób wracamy do głównego tematu. Bakterie stanowią ponad 90% wszystkich stworzeń bytujących w naszych jelitach. Klasyfikacja bakterii pozwala nam wyodrębnić nieco ponad dwadzieścia szczepów. Członkowie poszczególnych grup mają ze sobą niekiedy równie wiele wspólnego, co na przykład człowiek i jednokomórkowiec wyposażony w otwór gębowy. Innymi słowy, niedużo. Mieszkańcy jelit reprezentują w zdecydowanej większości pięć typów bakterii: przeważnie są to *Bacteroidetes* i *Firmicutes*, a do tego promieniowce (aktynobakterie), proteobakterie oraz bakterie typu *Verrucomicrobia*. W obrębie każdego z tych typów wyróżniamy jeszcze rozmaite nad- i podgrupy, aż ostatecznie dochodzimy do pojedynczego gatunku bakterii. Członkowie owej rodziny są do siebie względnie podobni. Mają zbliżone upodobania pokarmowe, wyglądają prawie tak samo, mają podobnych przyjaciół i umiejętności. Poszczególni członkowie rodziny noszą tak dumne miana, jak *Bacteroides uniformis*, *Lactobacillus acidophilus* czy *Helicobacter pylori*. Królestwo bakterii jest przeogromne.

Naukowcy, poszukując w ludzkim organizmie konkretnych bakterii, wciąż natrafiają na zupełnie nieznane gatunki. A niekiedy też znane gatunki spotykają w całkiem niespodziewanych miejscach. Grupa naukowców ze Stanów Zjednoczonych w 2011 roku ot tak, dla zabawy przeprowadziła badania flory bakteryjnej pępków. U jednego z ochotników znaleziono bakterie znane dotąd wyłącznie z mórz u wybrzeży Japonii. Dodajmy, że sam zainteresowany nigdy w życiu nie był w Azji. Jak widać, postępy globalizacji polegają nie tylko na tym, że sklepik na rogu zmienia się w sieciowy fast food; jej ślady można odkryć nawet w naszych pępkach. Każdego dnia całe miliardy bakterii z dalekich krajów odbywają podróże po świecie, nie płacąc za to ani grosza.

Poszczególni ludzie posiadają własne, swoiste kolekcje bakterii, równie wyjątkowe, jak odcisk palca. Gdybyśmy zbadali psa i przeanalizowali geny jego bakterii, mielibyśmy duże szanse na

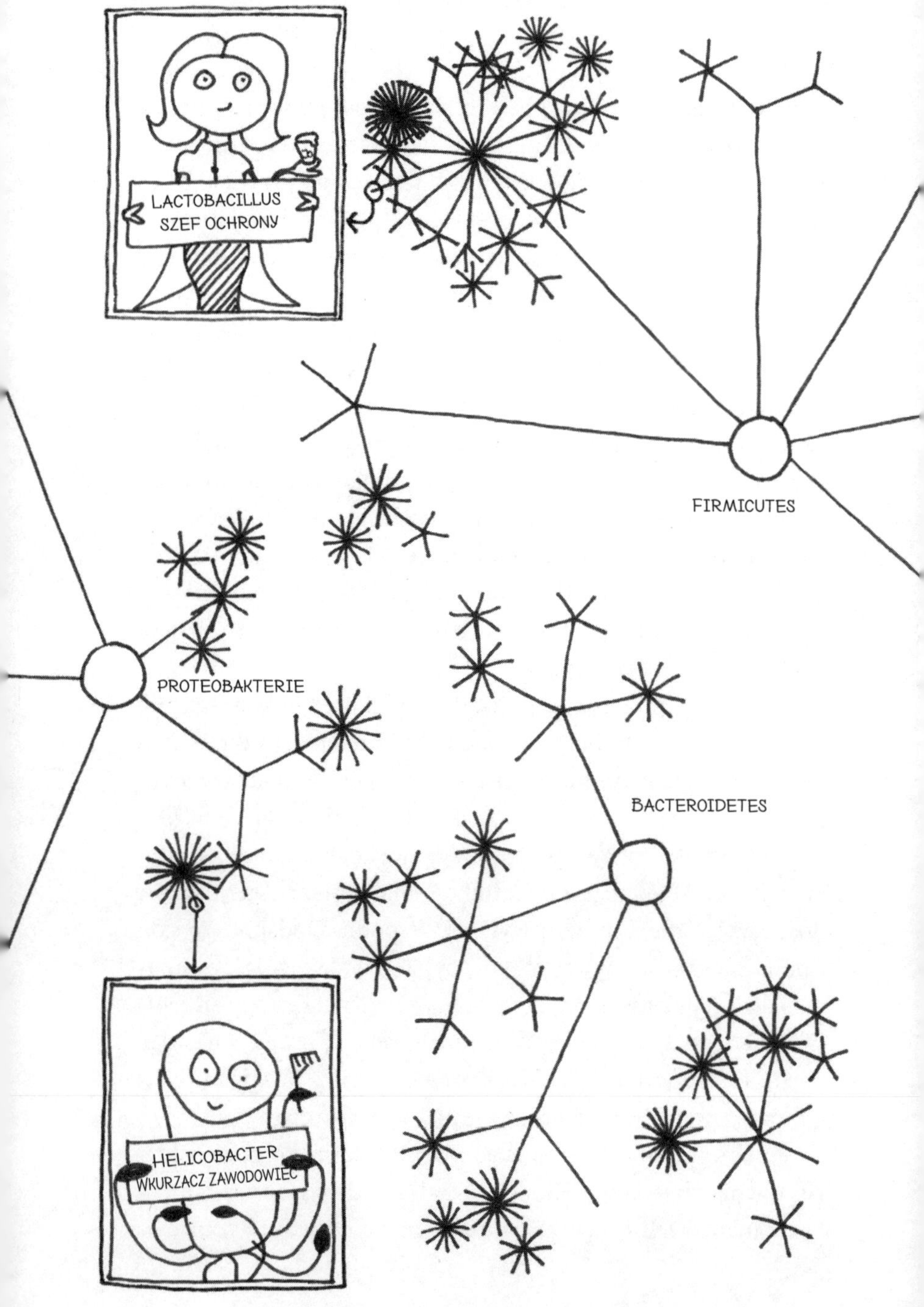

Uproszczony obraz trzech najważniejszych szczepów bakterii wraz z podgrupami. Bakterie *Lactobacillus* zaliczają się na przykład do *Firmicutes*

znalezienie jego właściciela. To samo zresztą dotyczy klawiatur naszych komputerów. Wszystko, czego często dotykamy, nosi nasz bakteryjny podpis. Każdy z nas posiada też w swojej kolekcji prawdziwe perełki, jakich nie ma nikt inny.

Podobnie wygląda sytuacja w naszych jelitach. Skąd więc lekarze mają wiedzieć, jakie bakterie są dobre, a jakie nie? Z punktu widzenia nauki takie osobnicze odrębności to wielki problem. Gdy stawiamy pytanie o wpływ flory jelitowej na nasze zdrowie, nie chcemy słyszeć w odpowiedzi: „No cóż, na przykład pan Nowak ma w sobie jakiegoś dziwacznego azjatyckiego stwora, i to w wielu zabawnych odmianach". Pragniemy rozpoznać wzorce w chaosie i wyprowadzać ogólne prawidła.

W obliczu ponad tysiąca rozmaitych rodzin bakterii jelitowych naukowcy stają przed problemem, czy wystarczy z grubsza zdefiniować poszczególne szczepy, czy też każdej bakterii należącej do *Bacteroides* trzeba się przyjrzeć z osobna. Na przykład bakteria okrężnicy (*E. coli*) i jej wredna bliźniaczka, zwana EHEC, należą do tej samej rodziny. Różnice między nimi są znikome – a jednak dla nas wyraźnie odczuwalne: *E. coli* to spokojny mieszkaniec jelit, EHEC powoduje groźne krwawienia i odwadniającą biegunkę. Poszukując informacji na temat szkód, jakie mogą powodować konkretne gatunki, nie zawsze trzeba badać szczepy i rodziny.

GENY NASZYCH BAKTERII

Geny to możliwości. Geny to informacje. Geny mogą bezwzględnie zmusić nas do posłuszeństwa, ale także przyjaźnie coś zaoferować. Przede wszystkim geny to plany. Same nie mogą nic zrobić, dopóki nie zostaną odczytane i wykorzystane. Część z tych planów ma dla nas decydujące znaczenie: to one rozstrzygają, czy jesteśmy człowiekiem czy bakterią. Realizację innych można odsuwać w czasie (na przykład występowanie plam starczych), jeszcze inne, choć teoretycznie mamy je w swoim zbiorze, nigdy się nie urzeczywistnią – na przykład wielki biust. Z plamami starczymi świetnie się składa, z biustem trochę szkoda.

Wszystkie nasze bakterie jelitowe mają w sumie 150 razy więcej genów niż my. Ten gigantyczny zbiór genów określamy mianem mikrobiomu. Wyobraźmy sobie, że możemy wybrać sobie 150 stworzeń i skorzystać z ich puli genetycznej. Ku czemu będziemy się skłaniać? Jedni zdecydowaliby się pewnie na siłę lwa, inni na skrzydła ptaka, słuch nietoperza lub wygodny domek kempingowy ślimaka.

Tymczasem nie tylko w trosce o wygląd, ale też z powodów praktycznych lepiej będzie przyswoić sobie geny bakterii. Dają się one bez kłopotu zażywać doustnie, w jelitach rozwijają pełnię swych możliwości, a na dodatek dopasowują się do naszego stylu życia. Nikt nie potrzebuje na stałe ślimaczego „domku kempingowego", nikomu też nie są potrzebni przez całe życie pomocnicy ułatwiający trawienie mleka matki. Dlatego te ostatnie bakterie powoli zanikają po zaprzestaniu karmienia. Na razie obserwowanie jednocześnie wszystkich genów bakterii wymyka się naszym możliwościom. Umiemy jednak wyłuskiwać wybrane geny, o ile wiemy, czego szukamy. Dla przykładu, wiemy, że u niemowląt jest więcej genów bakterii do trawienia matczynego mleka niż u dorosłych. W jelitach osób z nadwagą często znajdujemy więcej genów bakterii zdolnych do rozkładania węglowodanów, u osób starszych występuje mniej genów minimalizujących stres. Geny bakterii w Tokio potrafią rozkładać algi, tych z Dęblina – raczej nie. Nasze bakterie jelitowe ujawniają mnóstwo informacji na nasz temat: czy jesteśmy młodzi czy starzy, szczupli czy wręcz przeciwnie, czy pochodzimy z Azji czy z Europy.

Geny naszych bakterii sporo mówią też o możliwościach naszego organizmu. Popularny paracetamol jest dla części osób bardziej toksyczny niż dla innych, pewne bakterie jelitowe wytwarzają bowiem substancję, która zakłóca pracę wątroby, kiedy ta usiłuje odtruć organizm po zażyciu tabletki. Częściowo więc to nasz brzuch decyduje o tym, czy możemy bez zastanowienia sięgnąć po pigułkę, gdy boli nas głowa, czy też powinniśmy się powstrzymać.

Z podobną ostrożnością należy podchodzić do ogólnych zaleceń dietetycznych. Współczesne badania wykazały skuteczność spożywania soi w profilaktyce raka prostaty, chorób naczyniowych i problemów z kośćmi. Ponad 50% Azjatów doskonale wykorzystuje tę formę ochrony. W społeczeństwach zachodnich jednak soja działa u zaledwie 25–30% osób. Zjawiska tego nie da się wyjaśnić różnicami genetycznymi. Za taki stan rzeczy odpowiadają właśnie bakterie, które występują częściej u Azjatów niż u Europejczyków i umieją wydobyć z tofu i innych sojowych produktów to, co najlepsze.

Dla naukowców odnalezienie takiego konkretnego genu bakterii, który odpowiada za owo ochronne działanie, to wielki sukces. W tym akurat przypadku udało się już więc odpowiedzieć na pytanie o wpływ bakterii jelitowych na nasze zdrowie. My jednak pragniemy czegoś więcej – chcemy poznać cały ten skomplikowany system. Kiedy patrzymy na wszystkie znane nam obecnie geny bakterii, pojedyncze grupki genów odpowiedzialne za przetwarzanie produktów sojowych czy środków przeciwbólowych tracą nieco na znaczeniu. Mimo wszelkich jednostkowych różnic zdecydowanie przeważają bowiem podobieństwa: mikrobiom każdego człowieka zawiera wiele genów potrzebnych do metabolizowania węglowodanów czy białek albo wytwarzania witamin.

Jedna bakteria posiada zwykle kilka tysięcy genów. W ludzkim jelicie żyje do stu bilionów bakterii. Nic dziwnego, że nawet wstępne szacunki na temat naszej kolekcji genów bakteryjnych nie dadzą się przedstawić w formie prostego diagramu kołowego czy słupkowego – to, co kreślą badacze mikrobiomu, przypomina raczej dzieła sztuki nowoczesnej.

Naukowcy usiłujący badać mikrobiom mają ten sam problem co całe pokolenie Google'a. Stawiają krótkie pytanie, a w odpowiedzi wyskakuje sześć milionów źródeł. W takiej sytuacji nie wystarczy powiedzieć: „Jeszcze raz, tym razem po kolei". Zebrane informacje musimy mądrze pogrupować, a następnie poddać ostrej selekcji i rozpoznać ogólne zasady. Pierwszym krokiem w tym kierunku było odkrycie trzech enterotypów w roku 2011.

Badacze z Heidelbergu postanowili wówczas przebadać florę bakteryjną z użyciem najnowocześniejszych metod. Oczekiwali tego co zwykle: chaotycznej mieszaniny bakterii wszystkich możliwych typów z dodatkiem nieznanych gatunków. Rezultat badania wszystkich jednak zaskoczył. Mimo całej różnorodności zaobserwowano bowiem określoną strukturę. Wśród wszystkich bakterii za każdym razem dominował jeden z trzech rodzajów. Nagle cały ten gigantyczny miszmasz, w którego skład wchodzi ponad tysiąc rodzajów bakterii, ujawnił częściowo swoje wewnętrzne uporządkowanie.

JAKI MASZ TYP JELITA?

O tym, do którego z enterotypów (typów jelitowych) się zaliczamy, decyduje to, jaki rodzaj bakterii ma w naszej florze bakteryjnej zdecydowaną przewagę. Do wyboru są trzy rodzaje, o pięknych nazwach: *Bacteroides*, *Prevotella* i *Ruminococcus*. Takie enterotypy badacze odkryli u Europejczyków, Amerykanów i Azjatów, niezależnie od ich wieku i płci. Znajomość enterotypu danej osoby może umożliwić w przyszłości przewidywanie rozmaitych cech, takich jak zdolność metabolizowania soi, stan nerwów czy ryzyko określonych chorób.

Do instytutu w Heidelbergu przybyli też wtedy przedstawiciele tradycyjnej chińskiej medycyny, którzy dostrzegli możliwość połączenia swej prastarej wiedzy z nowoczesną sztuką lekarską. W klasycznej medycynie chińskiej człowieka od zawsze zaliczano bowiem do jednej z trzech grup w zależności od tego, jak reagował na określone rośliny lecznicze, takie jak na przykład imbir. Rodziny bakteryjne w naszym organizmie mają rozmaite cechy. W różny sposób rozkładają pokarm, wytwarzają rozmaite substancje i unieszkodliwiają określone toksyny. Ponadto mogą też wywierać wpływ na całokształt flory jelitowej poprzez swoje sympatie lub antypatie wobec innych rodzajów bakterii.

Bacteroides

Bacteroides to najbardziej znany rodzaj bakterii wchodzący w skład flory jelitowej, który często tworzy w niej najsilniejszy obóz. To prawdziwi mistrzowie rozkładania węglowodanów, szczycący się olbrzymią kolekcją genów, dzięki którym mogą w razie potrzeby wyprodukować dowolny enzym trawienny. Nieważne, czy jemy befsztyk, miskę sałatki czy może w pijanym widzie obgryzamy słomiankę – *Bacteroides* błyskawicznie ustalają, jakie enzymy będą im potrzebne. Są doskonale przygotowane na każdą okoliczność i nie przepuszczą żadnej okazji, by wytwarzać energię z tego, co im dostarczymy.

Dzięki umiejętności całkowitego wykorzystywania każdego pokarmu i oddawania nam wszystkiego, co zawiera, bakterie z tej rodziny podejrzewa się o to, że łatwiej od innych mogą przyczyniać się u nas do nadwagi. Istotnie, wydaje się, że *Bacteroi-*

des bardzo lubią mięso i nasycone kwasy tłuszczowe. W jelitach osób, które chętnie zajadają się na przykład kiełbasą, występują zdecydowanie częściej. Czy to właśnie dzięki nim obrastamy w tłuszcz? A może mnożą się one, bo tłuszczu jest pod dostatkiem? Na razie nie znamy jeszcze odpowiedzi na te pytania.

Bardzo charakterystyczną cechą omawianego enterotypu jest między innymi znacznie zwiększona produkcja biotyny, zwanej też witaminą B7 lub witaminą H. Tę ostatnią nazwę nadano biotynie w latach trzydziestych ze względu na jej lecznicze działanie (niem. *heilen* – „leczyć") w odniesieniu do choroby skórnej spowodowanej spożyciem zbyt dużych ilości surowego białka.

Witamina H neutralizuje toksyczną substancję, która znajduje się w surowych jajkach, zwaną awidyną. Jedyną przyczyną choroby skóry jest właśnie niedobór tej witaminy. Przyczyną owego niedoboru jest zaś konieczność ciągłej neutralizacji awidyny. Uwielbienie dla surowego kurzego białka powoduje więc niedobór witaminy H, który w rezultacie prowadzi do chorób skóry.

Nie mam pojęcia, kto w tamtych czasach jadał tyle surowych jaj, że badacze w ogóle byli w stanie rozpoznać tę zależność. Łatwiej już powiedzieć, kto w naszych czasach mógłby spożyć tyle awidyny, by uwidocznił się związek z niedoborem witaminy H. Wyobraźmy sobie świnie, które przez pomyłkę zawędrowały na pole z modyfikowaną genetycznie kukurydzą. W celu podniesienia odporności kukurydzy na szkodniki wzbogaca się ją w geny, za pomocą których wytwarzana jest awidyna. Gdy więc szkodniki albo naiwne świnie zaczną obżerać się taką kukurydzą, mogą się nią zatruć. Obróbka termiczna sprawia jednak, że ugotowane kolby modyfikowanej kukurydzy są równie dobrze przyswajalne jak jajka na twardo, które jemy na śniadanie.

O tym, że nasze bakterie jelitowe umieją wytwarzać pewne ilości witaminy H, wiemy również stąd, że niektórzy ludzie wydalają jej więcej, niż przyswoili wraz z pożywieniem. Jako że substancji tej nie może wytworzyć żadna z komórek naszego ciała, jedynym możliwym producentem pozostają bakterie. Witaminy tej nie potrzebujemy wyłącznie dla „pięknej cery, lśniących włosów i mocnych paznokci", jak zapewniają nas ulotki reklamowe dołączane do rozmaitych specyfików dostępnych w drogeriach. Biotyna uczestniczy w podstawowych procesach metabolicznych: za jej pomocą wytwarzamy niezbędne dla organizmu węglowodany i tłuszcze, a także rozkładamy białka.

Niedobór biotyny powoduje nie tylko kłopoty ze skórą, paznokciami i włosami, ale także odpowiada za nastroje depresyjne, senność, podatność na infekcje, zaburzenia nerwowe i podwyższony poziom cholesterolu we krwi. Ale – uwaga! – listy objawów towarzyszących niedoborom dowolnych witamin są naprawdę imponujące, więc właściwie każdy znajdzie na nich coś dla siebie. Innymi słowy, to, że raz na jakiś czas dopada nas katar albo jesteśmy nieco niemrawi, nie oznacza od razu, że cierpimy na niedobór biotyny. Wysoki poziom cholesterolu we krwi też jest raczej skutkiem zbyt częstego jedzenia tłustego mięsa niż spożycia kilku lekko niedogotowanych jajek, w których uchowała się awidyna.

Jeśli jednak znajdujemy się w grupie podwyższonego ryzyka, powinniśmy uwzględnić możliwość występowania niedoborów awidyny. Do grupy tej zaliczają się osoby zażywające przez dłuższy czas antybiotyki, nadużywające alkoholu, pacjenci przyjmujący określone leki oraz ludzie poddani resekcji fragmentu jelita cienkiego lub skazani na dializy. Potrzebują oni więcej biotyny, niż mogą przyjąć wraz z pożywieniem. Do tej grupy należą też zupełnie zdrowe kobiety w ciąży, dzieci „ciągną" bowiem biotynę jak stara lodówka prąd.

Jak dotąd nie przeprowadzono badań, z których wynikałoby jasno, w jakiej mierze biotyny mogą nam dostarczać nasze własne bakterie jelitowe. Wiemy tyle, że bakterie ją wytwarzają oraz że bakteriobójcze substancje, takie jak antybiotyki, mogą prowadzić do jej niedoboru. Interesujące byłoby zbadanie, czy osoby o enterotypie *Prevotella* mają większą tendencję do niedoboru biotyny niż te, u których dominują *Bacteroides*. Ale w końcu o enterotypach mamy jakiekolwiek pojęcie dopiero od 2011 roku, więc w kwestii tej jest wciąż wiele znaków zapytania.

Swój sukces kolonizacyjny Bacteroides zawdzięczają nie tylko wyjątkowej wydajności, ale także umiejętności nawiązywania ścisłej współpracy z innymi bakteriami. Pewne gatunki bakterii mogą bytować w jelitach tylko dzięki temu, że zajmują się uprzątaniem odpadków po Bacteroides. Korzyści są obustronne: w oczyszczonym środowisku Bacteroides lepiej pracują, a „bakteryjne MPO" może liczyć na stałe źródło utrzymania. Kolejne ogniwo stanowią kompostownicy, którzy nie tylko przetwarzają odpadki, ale też produkują z nich substancje, na rozmaite sposoby wykorzystywane następnie przez Bacteroides. Jednak w niektórych szlakach metabolicznych rolę kompostowników przejmują same Bacteroides. Jeśli na przykład potrzebują atomu węgla, by dokonać jakiejś przebudowy, wystarczy po prostu, że wezmą go sobie z gazów wypełniających jelita. Coś zawsze znajdą, węgiel jest bowiem jednym z odpadów zachodzącej u nas przemiany materii.

Prevotella

Rodzaj *Prevotella* to pod wieloma względami przeciwieństwo *Bacteroides*. Z badań wynika, że taki enterotyp częściej występuje u wegetarian, ale pojawia się też u osób, które niekiedy jedzą mięso, a nawet u zdeklarowanych mięsożerców. Dieta nie jest bowiem jedynym czynnikiem, który odgrywa rolę w zasiedlaniu jelit przez określone bakterie. Ten temat podejmiemy w dalszej części książki.

Również bakterie *Prevotella* mają kolegów, z którymi współpracują szczególnie chętnie. To tzw. *Desulfovibrionales.* Są one często wyposażone w długie wici, dzięki którym mogą się poruszać. Jedne i drugie bakterie przeczesują naszą błonę śluzową w poszukiwaniu zdatnych do wykorzystania protein. Proteiny te można następnie zjeść lub zbudować z nich rozmaite związki. Podczas prac prowadzonych przez *Prevotella* powstają związki siarki. Gdyby w pobliżu nie kręciły się *Desulfovibrionales,* które szybko zbierają odpady, po krótkim czasie *Prevotella* siedziałyby wściekłe, dusząc się we własnych siarkowych oparach. (Co prawda, gaz ten nie jest niezdrowy. Nasz nos nie lubi go tylko przez nadmierną ostrożność, bo związek ten zaczyna robić się niebezpieczny dopiero w tysiąckrotnie większym stężeniu…)

Obecność siarki i specyficzny zapach cechują także typową witaminę wytwarzaną przez posiadaczy takiego enterotypu, a mianowicie tiaminę, zwaną też witaminą B1, jedną z najważniejszych i najbardziej znanych witamin w ogóle. Mózg potrzebuje jej nie tylko do tego, by zapewnić komórkom nerwowym odpowiednie pożywienie, ale także, by otulić je z zewnątrz izolacyjną tłuszczową otoczką. Dlatego niedobór tiaminy uznaje się za jedną z możliwych przyczyn drżenia mięśni i zaników pamięci.

W sytuacji znacznego niedoboru witaminy B1 grozi nam choroba beri-beri. Opisano ją w Azji już w VI wieku naszej ery. Nazwa choroby, oznaczająca w tłumaczeniu: „nie mogę, nie mogę", wzięła się stąd, że chorzy ze względu na uszkodzenia nerwów i zanik mięśni nie byli w stanie chodzić. Dziś wiemy już, że polerowany ryż nie zawiera witaminy B1. Niedobór tej witaminy, powstały w wyniku bardzo mało urozmaiconej diety, może doprowadzić do wystąpienia pierwszych objawów choroby już po kilku tygodniach.

Oprócz problemów z nerwami i zaburzeń pamięci lżejszy niedobór może zwiększać skłonność do irytacji, powodować częste bóle głowy i kłopoty z koncentracją. W poważniejszych przypadkach dochodzi czasem do powstania obrzęków i niewydolności serca. Pamiętajmy jednak, że takie problemy mogą mieć rozmaite podłoże. Rzadko ich jedynym źródłem jest niedobór witamin.

Objawy niedoboru pomagają nam raczej zrozumieć, do czego ogólnie potrzebujemy witamin. Jeśli nie żywimy się wyłącznie polerowanym ryżem albo alkoholem, w większości przypadków nie mamy powodów do obaw. Nasze bakterie jelitowe pomagają nam dostarczać organizmowi niezbędne witaminy – w żadnym razie nie są więc tylko kręcącym się tam i siam po brzuchu źródłem siarkowych bąków. To właśnie sprawia, że są tak interesujące.

Ruminococcus

Istnienie tej rodziny jest przedmiotem ożywionych dyskusji, przynajmniej wśród naukowców. Niektórzy badacze enterotypów wyróżniają wyłącznie typy *Prevotella* i *Bacteroides*, inni zaklinają się, że istnieje także trzecia grupa, jeszcze inni uważają, że można by też wyróżnić grupę czwartą, piątą i tak dalej, z których każda jest zdominowana przez inny rodzaj bakterii. Takie spory mogą skutecznie zatruć przyjemną przerwę na kawę podczas kongresu naukowego.

Co do jednego wszyscy są zgodni: możliwe, że owa trzecia grupa istnieje. Jej domniemane ulubione pożywienie to roślinne ściany komórkowe. Ewentualni sprzymierzeńcy – bakterie *Akkermansia*, rozkładające śluz i stosunkowo szybko wsysające cukier. W efekcie bakterie *Ruminococcus* produkowałyby hem, którego nasz organizm potrzebuje między innymi do wytwarzania krwi.

Problemy z produkcją hemu miał na przykład prawdopodobnie hrabia Drakula. W jego rodzimej Rumunii znany jest defekt genetyczny objawiający się nadwrażliwością na czosnek i światło słoneczne oraz wydalaniem moczu o czerwonym zabarwieniu. Ten ostatni objaw jest wynikiem zaburzeń w procesie krwiotworzenia, prowadzących do wydalania wraz z moczem nieudanych produktów pośrednich. W dawnych czasach wyciągano jednak prostszy wniosek: skoro siusiasz na czerwono, musiałeś pić krew. Obecnie ludzie cierpiący na tę chorobę są poddawani odpowiednim kuracjom zamiast stawać się bohaterami historii z dreszczykiem.

Jeśli nawet przyjmiemy, że nie istnieje enterotyp zdominowany przez *Ruminococcus*, to jednak bakterie należące do tego rodzaju zamieszkują nasze jelita. Nie zaszkodzi więc dowiedzieć się o nich tego i owego (a przy okazji o Drakuli i kłopotach z moczem). Dla przykładu, myszy pozbawione tych bakterii również mają problemy z produkcją hemu; nie jest więc bynajmniej bezsensowne założenie, że bakterie odgrywają tu dużą rolę.

Podsumujmy to, czego dowiedzieliśmy się na temat bakterii jelitowych. Ich geny stanowią olbrzymi rezerwuar rozmaitych umiejętności, z których można w razie potrzeby skorzystać. Bakterie wspomagają proces trawienia, wytwarzają witaminy i inne pożyteczne substancje. Powoli zaczynamy orientować się w tym gąszczu i dopatrywać się w nim powtarzalnych wzorców. Do czego potrzebne są takie badania? To bardzo proste: w naszym brzuchu siedzi około 100 bilionów żywych stworzeń, trudno więc przypuszczać, by ich obecność nie wywierała na nas żadnego wpływu. Przejdźmy zatem do kolejnego tematu, a mianowicie do odczuwalnych efektów bytowania bakterii w jelitach. Zastanówmy się, jak bakterie oddziałują na nasz metabolizm, które z nich przynoszą nam korzyści, a które mogą zaszkodzić.

Znaczenie flory jelitowej

Niekiedy karmimy dzieci rozmaitymi bajkami. Niektóre są bardzo piękne, jak ta o białobrodym staruszku, który raz do roku wręcza prezent każdemu dziecku, a na dodatek przemierza świat w saniach zaprzężonych w superrenifery. Albo ta o wielkanocnym zajączku, który ukrywa w ogrodzie czekoladowe jajka. Niekiedy sami nawet nie zauważamy, że nie mówimy prawdy. Tak dzieje się na przykład podczas klasycznego rytuału karmienia dziecka: „Jedna łyżeczka za ciocię, jedna za wujka, jedna za mamusię i jeszcze jedna za babcię…". Tymczasem gdybyśmy uznali za stosowne, aby przekazywać dziecku przy jedzeniu twarde naukowe fakty, powinniśmy raczej mówić tak: „Kochanie, jedna łyżeczka dla ciebie. Niewielka część następnej łyżeczki dla twoich *Bacteroides*. Troszeczkę dla *Prevotella*. A teraz jeszcze odrobinka dla różnych innych mikroorganizmów, które siedzą w twoim brzuszku i niecierpliwie czekają na swoją porcję". Przy okazji warto by życzliwie pozdrowić wszystkich naszych współpracowników mieszkających w brzuchu małego człowieka. Bo przecież *Bacteroides* i spółka pilnie wspomagają nas w odżywianiu dziecka, i to nie tylko w wieku niemowlęcym. Również w dorosłym życiu jesteśmy w pewnym stopniu dożywiani przez swoje bakterie jelitowe. To one przetwarzają substancje pokarmowe, których nasz organizm nie jest w stanie sam rozłożyć, i dzielą się z nami tym, co uda im się uzyskać.

Już od jakiegoś czasu naukowcy zastanawiają się, czy bakterie wywierają ogólny wpływ na nasz metabolizm, a zatem czy współdecydują o naszej wadze. Zacznijmy od podstaw: bakterie, które jedzą razem z nami, bynajmniej nie podkradają nam pożywienia. W jelicie cienkim, gdzie nasz organizm sam rozkłada i wchłania pokarm, flora bakteryjna niemal nie występuje. Najwięcej bakterii mieszka tam, gdzie o trawieniu właściwie nie ma już mowy i gdzie następuje wyłącznie transport niestrawionych resztek. Im bliżej ujścia jelit, tym więcej bakterii występuje na każdym centymetrze kwadratowym błony śluzowej. O to, by nic się w tej kwestii nie zmieniło, dbają same jelita. Jeśli dojdzie do zakłócenia równowagi i nazbyt śmiałe bakterie ruszą ławą do jelita cienkiego, pojawi się tzw. zespół rozrostu bakteryjnego jelita cienkiego (ang. *bacterial overgrowth*). Przypadłość ta jest na razie słabo zbadana, jednak jej następstwami mogą być silne wzdęcia, bóle brzucha i stawów, stany zapalne jelita, a nawet niedobory pokarmowe i niedokrwistość.

Przeżuwacze takie jak krowy obrały zupełnie inną metodę działania. Te duże przecież zwierzęta radzą sobie całkiem nieźle, żywiąc się wyłącznie trawą i innymi roślinami. Wegańska dieta najwyraźniej im służy. Na czym polega krowi sekret? Otóż ssaki te goszczą swoje bakterie bardzo wysoko w przewodzie pokarmowym. Nawet nie próbują same zmagać się z trawieniem złożonych roślinnych węglowodanów, tylko od razu zlecają ową niewdzięczną pracę *Bacteroides* i innym. Te zaś wytwarzają z nich pyszny, lekkostrawny posiłek.

Takie umiejscowienie bakterii na samej górze przewodu pokarmowego jest bardzo praktyczne. Bakterie są przecież świetnym źródłem białka – z punktu widzenia odżywczego nie różnią się od befsztyka. Kiedy więc odsłużą już swoje w krowim żołądku, przesuwają się niżej, gdzie podlegają strawieniu. Dzielna krasula dysponuje zatem rewelacyjnym źródłem protein – czekają na nią setki bakteryjnych mikrobefsztyków z własnej hodowli.

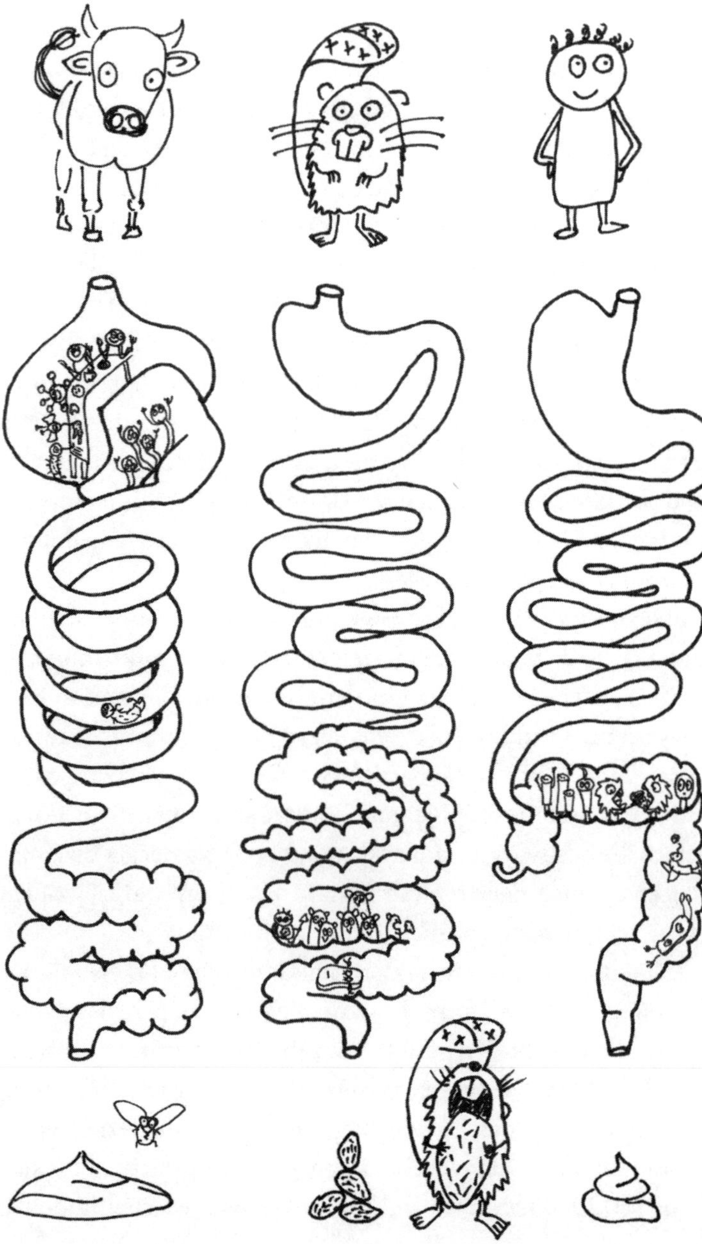

Niestety, nasze bakterie jelitowe nie mogą służyć za białkowy *catering*: ulokowane są zbyt nisko i dlatego wydalamy je w niestrawionej postaci.

Podobnie nisko jak u nas znajdują się bakterie w jelitach gryzoni. Te jednak ani myślą rezygnować z tak rewelacyjnego źródła białka, więc po prostu zjadają własne odchody... My tego nie robimy, a w konsekwencji w sklepie sięgamy po steki czy tofu, aby zrekompensować sobie brak umiejętności spożytkowania zasobnych w białko bakterii z jelita grubego. Jednak choć nie potrafimy owych bakterii trawić, korzystamy z owoców ich pracy: bakterie wytwarzają substancje odżywcze w formie tak maleńkich cząsteczek, że dają się one pobierać poprzez ścianki jelita.

Zresztą niektóre bakterie robią dokładnie to samo także poza jelitami. Na przykład jogurt to nic innego jak mleko wstępnie przetrawione przez bakterie. Zdecydowana większość cukru mlecznego (laktozy) zostaje rozłożona i przekształcona w kwas mlekowy (mleczany) i mniejsze cząsteczki cukru. To właśnie dzięki temu jogurt jest kwaśniejszy, a zarazem zawiera więcej cukru niż świeże mleko. Do tego, za sprawą powstałego kwasu białko się ścina i mleko gęstnieje. Dlatego jogurt różni się od mleka także konsystencją. Jedzenie wstępnie przetrawionego mleka (czyt. jogurtu) oszczędza nam pracy: pozostaje nam już tylko dotrawić je do końca.

Taką „wstępną obróbkę" warto zlecić bakteriom, które wytwarzają szczególnie korzystne dla zdrowia produkty końcowe. Z tego powodu mleczarze dodają do jogurtów raczej bakterie wytwarzające „prawoskrętny" niż „lewoskrętny" kwas mlekowy. Bardzo to miłe z ich strony. Lewoskrętna cząsteczka kwasu mlekowego stanowi lustrzane odbicie cząsteczki prawoskrętnej i dla ludzkich enzymów trawiennych jest równie przydatna, jak specjalne nożyczki dla leworęcznych przekazane praworęcznym:

można ich użyć, ale wymaga to sporego wysiłku. Dlatego na sklepowych półkach warto poszukać takich jogurtów, na których opakowaniu widnieje napis w rodzaju: „...zawiera przede wszystkim prawoskrętny kwas mlekowy"*.

Jednak bakterie nie tylko rozkładają zjadane przez nas pożywienie, ale także wytwarzają zupełnie nowe substancje. Na przykład kiszona kapusta ma więcej witamin niż surowa: za tę witaminową nadwyżkę odpowiadają właśnie bakterie. W przypadku żółtego sera o jego smak, dziurki i kremową konsystencję troszczą się do spółki bakterie i grzyby. Z kolei do mortadeli czy salami często dodaje się tzw. kultury starterowe. Za tą tajemniczą nazwą kryje się deklaracja producentów o następującej treści: „Nie mamy odwagi powiedzieć tego głośno, ale to dopiero bakterie (przede wszystkim gronkowce) sprawiają, że nasza wędlina jest taka dobra". W winie czy wódce cenimy przede wszystkim końcowy produkt przemiany materii u drożdży, a mianowicie alkohol. Jednak praca tych maleńkich żyjątek w żadnym wypadku nie kończy się w winiarskiej beczce. Niemal wszystkie smaki, o których z nabożeństwem opowiadają miłośnicy wina, znajdują się nie w butelce, a całkiem gdzie indziej. Odczuwany po przełknięciu smak, zwany „finiszem wina", jest opóźniony dlatego, że bakterie potrzebują trochę czasu. Mieszkają przecież na tylnej części naszego języka i już tam zaczynają rozkładać pożywienie. Uwalniane przez nie substancje odpowiadają za odczuwany posmak. Innymi słowy, każdy smakosz win będzie nieco inaczej odbierał dany trunek, zależnie od tego, jakie konkretnie bakterie znajdują się na jego języku. Swoją drogą, to miłe, że opowiada nam o dokonaniach swoich bakterii. Kto jeszcze w dzisiejszych czasach robi to z takim entuzjazmem?

---

*Substancję tę określa się też jako kwas L-mlekowy (przyp. red. pol.).

W naszych ustach żyje mniej więcej dziesięć tysięcy razy mniej bakterii niż w jelitach, a mimo to możemy zupełnie dosłownie poczuć efekty ich pracy. Przewód pokarmowy musi być bardzo wdzięczny za to, że zamieszkuje go tak duża grupa bakterii o najrozmaitszych umiejętnościach. O ile bowiem na przykład glukoza czy cukier gronowy są jeszcze stosunkowo proste do strawienia, to już laktoza, czyli cukier mleczny, u wielu osób mocno nadwyręża jelita. Mówimy wówczas o nietolerancji laktozy. W przypadku złożonych węglowodanów pochodzenia roślinnego jelita byłyby na całkiem przegranej pozycji, gdyby musiały przygotować sobie odpowiedni enzym dla każdego z tych związków. Na szczęście bakterie jelitowe są specjalistami od takich zadań. My dajemy im resztki jedzenia i dach nad głową – one zaś zajmują się trawieniem tego wszystkiego, co dla nas jest zbyt skomplikowane.

Jadłospis przeciętnego mieszkańca krajów uprzemysłowionych składa się w 90% z tego, co zjada, i w 10% z tego, co każdego dnia serwują jego własne bakterie. Można więc powiedzieć, że co dziesiąty obiad jest „na koszt firmy". Dożywianie dorosłych to podstawowe zajęcie wielu naszych bakterii. Nie jest przy tym obojętne, jakie bakterie nas dokarmiają – i absolutnie nie jest bez znaczenia, co jemy. Innymi słowy, na naszą wagę wpływ mają nie tylko pochłaniane przez nas kalorie, ale też cała gromadka bakterii, która zawsze zasiada do stołu razem z nami.

DLACZEGO BAKTERIE TUCZĄ? TRZY TEORIE

1.

Pierwsza hipoteza zakłada, że w danej florze jelitowej znajduje się zbyt wiele bakterii wydajnie rozkładających węglowodany. Przewaga tego rodzaju bakterii w jelitach ludzi czy zwierząt staje się źródłem problemów. Szczupłe myszy po prostu wydalają określoną część niewchłoniętych kalorii; ich tęgie krewniaczki również się tych kalorii pozbywają, ale w znacznie mniejszym stopniu. Z takich samych posiłków ich flora jelitowa wyciska wszystko „do ostatniej kropli" i ochoczo dożywia pana lub panią mysz. Mechanizm ten byłby wyjaśnieniem, dlaczego niektórzy dorabiają się wałeczków tłuszczu, choć wcale nie jedzą więcej niż inni. Po prostu ich bakterie jelitowe działają bardziej efektywnie.

Jak to możliwe? Z niestrawnych węglowodanów bakterie potrafią syntetyzować rozmaite kwasy tłuszczowe – bakterie gustujące w warzywach wytwarzają kwasy na miejscowe potrzeby jelit i wątroby, inne zaś specjalizują się w kwasach o szerszym zastosowaniu, które służą całemu organizmowi. Właśnie dlatego jeden banan będzie mniej tuczący niż pół czekoladowego batonika mimo tej samej zawartości kalorii – węglowodany pochodzenia roślinnego budzą zainteresowanie raczej „lokalnych dostawców" kwasów tłuszczowych niż tych bakterii, które dożywiają cały organizm.

Wyniki badań dowodzą, że flora bakteryjna osób z nadwagą wykazuje mniejszą różnorodność i że przeważają w niej określone grupy bakterii, wyspecjalizowane w metabolizowaniu węglowodanów. Przybieranie na wadze musi być jednak spowodowane także innymi czynnikami. Przeprowadzone eksperymenty na myszach zakończyły się nawet sześćdziesięcioprocentowym przyrostem masy zwierząt. Za taki skok nie mogą odpowiadać wyłącznie „dokarmiające" bakterie. Dlatego w przypadkach dużej nadwagi badacze wzięli też pod lupę jeszcze inną kwestię – stan zapalny.

2.

We krwi osób dotkniętych takimi zaburzeniami metabolizmu, jak nadwaga, cukrzyca czy wysoki poziom cholesterolu stwierdza się nieznacznie zwiększoną ilość markerów zapalnych. Jako że ich poziom nie jest na tyle wysoki, by trzeba było wdrożyć leczenie, tak jak w sytuacji pojawienia się rozległych ran czy posocznicy (sepsy), zjawisko to nazywamy „subklinicznym stanem zapalnym". A co jak co, ale bakterie ze stanami zapalnymi są doskonale obeznane. Na ich powierzchni znajduje się substancja sygnałowa, którą organizm odbiera jako komendę: „Zapalaj!".

W przypadku zranień mechanizm sprawdza się doskonale, stan zapalny pozwala bowiem wypłukać bakterie z organizmu i skutecznie je zwalczyć. Dopóki bakterie są na swoim miejscu, czyli w błonie śluzowej jelita, ich substancja sygnałowa nikogo nie interesuje. Jeśli jednak nasz zestaw bakterii pozostawia sporo do życzenia, a pożywienie jest za tłuste, zbyt wiele bakterii trafia do krwi. Nasz organizm przestawia się wówczas na funkcjonowanie w warunkach lekkiego stanu zapalnego, a w tej sytuacji trochę tłuszczowych rezerw na ciężkie czasy na pewno nie zaszkodzi.

Bakteryjne substancje sygnałowe mogą też przyczepiać się do komórek poszczególnych narządów i wpływać na metabolizm: u gryzoni i ludzi „podczepiają się" do wątroby albo bezpośrednio do tkanki tłuszczowej i wymuszają gromadzenie tam zapasów tłuszczu. Ciekawy jest też ich wpływ na tarczycę – bakteryjne substancje zapalne utrudniają jej pracę, w wyniku czego powstaje mniej hormonów tarczycy. To zaś sprawia, że spalanie tłuszczów przebiega wolniej i mniej efektywnie.

W odróżnieniu od poważnych infekcji, które wycieńczają organizm i powodują, że chudniemy, subkliniczny stan zapalny przyczynia się więc do tycia.

Żeby dodatkowo skomplikować sytuację, dodajmy, że sprawcami tego stanu są nie tylko bakterie – za inne możliwe przyczyny uznaje się zaburzenia hormonalne, nadmiar estrogenów, niedobór witaminy D, a także nadmiar glutenu w diecie.

3.

A teraz najdziwniejsze – zgodnie z hipotezą postawioną w roku 2013 bakterie jelitowe wpływają na apetyt swego gospodarza. Mówiąc w uproszczeniu, ataki wilczego apetytu, które o dziesiątej wieczorem każą nam opychać się karmelkami w czekoladzie na przemian z krakersami, niekoniecznie mają związek z naszym racjonalnym „ja", które bez problemu radzi sobie z wypełnianiem zeznań podatkowych. To wcale nie w mózgu, tylko w brzuchu siedzi frakcja bakterii, która głośno domaga się hamburgera, bo przez ostatnie trzy dni nękaliśmy ją dietą. A przy tym potrafi robić to w sposób tak czarujący, że nie potrafimy jej odmówić.

By zrozumieć sens tej hipotezy, musimy bliżej przyjrzeć się procesowi jedzenia. Jeśli zostawiono nam wybór, zwykle decydujemy się na potrawę, na którą mamy największą ochotę. Z kolei o tym, ile chcemy zjeść, decyduje uczucie sytości. Teoretycznie bakterie mają sposoby, by wpływać na jedno i drugie, a więc zarówno na ochotę na jedzenie, jak i na poczucie nasycenia. Obecnie możemy tylko podejrzewać, że mają również coś do powiedzenia w kwestii naszych preferencji żywieniowych. Nie byłoby to wcale takie głupie – ostatecznie to, co i w jakich ilościach jemy, jest dla wielu z nich kwestią życia i śmierci. Przez trzy miliony lat wspólnej ewolucji nawet proste bakterie miały dość czasu, aby przystosować się do ludzi, z którymi dzielą swój los.

By wywołać ochotę na określony typ jedzenia, trzeba się dostać do mózgu. Nie jest to bynajmniej proste. Mózg ma przecież osłonę w postaci solidnych opon mózgowych. Jeszcze staranniej chronione są wszystkie naczynia krwionośne, które się w nim znajdują. Przez te wszystkie zabezpieczenia przebijają się tylko nieliczne substancje, na przykład czysty cukier, minerały, a także wszystkie związki tak niewielkie i łatwo rozpuszczalne w tłuszczach, jak właśnie substancje przekaźnikowe. Wolny wstęp do mózgu ma na przykład nikotyna, która daje nam poczucie satysfakcji lub odprężenia, a zarazem większej jasności umysłu.

Również bakterie wytwarzają substancje, które potrafią przedrzeć się przez „zasieki" naczyń krwionośnych w mózgu. Substancjami tymi są na przykład tyrozyna i tryptofan. Te dwa aminokwasy przekształcane są w mózgu w dopaminę i serotoninę. Dopamina? Jasne, od razu kojarzy się z „ośrodkiem przyjemności" w mózgu. O serotoninie też już nieraz słyszeliśmy. Jej niedobór towarzyszy depresji, a dostatek może powodować poczucie satysfakcji i senność. Przypomnijmy sobie choćby ostatni rodzinny świąteczny obiad. Niejeden z nas po jedzeniu uciął sobie zapewne drzemkę na kanapie, syty, rozleniwiony i w pełni zadowolony z życia.

Trzecia teoria brzmi zatem następująco: bakterie nagradzają nas za dostarczenie im solidnej ilości pożywienia. Chodzi o to bardzo przyjemne uczucie, które sprawia, że lubimy określone jedzenie. Nie tylko ze względu na to, co zawiera, ale również dlatego, że pobudza wydzielanie u nas określonych neuroprzekaźników. Ta sama zasada obowiązuje w powstawaniu uczucia sytości.

Wyniki wielu badań dowodzą, że substancje przekaźnikowe sygnalizujące poczucie sytości są w organizmie wytwarzane znacznie obficiej, gdy żywimy się odpowiednio do potrzeb naszych bakterii. Chcąc je zaspokoić, jemy takie pożywienie, które dociera w dużej części niestrawione do jelita grubego. Tymczasem ani makaron, ani białe pieczywo niestety nie należą do tej grupy pokarmów. Więcej informacji na ten temat pojawia się na stronie 280 (w podrozdziale *Prebiotyki*).

Ogólnie rzecz biorąc, istnieją dwa źródła wysyłające sygnały o poczuciu sytości: mózg i reszta ciała. Cały proces jest dość skomplikowany i może w nim dochodzić do rozmaitych zakłóceń. Osoby z nadwagą mogą mieć na przykład uszkodzone określone geny, które w efekcie nie wywołują poczucia sytości. Z kolei teoria „egoistycznego mózgu" opiera się na założeniu, że to mózg nie otrzymuje z pożywienia odpowiednio dużo, uznaje więc arbitralnie, że wciąż nie jest syty. Jednak nie tylko nasze ciało i mózg są zależne od pokarmu – także nasze bakterie pragną być odpowiednio żywione.

Może się wydawać, że ich rola jest marginalna – są takie małe, wszystkie razem ważą zaledwie dwa kilogramy. Co takie drobinki mogą mieć do gadania? Jeśli jednak pomyślimy, ile funkcji spełnia nasza flora jelitowa, stanie się zrozumiałe, że również ona może wyrażać swoje życzenia. Ostatecznie nie kto inny, a właśnie bakterie są najważniejszymi trenerami naszego układu odpornościowego, pomagają nam w trawieniu, wytwarzają witaminy, do tego po mistrzowsku detoksykują spleśniały chleb czy zażywane przez nas leki. Tę listę można by ciągnąć dalej, ale to wystarczy, by zrozumieć, że również bakterie mają prawo głosu na temat tego, czy zjedliśmy już dość czy nie.

Na razie nie jest jasne, czy określone bakterie wyrażają rozmaite zachcianki. Jeśli na przykład długo nie będziemy jeść słodyczy, po pewnym czasie nie będzie nam ich tak bardzo brakować. Czy to znak, że zamorzyliśmy głodem bakteryjną frakcję miłośników czekolady i owocowych żelków? W tej kwestii możemy obecnie tylko snuć domysły.

Przede wszystkim nie należy wyobrażać sobie funkcjonowania ludzkiego organizmu w kategoriach prostego ciągu przyczynowo-skutkowego. Mózg, reszta ciała, bakterie i składniki pożywienia wchodzą ze sobą w złożone relacje. Zrozumienie wszystkich tych zależności z pewnością posunie nas daleko naprzód. Bakteriami jednak znacznie łatwiej manipulować niż naszym mózgiem czy genami – i z tego względu badacze tak się nimi interesują. To, czym dokarmiają nas bakterie, ma wpływ nie tylko na powstawanie oponki na brzuchu i wałeczków na biodrach, ale także na przykład na poziom cholesterolu we krwi. To prawdziwie rewolucyjna informacja: nadwaga i podwyższony poziom cholesterolu mają przecież ścisły związek z największymi problemami zdrowotnymi naszych czasów – nadciśnieniem, miażdżycą i cukrzycą.

CHOLESTEROL I BAKTERIE JELITOWE

Związek pomiędzy bakteriami i cholesterolem zauważono po raz pierwszy w latach siedemdziesiątych. Amerykańscy naukowcy, przebadawszy w Afryce masajskich wojowników, odkryli u nich niski poziom cholesterolu. Było to tym dziwniejsze, że mężczyźni ci pili mleko jak wodę i nie jedli właściwie nic oprócz mięsa, występowała u nich zatem wyraźna nadpodaż tłuszczów zwierzęcych. Postawiono hipotezę, że niski poziom cholesterolu ma bezpośredni związek z jakąś tajemniczą substancją zawartą w mleku.

Jej wykrycie stało się celem, do którego dążono na wszelkie sposoby. Oprócz krowiego mleka przebadano też mleko wielbłądów i szczurów. Niekiedy udawało się dzięki nim obniżyć poziom cholesterolu, innym razem nie. Taki wynik był oczywiście z punktu widzenia nauki bezwartościowy. Spróbowano więc dla odmiany podawać Masajom zamiast mleka jego roślinną namiastkę (zabielacz do kawy Cofee-Mate) wzbogaconą o cholesterol – mimo to poziom badanej substancji wcale u Masajów nie wzrósł. Naukowcy uznali to za zaprzeczenie swojej pierwotnej, „mlecznej" hipotezy. A przy tym cały czas skrzętnie notowali, że Masajowie często piją zsiadłe mleko. Nikt jednak nie pomyślał, że aby mleko się zsiadło, niezbędne są określone bakterie. Ich istnienie tłumaczy zresztą również wyniki eksperymentów z zabielaczem. Bakterie, które uprzednio zasiedliły jelita badanych wskutek picia zsiadłego mleka, żyły sobie po prostu dalej, mimo że zamiast mleka pito teraz roślinny substytut z dodatkiem cholesterolu. Nawet zaobserwowany u Masajów spadek poziomu cholesterolu o 18%, gdy zamiast świeżego mleka pili oni zsiadłe, nie dał nikomu do myślenia. Badacze uparcie poszukiwali jakiejś tajemniczej substancji w mleku. Odwalili więc kawał solidnej roboty, tyle że bez żadnych rezultatów.

Badania Masajów nie spełniają współczesnych naukowych standardów, przede wszystkim ze względu na niewielką liczebność poddanych badaniom grup. Do tego Masajowie spędzają w ruchu około 13 godzin dziennie, co więcej, w ciągu roku poszczą przez kilka miesięcy – w żaden sposób nie da się ich więc porównać z mięsożernymi Europejczykami. Mimo to kilka dziesięcioleci później wyniki owych badań zostały odkurzone. Teraz naukowcy zdawali już sobie sprawę z ogromnej roli bakterii. Bakterie obniżające poziom cholesterolu? Hmm, może warto przetestować to w laboratorium: napełniamy kolbę pożywką, podgrzewamy do przyjemnej temperatury 37°C, napełniamy cholesterolem, dodajemy bakterie – i już. W badaniu wykorzystano bakterię *Lactobacillus fermentum*. Okazało się, że dodany cholesterol w znacznej części… zniknął.

Eksperymenty w laboratoriach nie dają jednak pełnego obrazu – ten sam proces inaczej przebiega w szklanej kolbie, a inaczej w żywym organizmie należącym do *Opisthokonta*. Dlatego mam mieszane uczucia, gdy w naukowym artykule czytam na przykład: „Bakteria *Lactobacillus plantarum* (Lp91) może zauważalnie obniżać poziom cholesterolu i innych tłuszczów we krwi. Podwyższa też poziom dobrego HDL i wyraźnie zmniejsza ryzyko miażdżycy, jak to przekonująco wykazano na próbie 112 chomików syryjskich". Jeszcze nigdy chomiki syryjskie tak mnie nie rozczarowały. Badania na zwierzętach są zaledwie wstępem do tego, aby poznać mechanizmy funkcjonowania żywych organizmów. Gdyby w artykule napisano: „jak przekonująco wykazano na próbie 112 otyłych Amerykanów", całość robiłaby znacznie większe wrażenie.

Mimo to wynik eksperymentu ma dużą wartość. Badania na myszach, szczurach i świniach z udziałem określonych bakterii przyniosły tak dobre rezultaty, że postanowiono kontynuować je na ludziach. Badanym wstrzykiwano więc regularnie określone bakterie, a po ustalonym czasie mierzono poziom cholesterolu. Zmieniano przy tym zarówno rodzaje bakterii i ich dawki, jak też czas i sposób przyjmowania bakteryjnych preparatów. Jako że zaledwie część tych eksperymentów kończyła się sukcesem, nie można było stwierdzić, czy atak kwasów żołądkowych przeżyła na tyle duża liczba zaaplikowanych bakterii, by rzeczywiście miało to wpływ na poziom cholesterolu.

Naprawdę ciekawie zaczęło się robić dopiero kilka lat temu. W 2011 roku 114 Kanadyjczyków, którzy wzięli udział w eksperymencie, dwa razy dziennie spożywało specjalnie przygotowany jogurt. Dodano do niego bakterię *Lactobacillus reuteri* – w postaci wyjątkowo odpornej na trawienie. Przez sześć tygodni poziom złego cholesterolu LDL spadł w tej grupie średnio o 8,91%. To mniej więcej połowa rezultatu, który można osiągnąć dzięki zażywaniu łagodnych leków na obniżenie poziomu cholesterolu – tyle że bez żadnych efektów ubocznych. W kolejnych badaniach za pomocą innych bakterii obniżono poziom cholesterolu o 11, a nawet o 30%. Wyników tych badań jak na razie nie zweryfikowano.

Kilkaset innych rodzajów bakterii wciąż czeka na wypróbowanie. Aby je odpowiednio dobrać, trzeba odpowiedzieć sobie na pytanie, jakie umiejętności, czy też, ściślej mówiąc, jakie geny powinna posiadać taka bakteria. Najważniejszym kandydatem do tej funkcji wydają się obecnie geny BSH (BSH to skrót od *bile salt hydrolase*, czyli „hydrolaza soli kwasów żółciowych"). Bakterie wyposażone w te geny są w stanie zmieniać skład soli żółci. Co to ma wspólnego z cholesterolem? Odpowiedź zawarta jest już w samej nazwie tego ostatniego: *chole* to po grecku „żółć", a *stereos* – „twardy, mocny". Po raz pierwszy odkryto bowiem cholesterol w kamieniach żółciowych. W naszym organizmie żółć jest nośnikiem tłuszczów, w tym cholesterolu. Dzięki genom BSH bakterie potrafią przetwarzać żółć, doprowadzając do zakłócenia całego tego procesu. Cholesterol i tłuszcz rozpuszczone w żółci nie podlegają w tej sytuacji wchłanianiu w jelitach, tylko brutalnie mówiąc, trafiają bezpośrednio do muszli klozetowej. Dla bakterii mechanizm ten jest bardzo korzystny. Pozwala bowiem osłabić niszczące działanie żółci, która uszkadza ich błonę komórkową. Tym samym bakterie zyskują czas na załatwienie swoich spraw w jelicie grubym. Istnieje jednak jeszcze przynajmniej kilka innych mechanizmów wykorzystywanych przez bakterie w odniesieniu do cholesterolu: mogą wbudowywać go bezpośrednio we własne ściany komórkowe, przekształcać w nową substancję lub wpływać na narządy wytwarzające cholesterol. Jego największa część powstaje w jelitach i wątrobie – tam zaś bakteryjne substancje przekaźnikowe mogą wydatnie wpływać na przebieg prac.

Zatrzymajmy się jednak w tym miejscu na chwilę, by zadać ważne pytanie: czy naszemu organizmowi rzeczywiście tak bardzo zależy na pozbyciu się cholesterolu? Przecież sam wytwarza 70–95% cholesterolu obecnego w naszym organizmie – a to naprawdę wymaga dużo pracy! Fala antycholesterolowych doniesień w mediach sprawiła, że jesteśmy skłonni uważać tę substancję za wcielenie wszelkiego zła. Sprawy mają się jednak zupełnie inaczej. To prawda, nadmiar cholesterolu nie służy zdrowiu – ale jego niedobór też nie jest korzystny. Bez cholesterolu bylibyśmy pozbawieni hormonów płciowych, nasze komórki byłyby niestabilne, nie mielibyśmy witaminy D. Problem cholesterolu nie dotyczy więc tylko babci Zosi, która uwielbia podjadać torcik wedlowski i serdelki, ale nas wszystkich. Jak wykazują badania, niedobór cholesterolu łączy się z zaburzeniami pamięci, depresją i skłonnością do agresji.

Cholesterol to wspaniały surowiec, pozwalający tworzyć wiele ważnych substancji. Jednak jego nadmiar istotnie może być szkodliwy, dlatego tak ważne jest zachowanie zdrowej równowagi. Nasze bakterie nie byłyby sobą, gdyby nie zechciały nam w tym pomóc. Niektóre z nich wydzielają więc substancję zwaną kwasem propionowym, hamującą wytwarzanie cholesterolu. Inne z kolei produkują więcej kwasu octowego (octanów), który dla odmiany zwiększa wytwarzanie tego ostatniego.

No proszę, kto by pomyślał – zaczęliśmy ten rozdział od małych, lśniących punkcików bakterii w naszych jelitach, a doszliśmy do takich tematów jak „apetyt i nasycenie" czy „cholesterol". Podsumujmy więc krótko na zakończenie: bakterie jelitowe dokarmiają nas, sprawiają, że łatwiej nam strawić określone składniki pożywienia i produkują rozmaite substancje. Zdaniem części współczesnych naukowców ogół naszych bakterii jelitowych należałoby traktować jak odrębny narząd. Tak samo jak pozostałe narządy w naszym organizmie bakterie rozwijają się od określonego momentu życia osobniczego, wzrastają razem z nami, składają się z wielu komórek i zachowują stały kontakt z pozostałymi narządami.

Czarne charaktery – złe bakterie i pasożyty

Na świecie istnieje dobro i zło, w światku naszych mikrobów – także. Zło wszędzie ma zwykle wspólną cechę: pragnie tego, co najlepsze... dla siebie.

KAPELUSZ DLA SALMONELLI

Spokojnie ucieramy sobie kogel-mogel, aż tu nagle dopada nas paniczny lęk: o, Boże, salmonella! Każdy zna zapewne kogoś, kto po zjedzeniu niedopieczonego kurczaka albo podjadaniu surowego ciasta wylądował na długie godziny w łazience, dręczony na przemian atakami wymiotów i biegunką.

Salmonelle mogą trafić do naszego jedzenia w zupełnie nieoczekiwany sposób. Niektóre, na przykład, wskutek globalizacji dostają się do jajek i mięsa kurczaków. Odbywa się to następująco: jako że najtańsze zboże przeznaczone na paszę dla kurczaków jest sprzedawane w Afryce, a zatem importujemy je. W Afryce żyje jednak na wolności znacznie więcej żółwi i jaszczurek niż na przykład w Niemczech. I właśnie za sprawą tych zwierząt razem ze zbożem drogą lotniczą docierają do nas salmonelle. Jak to się dzieje? Otóż bakterie te naturalnie współtworzą florę jelitową gadów. Gdy żółw spokojnie wypróżnia się w łanie zboża zakontraktowanego przez niemieckich hodowców, afrykański rolnik właśnie przystępuje do żniw. Po spokojnej podróży statkiem do Europy trafia zboże razem z odchodami żółwi, gdzie zostaje pożarte przez głodne kurczaki. Salmonelle, będące sprawcami rozmaitych chorób, nie są częścią naturalnej flory jelitowej kur.

Do jelit ptaków trafiają z zewnątrz. Tam się rozmnażają, a następnie zostają wydalone. Jak wiadomo, kura posiada w ciele tylko jeden otwór wylotowy, stąd każde jajo w naturalny sposób styka się z salmonellami zawartymi w kurzych odchodach. Początkowo bakterie znajdują się wyłącznie na skorupce: do wnętrza jajka mogą trafić tylko pod warunkiem, że skorupka zostanie gdzieś uszkodzona.

No dobrze, a jakim cudem salmonelle pojawiają się także w mięsie? Cóż, to nieprzyjemna historia. Kurczaki żywione najtańszą karmą zwykle kończą życie w wielkich ubojniach drobiu. Już zabite i pozbawione łebków trafiają do wielkich zbiorników z wodą. Zbiorniki te są dla salmonelli swego rodzaju ekskluzywnym spa, z lewatywą dla kurczaków wliczoną w cenę pobytu. W zakładzie, w którym dziennie zabija się 200 tysięcy kurczaków, wystarczy jedna partia ptaków żywionych najtańszą karmą, by szczodrze obdarować salmonellą wszystkie pozostałe. Po zamrożeniu takie kurczaki lądują w dyskontach na półce z napisem „promocja dnia". Jeśli je dobrze upieczemy lub ugotujemy, możemy gwizdać na ewentualne zatrucie, z reguły bowiem źródłem infekcji jest mięso słabo ugotowane lub niedopieczone. Problem tkwi gdzie indziej: mięso najczęściej rozmrażamy w zlewie albo na sitku. Należy pamiętać, że bakterie świetnie znoszą niskie temperatury i – gdy mróz ustępuje – po prostu wracają do gry. Olbrzymi katalog bakterii znajdujący się w moim laboratorium zawiera między innymi kolekcję pobranych od pacjentów dziwacznych zarazków, które świetnie znoszą obniżenie temperatury do -80°C, a po rozmrożeniu z werwą podejmują zawieszoną działalność. Dopiero ciepło niszczy bakterie definitywnie – wystarczy dziesięć minut w temperaturze 75°C, by bez litości wybić wszystkie salmonelle. Dlatego winą za ewentualne zatrucie powinniśmy obarczać nie tyle dobrze upieczonego kurczaka, co sałatę opłukaną na tym samym sitku, na którym jeszcze niedawno leżało rozmrażające się mięso.

Codzienną styczność z florą jelitową zwierząt gospodarskich dostrzegamy dopiero wtedy, gdy natrafimy na całkowicie obce bakterie wywołujące biegunkę. Z tymi, z którymi dotychczas mieliśmy kontakt, zdążyliśmy się już oswoić – ostatecznie skądś musimy pobierać swoje własne bakterie. Jeśli grzecznie kupujemy wiejskie jaja z ekologicznych hodowli, gdzie kury karmi się paszą z własnych upraw, zasadniczo jesteśmy nieco lepiej chronieni przed co bardziej niebezpiecznymi zarazkami. Chyba że nasz hodowca sam zajada się kurczakami z dyskontu. Jednak zawsze gdy niezbyt starannie przygotowujemy kurczaka, występuje ryzyko, że oprócz komórek drobiowego mięsa połkniemy też kilka komórek salmonelli. Do całkowitego wyłączenia nas z gry potrzeba od dziesięciu tysięcy do miliona tych jednokomórkowych stworzeń. Milion salmonelli odpowiada wielkością mniej więcej jednej piątej ziarenka soli. Jakim cudem ta miniaturowa armia jest w stanie galopem pogonić do ubikacji takiego kolosa jak człowiek, którego objętość odpowiada 600 milionom ziarenek soli? To przecież tak, jakby prezydentem wszystkich Amerykanów był jeden jedyny włosek z głowy Obamy.

Dzieje się tak po pierwsze dlatego, że salmonelle rosną w siłę o wiele szybciej niż włosy. Gdy tylko temperatura otoczenia przekracza 10°C, salmonelle budzą się z zimowego snu i przystępują do rozmnażania. Każda z nich jest zaopatrzona w cieniutkie rzęski, dzięki którym przemieszcza się aż do ścianki jelita, a następnie mocno się do niej przyczepia. Stąd wnika zaś do wnętrza naszych komórek. Zirytowane komórki reagują stanem zapalnym i wpompowują do jelit jak najwięcej płynu, by możliwie jak najszybciej spławić intruza.

Pomiędzy przypadkowym spożyciem a intensywnym wypłukiwaniem mija zwykle od kilku godzin do kilku dni. U zdrowego dorosłego człowieka proces samoleczenia przez wypłukanie przebiega zwykle bez zarzutu. W tej sytuacji antybiotyki mogą przynieść nam więcej szkody niż pożytku. Mimo to warto wspomóc jelita w ich wysiłkach i dołożyć wszelkich starań, by bezwzględnie wyeliminować wszystkie salmonelle z dalszej gry. Dlatego ani po dłuższej wizycie w ubikacji, ani po zwymiotowaniu do plastikowej torebki nie wolno brać tych niesympatycznych bakterii za rączkę i pokazywać im szerokiego świata. Musimy walczyć z nimi ogniem i mieczem (w tym wypadku raczej mydłem i wodą), bez ogródek stwierdzając: zależy mi na sobie, nie na was – po prostu nie odpowiada mi wasze natrętne towarzystwo.

Salmonelle to najczęstsza przyczyna zatruć pokarmowych. Występują nie tylko na jajach i mięsie kurczaków, choć tam przebywają szczególnie chętnie. W naszym laboratorium na otrzymanych od pacjentów próbkach kału testujemy rozmaite przeciwciała. Jeśli dane przeciwciało wiąże salmonelle, zbijają się one w duże grudki, widoczne gołym okiem.

W takiej sytuacji stwierdzamy: aha, przeciwciało przeciw wywołującym wymioty i biegunkę salmonellom XY reaguje bardzo silnie, a zatem najpewniej mamy tu do czynienia właśnie z salmonellami XY. Identyczny proces zachodzi wewnątrz naszego organizmu. Nasz układ odpornościowy trafia na kilka nowych salmonelli i mruczy do siebie pod nosem: „Hej, gdzieś tu powinny być jeszcze jakieś kapelusze dla tych gagatków". Wyrusza więc do garderoby w poszukiwaniu odpowiedniego nakrycia głowy, przykrawa je nieco w razie potrzeby, a następnie zatrudnia specjalne komórki – „kapeluszników" – by wyprodukować całą serię w odpowiednim fasonie dla miliona salmonelli. Ubrane w takie kapelusiki salmonelle nie są już groźne, a tylko śmieszne. Stają się zbyt ciężkie, by zwrotnie manewrować, do tego niewiele widzą, więc nie mogą skutecznie atakować. Można powiedzieć, że przeciwciała stosowane w laboratorium stanowią niewielkie kolekcje rozmaitych fasonów takich kapeluszy. Jeśli któryś z modeli okaże się odpowiedni, ustrojone weń bakterie opadną na dno zawiesiny, zbijając się w grudki, a my na podstawie typu kapelusza będziemy mogli stwierdzić, z jakim rodzajem salmonelli mamy do czynienia w danej próbce kału.

Jeśli jednak wolimy nie zmuszać swojego układu odpornościowego do gorączkowych poszukiwań odpowiednich kapeluszy i znamy przyjemniejsze formy aktywności fizycznej niż biegunka połączona z wymiotami, postarajmy się zapamiętać kilka prostych reguł.

Zasada pierwsza: używajmy plastikowych desek do krojenia. Łatwiej je dokładnie wymyć, poza tym w ich rowkach bakteriom trudniej przetrwać niż w deskach drewnianych.

Zasada druga: myjmy dokładnie, pod gorącą wodą, wszystko, co ma styczność z surowym mięsem i skorupkami jajek – deski, dłonie, sztućce, gąbki i sitka.

Zasada trzecia: mięso lub dania zawierające jajka w miarę możliwości poddawajmy dokładnej obróbce termicznej. Oczywiście, nie chodzi o to, by podczas romantycznej kolacji przy świecach zrywać się nagle od stołu i wstawiać tiramisu na chwilę do mikrofalówki. To byłaby już przesada. Jeśli musimy skorzystać z surowych jaj, wybierajmy po prostu świeże i dobrej jakości. Co też istotne, przechowujmy zawsze jaja w temperaturze poniżej 10°C.

Zasada czwarta: pamiętajmy o salmonelli także poza kuchnią. Jeśli tuż po nakarmieniu ulubionego legwana robimy sobie kanapkę, nic dziwnego, że niebawem lądujemy w łazience – no cóż, sami jesteśmy sobie winni. Tak jak pisałam wcześniej, salmonelle to całkowicie normalny składnik flory jelitowej u gadów.

HELICOBACTER – NAJSTARSZE ZWIERZĘ UDOMOWIONE PRZEZ CZŁOWIEKA

Thor Heyerdahl był wnikliwym, pewnym swego człowiekiem, który nie dawał się łatwo zbić z tropu. Analizował prądy morskie i wiatry, interesował się dawnymi haczykami wędkarskimi i ubraniami z kory drzew. Doprowadziło go to do przekonania, że Polinezję zasiedlili żeglarze z Ameryki Południowej i Azji Południowo-Wschodniej*. Postawił tezę, że dopłynęli tam oni na tratwach, wykorzystując prądy morskie. Nikt wówczas nie wierzył,

* W rzeczywistości Heyerdahl wysunął hipotezę, że Polinezja została skolonizowana przez ludy z Ameryki Południowej (przyp. red. pol.).

że prosta tratwa mogłaby wytrzymać podróż przez Pacyfik na dystansie ośmiu tysięcy kilometrów. Heyerdahl nie zamierzał tracić czasu na przekonywanie innych do swoich racji. Pojechał do Ameryki Południowej, zbudował tradycyjną tratwę z pni drzew, wziął ze sobą trochę orzechów kokosowych i ananasy w puszce i popłynął na Polinezję. Cztery miesiące później mógł z czystym sumieniem powiedzieć: „Aha! Czyli to jednak możliwe!".

Trzydzieści lat później inny naukowiec przeprowadził równie ekscytujący eksperyment. Z tą różnicą, że wyruszył nie na bezkresne wody oceanu, tylko do małego laboratorium z jarzeniówkami pod sufitem. Tam Barry Marshall, napełniwszy naczynie pewnym płynem, przytknął je do ust i łyk po łyku odważnie wypił całą zawartość. Jego poczynania w napięciu śledził kolega, John Warren. Po kilku dniach w żołądku Marshalla rozwinął się stan zapalny, a on sam z dumą stwierdził: „Aha! Czyli to jednak możliwe!".

Po kolejnych trzydziestu latach uczeni z Niemiec i Irlandii podjęli się połączyć obszary zainteresowań dwóch wspomnianych wcześniej badaczy. Bakteria z żołądka Marshalla miała dostarczyć informacji na temat pierwszych osadników na Polinezji. Tym razem nikt nie wyruszył w morską podróż ani niczego nie pił. Na początek poproszono za to kilku przedstawicieli tubylczych plemion pustynnych i górali z Nowej Gwinei o nieco treści żołądkowej.

Cała ta historia mówi o odrzucaniu przyjętych paradygmatów i poświęceniu dla nauki. Jest w niej też miejsce dla maleńkiego żyjątka z długim ogonkiem i wielkiego głodnego kota.

Bakteria *Helicobacter pylori* zamieszkuje żołądki połowy ludzi na świecie. Jest to odkrycie stosunkowo świeżej daty, a sama hipoteza o bytowaniu wspomnianej bakterii we wnętrzu żołądka została z początku wyśmiana przez ogół naukowców. Czemu jakakolwiek istota miałaby żyć w tak skrajnie nieprzyjaznym środowisku jak żołądek? W jamie pełnej kwasów i niszczycielskich enzymów? Jednak na *Helicobacter pylori* te niedogodności nie robią wrażenia. Bakteria ta rozwinęła dwie strategie, by świetnie dawać sobie radę właśnie w tak niegościnnym otoczeniu.

Po pierwsze, jeden z produktów jej przemiany materii, cechujący się silnie zasadowym odczynem, neutralizuje kwasy w najbliższej okolicy. Po drugie, sprytna bakteria wślizguje się po prostu pod śluzówkę żołądka, która ma za zadanie ochronę ścian narządu przed żrącymi kwasami. Śluzówka ta w zwykłych okolicznościach przypomina konsystencją galaretkę, jednak pod wpływem *Helicobacter* staje się bardziej płynna, dzięki czemu można się w niej łatwo poruszać. Bakteria *Helicobacter* wyposażona jest w długie nici proteinowe, które pomagają jej w poruszaniu się, napędzając ją niczym śruba w motorówce.

Marshall i Warren byli zdania, że *Helicobacter pylori* może powodować wrzody i stany zapalne żołądka. Powszechnie przyjęty wówczas wśród naukowców dogmat głosił, że tego rodzaju kłopoty z żołądkiem mają podłoże psychosomatyczne (jak na przykład stres) lub też są wynikiem zaburzonego wydzielania kwasów żołądkowych. Marshall i Warren musieli więc rozprawić się z obowiązującym poglądem, że w kwaśnym środowisku żołądka nic nie jest w stanie przeżyć, przy okazji dowodząc, że maleńka bakteria może wywoływać choroby inne niż standardowa infekcja.

Od chwili, gdy zdrowy jak rydz Marshall po eksperymentalnym połknięciu *Helicobacter pylori* dostał zapalenia żołądka, z którego zresztą szybko wyleczył się antybiotykami, musiało minąć prawie dziesięć lat, by naukowy światek przyjął jego odkrycie do wiadomości. Dziś test na obecność *H. pylori* należy do standardowych badań u pacjentów uskarżających się na dolegliwości żołądkowe. Chorym podaje się do wypicia pewien płyn – jeśli w ich żołądku znajdują się *Helicobacter*, rozłożą one składniki płynu, a produkty tego rozkładu pojawią się w wydychanym powietrzu, co wykryje specjalny miernik. Wypić, odczekać, dmuchnąć – ot i całe badanie.

Ani Marshall, ani Warren nie mogli przewidzieć jednego: odkryli nie tylko przyczynę choroby wrzodowej żołądka, ale także jedno z najstarszych zwierząt „udomowionych" przez człowieka. Bakterie *Helicobacter* są z nami i w nas od ponad 50 tysięcy lat, a ich ewolucja przebiegała równolegle do naszej. Gdy nasi przodkowie rozpoczynali wędrówkę ludów, zabrali ze sobą także swoje bakterie, te zaś stopniowo tworzyły rozmaite nowe populacje. W efekcie *Helicobacter* dzieli się obecnie na trzy typy afrykańskie, dwa azjatyckie i jeden europejski. Im dalej od siebie znajdowały się grupy ludzkie i im dłużej trwała ich izolacja, tym silniej różnią się między sobą także obecne w żołądkach bakterie.

Wraz z niewolnikami afrykański typ bakterii trafił do Ameryki. W północnych Indiach odrębne szczepy bakterii występują w żołądkach buddystów i muzułmanów. W krajach uprzemysłowionych określony rodzaj bakterii *Helicobacter* jest często charakterystyczny dla danej rodziny, natomiast w społecznościach, których wszyscy członkowie wchodzą ze sobą w bliższy kontakt – na przykład w krajach afrykańskich – można zaobserwować typ bakterii wspólny na przykład dla całej gminy.

Choć zdecydowana większość dolegliwości żołądkowych wiąże się z obecnością *Helicobacter*, nie każdy gospodarz owych bakterii cierpi z powodu nosicielstwa (gdyby tak było, w Niemczech na kłopoty z żołądkiem uskarżałby się co trzeci obywatel). Dzieje się tak dlatego, że nie wszystkie bakterie *Helicobacter* są dla nas groźne w równym stopniu. Istnieją dwie znane cechy, które wyróżniają bardziej zjadliwy wariant mikroba. Jedna z nich nosi nazwę „cagA" i stanowi coś w rodzaju maleńkiej strzykawki, za pomocą której bakteria wstrzykuje do naszych komórek określone substancje. Druga cecha została nazwana „vacA". Dzięki niej bakteria permanentnie nakłuwa komórki żołądka i w ten sposób przyspiesza powstawanie uszkodzeń. Prawdopodobieństwo wystąpienia dolegliwości wzrasta zauważalnie, jeśli dana bakteria ma „strzykawkę" lub gen odpowiedzialny za nakłuwanie. Jeśli nie, bakteria *Helicobacter* będzie się kręciła w żołądku, nie wyrządzając większych szkód.

Mimo wszystkich podobieństw każda bakteria *Helicobacter* jest wyjątkowa, podobnie jak ludzie, u których zamieszkuje. Bakteria zawsze dopasowuje się do swego nosiciela, zmieniając się wraz z nim. Ta zdolność może być dla nas źródłem cennych informacji, gdy próbujemy się dowiedzieć, kto kogo niegdyś zaraził owymi bakteriami. Przedstawiciele wielkich kotów mają swoje własne bakterie *Helicobacter*, znane jako *Helicobacter acinonychis*. Są one pod wieloma względami tak podobne do ludzkich, że nasuwa się pytanie, kto kogo zjadł. Nasz daleki przodek pożarł tygrysa czy może odwrotnie?

Badania genetyczne wskazują, że kocie bakterie mają zdezaktywowane geny, które zapewniały możliwość przetrwania *Helicobacter* w żołądku człowieka. Pałaszując naszego przodka tysiące lat temu, drapieżny kot łyknął też bakterie, które bytowały w jego żołądku. Uniknęły one zmiażdżenia przez potężne zębiska i umiały się doskonale przystosować do nowych warunków. Kot napełnił co prawda żołądek ludzkim mięsem, ale za to musiał przyjąć bakterie człowieka i przekazał je z czasem swoim potomkom. Zawsze to jakaś sprawiedliwość…

No dobrze, jaka jest więc w końcu ta bakteria – dobra czy zła?

Bakteria *Helicobacter* jest zła

Zagnieżdżenie się bakterii w naszej błonie śluzowej i ich chaotyczne ruchy we wszystkich kierunkach prowadzą do osłabienia tej bariery ochronnej. W rezultacie agresywnie działające kwasy żołądkowe trawią nie tylko pożywienie, ale także część komórek żołądka. Jeśli do tego dana bakteria *Helicobacter* dysponuje miniaturową strzykawką lub genem pozwalającym nakłuwać, komórki żołądka w najbliższym otoczeniu nie mają większych szans. Dlatego też mniej więcej co piąty nosiciel bakterii *Helicobacter* doznaje pewnych uszkodzeń ścianek żołądka. Trzy czwarte wszystkich wrzodów żołądka i niemal wszystkie wrzody dwunastnicy powstają wskutek zarażenia *Helicobacter pylori*. Jeśli uda się wytępić zarazki z pomocą antybiotyków, znikają też uszkodzenia i dolegliwości. Alternatywą dla antybiotyków wydaje się skoncentrowany ekstrakt z brokułów – sulforafan. Substancja ta pozwala zahamować wydzielanie enzymu, za pomocą którego *Helicobacter* neutralizuje kwasy żołądkowe. Jeśli zamierzamy ją zastosować zamiast antybiotyków, zwracajmy uwagę na dobrą jakość produktu, a po dwutygodniowej kuracji poddajmy się badaniu lekarskiemu, by się upewnić, że bakteria rzeczywiście znikła.

Stan utrzymującego się przez dłuższy czas podrażnienia nigdy nie jest korzystny dla organizmu. Wiemy to choćby z doświadczeń z użądleniami owadów: gdy ciągle swędzi, w końcu tracimy cierpliwość i rozdrapujemy skórę do krwi, byle wreszcie przestało. Podobnie reagują komórki żołądka. Podczas przewlekłego stanu zapalnego komórki są stale drażnione, aż w końcu same się niszczą. U osób starszych dodatkową oznaką tego procesu bywa stopniowa utrata apetytu.

W ścianie żołądka znajdują się komórki macierzyste, z których powstają nowe komórki, by jak najszybciej wyrównywać różne straty. Jeśli jednak na dłuższą metę komórki macierzyste są przeciążone pracą, zaczynają popełniać coraz więcej błędów i w pewnym momencie mogą zmienić się w komórki nowotworowe. Na pierwszy rzut oka zagrożenie nie wydaje się wielkie: na raka żołądka zapada zaledwie 1% nosicieli bakterii *Helicobacter pylori*. Jeśli jednak przypomnimy sobie, że zarazki te znajdują się w żołądkach połowy ludzi, to 1% oznacza zatrważająco wysoką liczbę chorych. Z kolei ryzyko zachorowania na raka żołądka u osoby niebędącej nosicielem *H. pylori* jest czterdzieści razy mniejsze niż wśród nosicieli.

Za odkrycie zależności pomiędzy obecnością *Helicobacter* a zapaleniami, wrzodami i nowotworami żołądka w 2005 roku uhonorowano Marshalla i Warrena Nagrodą Nobla. Od chwili, gdy Marshall wypił bakteryjny koktajl, do momentu, gdy popijał koktajl na przyjęciu dla laureatów, minęło dwadzieścia lat.

Jeszcze więcej czasu upłynęło, zanim zaobserwowano związek pomiędzy obecnością *Helicobacter* a chorobą Parkinsona. Mimo że już w latach sześćdziesiątych lekarze stwierdzili u chorych na Parkinsona wyjątkowo częste problemy żołądkowe, nie umieli powiązać tych dolegliwości z drżeniem rąk. Więcej światła na całą sprawę rzuciły dopiero badania przeprowadzone na wyspie Guam.

W pewnych regionach wśród mieszkańców Guam zadziwiająco często występują objawy charakterystyczne dla choroby Parkinsona. Dotkniętym nimi ludziom drżą ręce, ich mimika jest osłabiona, a ruchy spowolnione. Odkryto, że szczególnie wysoka liczba zachorowań pojawia się tam, gdzie mieszkańcy spożywają nasiona sagowców. Zawierają one toksyny szkodliwe dla komórek nerwowych. A niemal identyczną substancję potrafi wytwarzać *Helicobacter pylori*. Myszy, którym podawano ekstrakt z tej bakterii – nie zarażając ich przy tym żywymi drobnoustrojami – wykazywały podobne objawy jak mieszkańcy Guam spożywający nasiona sagowca. W tym wypadku obowiązuje taka zasada jak przy wrzodach żołądka: nie każda bakteria *Helicobacter* wytwarza wspomniane toksyny, z pewnością jednak nie jest dobrze, jeśli to robi.

Ogólnie można stwierdzić, że *Helicobacter* majstruje przy naszych barierach ochronnych, może podrażniać i niszczyć nasze komórki, a także wytwarzać toksyny i w ten sposób przynosić szkody całemu organizmowi. Jak to się stało, że przez tyle tysiącleci byliśmy właściwie bezbronnymi ofiarami tak groźnych zarazków? Dlaczego nasz układ odpornościowy tak długo patrzył na ten problem przez palce?

Bakteria *Helicobacter* jest dobra

Przeprowadziwszy zakrojone na wielką skalę badania dotyczące bakterii *Helicobacter* i jej wpływu na człowieka, naukowcy doszli do wniosku, że rodzina owych zarazków wyposażona w miniaturowe strzykawki, powszechnie uchodząca za niebezpieczną, miewa też niekiedy bardzo korzystny wpływ na ludzki organizm. Po 12 latach obserwowania ponad dziesięciu tysięcy badanych stwierdzono, że u nosicieli tego typu bakterii *Helicobacter* występuje wprawdzie zwiększone prawdopodobieństwo zachorowania na raka żołądka, jednocześnie jednak znacznie mniejsze jest ryzyko zgonu w wyniku udaru czy raka płuc – blisko o połowę w porównaniu z pozostałymi uczestnikami testów!

Hipoteza, że bakteria, którą organizm człowieka toleruje tyle wieków, być może przynosi nam nie tyko szkody, pojawiła się już wcześniej. W eksperymentach na myszach zdołano wykazać, że zarażenie *Helicobacter* w dzieciństwie zapewnia zwierzętom skuteczną ochronę przed astmą. Wczesne podanie antybiotyku usuwa tę ochronę, umożliwiając swobodny rozwój astmy u młodych osobników. Wstrzykiwanie bakterii dorosłym zwierzętom przynosi co prawda podobny efekt ochronny, tyle że znacznie słabszy. Oczywiście, myszy to nie ludzie – jednak obserwacja ta doskonale wpisuje się w tendencje widoczne w uprzemysłowionych społeczeństwach zachodnich: wciąż wzrasta liczba zachorowań na astmę, alergię, cukrzycę i atopowe zapalenie skóry, a jednocześnie maleje liczba osób zarażonych *Helicobacter*. Naturalnie, nie oznacza to, że sama bakteria ustrzeże nas przed astmą – pokazuje jednak, że może być częścią profilaktyki.

Badacze postawili więc następującą tezę: bakteria *Helicobacter* udziela naszemu układowi odpornościowemu bardzo ważnej lekcji. Uczy go mianowicie, by nie przejmował się byle czym. *Helicobacter*, osiedliwszy się w naszym żołądku, dba o to, by organizm wytwarzał dużo tzw. regulatorowych komórek T. Ich działanie można wyjaśnić następująco: gdy nabuzowany kumpel komórek T w układzie odpornościowym wpada w wyjątkowo agresywny nastrój, one właśnie kładą mu rękę na ramieniu i mówią: „Spokojnie, stary, załatwimy to".

Zatem gdy wkurzony układ odpornościowy wrzeszczy: „Spadaj z moich płuc, ty cholerny pyłku!" i wypowiada mu wojnę, która przejawia się gwałtownym katarem i zaczerwienieniem oczu, regulatorowa komórka T zwraca się do tego układu następująco: „Słuchaj, odporniak, czy ty aby nie przesadzasz? Ta drobina przecież tylko szuka kwiatu, który mogłaby zapylić. Trafiła do nas zupełnie przypadkowo. To zresztą trochę głupie z jej strony, bo przecież żadnych kwiatów tu nie znajdzie". Im więcej takich korygujących komórek wytwarza organizm, tym bardziej wyluzowany jest nasz układ odpornościowy.

Sam przeszczep komórek od myszy, które za sprawą bakterii *Helicobacter* wytwarzały szczególnie dużo komórek regulatorowych, pomagał ich cierpiącym na astmę krewniaczkom. Z całą

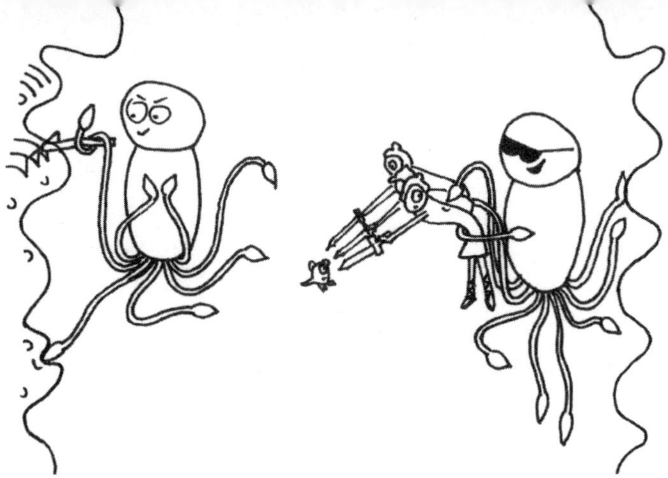

pewnością było to prostsze niż próba nauczenia chorych myszek, by korzystały z minisprayów dla astmatyków.

U osób zakażonych *Helicobacter pylori* znacznie rzadziej (o ponad ⅓) występują też czyraki (egzemy). Bardzo możliwe, że zapalne choroby jelit, przewlekłe stany zapalne i choroby autoimmunologiczne stają się znakiem naszych czasów właśnie dlatego, że nieświadomie usunęliśmy bakterie, które chroniły nas przed nimi przez tysiące lat.

Bakteria *Helicobacter* jest i dobra, i zła

Helicobacter pylori to bakteria o licznych talentach. Nie można jej uznać po prostu za „dobrą" lub „złą". Wszystko zależy od tego, co konkretnie robi dany zarazek. Czy wytwarza niebezpieczne toksyny, czy też wchodzi w taką interakcję z naszym organizmem, która pozwala skuteczniej go chronić? Jak reagujemy na obecność bakterii? Czy nasze komórki są permanentnie podrażnione, czy może żołądek wytwarza na tyle dużo śluzu, że wystarczy go i dla nas, i dla bakterii? Jaką rolę odgrywają tu takie czynniki podrażniające błonę śluzową żołądka, jak zażywanie środków przeciwbólowych, picie alkoholu i kawy, palenie papierosów czy wreszcie przewlekły stres? A może dopiero kombinacja tych wszystkich czynników ostatecznie prowadzi do dolegliwości żołądkowych, ponieważ nasze jelitowe „zwierzątko" nie przepada za taką miksturą?

Zgodnie z zaleceniami Światowej Organizacji Zdrowia osoby cierpiące na dolegliwości żołądkowe powinny pozbyć się bakterii, ponieważ jest ona potencjalnym sprawcą złego samopoczucia. Tak samo powinno się postąpić, jeśli w rodzinie chorego występował rak żołądka, określone typy chłoniaków lub choroba Parkinsona. Wówczas usunięcie *H. pylori* jest jak najbardziej wskazane.

Thor Heyerdahl zmarł we Włoszech w wieku 88 lat. Gdyby żył jeszcze kilka lat, mógłby zestawić swoją teorię o zasiedleniu Polinezji z wynikami współczesnych badań poszczególnych szczepów bakterii *Helicobacter.* Dwa azjatyckie szczepy *Helicobacter* opanowały Nowy Świat w dwóch falach – jedna z tras prowadziła przez południową Azję. Hipoteza Heyerdahla dotycząca Ameryki Południowej nie znalazła potwierdzenia. Ale kto wie, czy w przyszłości nie poznamy jakiejś bakterii, która zdołałaby ową koncepcję wskrzesić.

TOXOPLASMA GONDII – NIEUSTRASZENI KOCI PODRÓŻNICY

Trzydziestodwuletnia kobieta nacina sobie wewnętrzną stronę nadgarstków za pomocą taniej żyletki z supermarketu. Robi to, bo potrzebuje silnych podniet.

Pięćdziesięcioletni miłośnik szybkich samochodów uderza z pełną prędkością w pień drzewa. Ginie na miejscu.

Szczur układa się w kuchni tuż obok miski z kocią karmą i robi wszystko, by wyglądać jak smakowita przekąska.

Co łączy tę trójkę?

Każde z nich nie tylko wsłuchuje się w swój wewnętrzny głos, który działając w interesie wielkiego skupiska komórek współtworzących organizm, pragnie dla nas tego, co najlepsze, ale i uwzględnia interesy innych istot. Istot, które pewnego dnia wydostały się na świat z kocich jelit – ojczyzny pierwotniaków *Toxoplasma gondii.*

Te maleńkie stworzonka są zbudowane tylko z jednej komórki, jednak zaliczają się już do zwierząt. W porównaniu do bakterii niosą znacznie bardziej skomplikowaną informację genetyczną. Mają też inne ściany komórkowe, a także, jak można sądzić, prowadzą nieco bardziej ekscytujący tryb życia.

Wspomniane pierwotniaki rozmnażają się w jelitach kotów. To koty są ich gospodarzami, a wszystkie pozostałe zwierzęta odgrywają rolę taksówki przewożącej je do kolejnego kota (takie zwierzęta nazywamy „żywicielami pośrednimi"). Każdy kot tylko raz w życiu może zarazić się toksoplazmozą i tylko w czasie infekcji stanowi dla nas zagrożenie. Starsze koty zwykle mają to już za sobą, więc nic złego z ich strony nie może nas spotkać. Pierwotniaki wydostają się z odchodami zarażonego zwierzęcia. Zazwyczaj po dwóch dniach spędzonych w kuwecie dojrzewają i stają się gotowe do ataku na kolejnego kota. Jeśli żaden się akurat nie pojawi, rzucą się na innego ssaka, który stanie na ich drodze, na przykład na człowieka sprzątającego kuwetę. Te maleńkie żyjątka mogą czekać na kolejnego żywiciela nawet przez pięć lat. Nie muszą więc koniecznie zaatakować właściciela danego kota – w końcu koty i inne zwierzęta biegają po ogrodach, po grządkach z warzywami, od czasu do czasu są też zabijane. Jedną z głównych przyczyn toksoplazmozy jest spożywanie surowych produktów spożywczych. Procentowe prawdopodobieństwo, że sami jesteśmy nosicielami pierwotniaków *T. gondii*, jest mniej więcej równe naszemu wiekowi. Znajdują się one w jelitach blisko jednej trzeciej ludzi na świecie.

Toxoplasma gondii zaliczają się do pasożytów. Oznacza to, że nie mają swojego kawałka ziemi, z którego mogłyby się utrzymać. Do rozwoju niezbędna im jest inna żywa istota. Stworzenia takie nazywamy pasożytami, ponieważ nie dostajemy od nich nic w zamian. Czy też ściślej mówiąc, nic dobrego: ani opłat za mieszkanie, ani choćby sympatii. Wręcz przeciwnie, pierwotniaki te mogą nam szkodzić w tym sensie, że „zanieczyszczają" nasze wewnętrzne środowisko.

U dorosłych, zdrowych osób *T. gondii* nie czynią jednak praktycznie żadnych szkód. Ten czy ów zaobserwuje może u siebie kilka przypominających grypę objawów, większość ludzi nie zauważy jednak nic. Gdy skończy się faza ostrej infekcji, pierwotniaki wprowadzają się do maleńkich apartamentów w naszych tkankach i zapadają w rodzaj snu zimowego. Nie opuszczą nas wprawdzie już do końca życia, jednak są wyjątkowo cichymi lokatorami. Jeśli więc raz przeszliśmy toksoplazmozę, mamy już spokój na zawsze – inne pierwotniaki wiedzą, że wszystkie lokale u nas są już wynajęte.

Infekcja *T. gondii* może mieć jednak katastrofalne następstwa u kobiet w ciąży. Wraz z krwią matki pasożyty docierają do płodu (układ odpornościowy kobiety jeszcze ich nie zna, nie jest więc w stanie dostatecznie szybko ich wyłapać), co może – choć nie musi – doprowadzić do wystąpienia u ciężarnej ciężkich powikłań z poronieniem włącznie. Wcześnie wykrytą infekcję można wprawdzie zwalczyć farmakologicznie, jednak ze względu na łagodność objawów prawdopodobieństwo rozpoznania choroby jest niewielkie. Test na obecność *T. gondii* nie należy, przynajmniej w Niemczech, do rutynowych badań przeprowadzanych u kobiet w ciąży*. Jeśli więc zaraz po stwierdzeniu ciąży ginekolog zada nam dziwne z pozoru pytanie: „Czy ma pani kota?", nie

---

* Wśród krajów europejskich obowiązkowe badania przesiewowe w kierunku toksoplazmozy u kobiet w ciąży prowadzi się we Francji, w Austrii, we Włoszech, w Słowenii i na Litwie (przyp. red. pol.).

powinnyśmy się złościć, że marnuje nasz czas na błahą pogawędkę, tylko raczej ucieszyć, że trafiłyśmy na fachowca.

To właśnie ze względu na ryzyko toksoplazmozy w domach, w których ma przyjść na świat dziecko, niezbędne jest codzienne czyszczenie kociej kuwety (i to nie przez przyszłą matkę!). Z tego powodu brzemiennym kobietom nie wolno w ogóle jeść surowego mięsa, a owoce i warzywa – tylko po dokładnym umyciu. Toksoplazmozą nie można się zarazić od chorego człowieka. Tylko świeże larwy (fachowo zwane oocystami), które pochodzą od kota przechodzącego akurat infekcję, mają możliwość osiedlenia się w kolejnym organizmie. Trzeba jednak pamiętać, że te młode formy pierwotniaka mają wyjątkowe umiejętności przetrwania – również na dłoniach właściciela kota. Stary, dobry zwyczaj mycia rąk po raz kolejny okazuje się nieocenioną formą profilaktyki.

No dobrze – z powyższego wynika, że *T. gondii* są może niezbyt sympatycznymi, ale zasadniczo niegroźnymi stworzonkami, chyba że akurat trafią na kobietę w ciąży. Dlatego też przez całe lata nikt nie poświęcał im specjalnej uwagi. Wszystko zmieniło się za sprawą nieustraszonych szczurów, badanych w latach dziewięćdziesiątych w Oksfordzie przez Joanne Webster. Przeprowadziła ona genialny w swej prostocie eksperyment: na niewielkiej ogrodzonej przestrzeni umieściła cztery otwarte klatki. W rogu każdej z nich znajdowała się miseczka z innym płynem. Raz był to mocz szczura, innym razem woda, mocz królika czy mocz kota. Okazało się, że nawet szczury, które jeszcze nigdy w życiu nie widziały kota, miseczkę z kocim moczem omijały szerokim łukiem. W ich mózgach uruchamiał się bowiem wrodzony program, który ostrzegał: „Tu sikał ktoś, kto chce cię zjeść. Trzymaj się lepiej z dala". Ostrożność wyrażaną w ten sposób przez gryzonie można by podsumować następująco: „Ktoś zagania cię nagle do dziwacznego miejsca z klatkami z moczem. Bądź czujny".

Prawie wszystkie szczury zachowywały się w tej sytuacji identycznie: przez krótką chwilę badały osobliwe otoczenie, po czym przemieszczały się do klatek z mniej niebezpiecznym płynem.

Pojawiły się jednak wyjątki. Niektóre szczury, nie bacząc na ryzyko, zwiedzały dokładnie cały teren, wbrew głosowi instynktu wbiegały do klatki z kocim moczem i z przyjemnością spędzały w niej kilka chwil. Obserwując zwierzęta przez dłuższy czas, Webster stwierdziła, że nietypowe szczury wolą nawet tę klatkę od innych. Sprawiały wrażenie, że nic na świecie nie interesuje ich bardziej niż koci mocz.

Zapach, który w pamięci gatunkowej zapisany został jako sygnał krańcowo wielkiego niebezpieczeństwa, nagle zdawał się je przyciągać z ogromną siłą. Zwierzęta z radością wyruszały na spotkanie z potencjalnie śmiertelnym zagrożeniem. Webster wykryła tylko jedną różnicę pomiędzy tymi osobnikami a pozostałymi szczurami: były zarażone *T. gondii*. Trzeba przyznać, że to ze strony pierwotniaków niebywale chytre posunięcie – skłaniać szczury do tego, by praktycznie same pchały się w paszczę kota, głównego żywiciela *T. gondii*.

Eksperyment ten wzbudził wśród naukowców tak wielkie poruszenie, że w kilku laboratoriach na świecie podjęto próbę zakwestionowania jego wyników. Badacze chcieli sprawdzić, czy doświadczenie przeprowadzone przez Webster spełniało rzeczywiście wszystkie wymogi i czy ich własne szczury zarażone *T. gondii* też będą zachowywać się tak dziwnie. Okazało się, że tak, i od tamtej pory wynik eksperymentu uważany jest za niepodważalny. Jednocześnie odkryto, że zniwelowany został wyłącznie lęk przed kotami – nawet najbardziej zawadiackie szczury w dalszym ciągu szerokim łukiem omijały mocz psa.

Wyniki badań wywołały niezwykle ożywioną dyskusję. Zastanawiano się, jakim cudem maleńkie pasożyty mogą w tak olbrzymim stopniu wpływać na zachowanie drobnych ssaków. Być albo nie być – to przecież fundamentalna kwestia, którą zaawansowany ewolucyjnie organizm powinien wnikliwie rozważyć, nie oglądając się na jakieś pasożyty, prawda? A może jednak nie?

Od ssaków małych do dużych (czytaj: ludzi) dzieli nas już tylko niewielki krok. Również wśród nas można znaleźć osobniki, które za sprawą nieprawidłowych odruchów, reakcji lub wyeliminowania uczucia strachu pakują się w rozmaite kłopoty i przejawiają skłonność do tego, by „dać się pożreć żywcem". Punktem wyjścia badaczy było pobieranie krwi osobom, które spowodowały wypadki samochodowe. Postawiono pytanie, czy wśród nazbyt brawurowych kierowców przeważają nosiciele *T. gondii*.

Odpowiedź brzmi: tak. Prawdopodobieństwo spowodowania wypadku samochodowego jest wyższe u nosicieli pierwotniaków, szczególnie gdy infekcja znajduje się w ostrej fazie. Potwierdzono to nie tylko w trzech dość skromnych doświadczeniach, ale też w zakrojonych na wielką skalę projektach badawczych. W Czechach, na przykład, przebadano pod kątem obecności *T. gondii* krew aż 3890 ochotników. W kolejnych latach analizowano wszystkie wypadki drogowe z udziałem badanych. Ostra toksoplazmoza w połączeniu z określoną grupą krwi (Rh-) stanowiła jeden z głównych czynników ryzyka. Skądinąd wiemy, że grupy krwi istotnie mogą odgrywać sporą rolę w inwazji pasożytów. Posiadacze określonych grup są lepiej chronieni przed skutkami infekcji niż inni.

Co ma z tym wszystkim wspólnego nasza kobieta z żyletką? Dlaczego nie przeraża jej widok własnej krwi? Czemu rozcinanie skóry, mięśni i nerwów nie sprawia jej bólu, tylko wydaje się ekscytującym doświadczeniem? Co sprawiło, że uznała ból za atrakcyjną przyprawę mdłej codzienności?

Zjawiska te bywają wyjaśniane na różne sposoby – pierwotniaki *T. gondii* stanowią tylko jedno z możliwych wytłumaczeń. Gdy się nimi zarazimy, organizm aktywuje pewien enzym (IDO), który ma nas chronić przed pasożytami. Zwiększa on wydzielanie substancji chętnie spożywanej przez intruzów, zmuszając ich do przejścia w stan nieaktywnego „snu zimowego". Niestety, ta właśnie substancja jest też niezbędna do produkcji serotoniny (dla przypomnienia: niedobór serotoniny może prowadzić do depresji czy zaburzeń lękowych).

Gdy w mózgu brakuje serotoniny, nasz nastrój często się pogarsza. A brakuje jej dlatego, że IDO nakarmił pasożyty koniecznymi do jej wytworzenia substancjami. Oprócz tego może się okazać, że „nadgryzione" prekursory serotoniny pasują do pewnych receptorów w mózgu i powodują na przykład apatię. To te same receptory, w które celują środki przeciwbólowe – właśnie dlatego leki te, uśmierzając ból, mogą jednocześnie powodować apatię i otępienie. Aby wyrwać się z takiego stanu i znów coś naprawdę poczuć, potrzeba, jak widać, silniejszych bodźców.

Nasz organizm jest mądry, dlatego zawsze robi dokładny bilans potencjalnych zysków i strat. Skoro należy zwalczyć pasożyty, które zalęgły się w mózgu, to trudno, trzeba pogodzić się z czasowym obniżeniem nastroju. Aktywacja IDO stanowi więc zwykle wynik przemyślanego kompromisu. Niekiedy organizm wykorzystuje też ten enzym, by podebrać własnym komórkom nieco pożywienia. Do jego wyraźnie silniejszego wydzielania dochodzi także podczas ciąży – ale tylko w miejscach bezpośredniej styczności organizmu matki z dzieckiem. Tu właśnie podbiera on pokarm komórkom odpornościowym – stają się przez to słabsze, a co za tym idzie, również bardziej wyrozumiałe wobec tego na wpół obcego tworu, jakim jest płód.

Czy wspomniana utrata chęci do działania, którą powoduje IDO, wystarcza, by popełnić samobójstwo? Albo inaczej: czego potrzeba, by człowiek zaczął rozważać odebranie sobie życia? Gdzie musiałby usadowić się pasożyt, by stłumić naturalny strach przed wyrządzeniem sobie krzywdy?

Odpowiedzialność za odczuwanie lęku przypisuje się ośrodkowi mózgu zwanemu ciałem migdałowatym. Rejon ten za pomocą włókien nerwowych jest połączony bezpośrednio z okiem. Właśnie dlatego część z nas odczuwa strach na sam widok pająka. Co ciekawe, włókna te pełnią swoją funkcję nawet wtedy, gdy w wyniku urazu tylnej części czaszki zniszczony zostaje ośrodek wzroku i poszkodowany ślepnie. Co prawda, nie „widzi" już wówczas pająka, ale w dalszym ciągu go „wyczuwa" i się boi. Nasze ciało migdałowate ma bardzo istotny udział w powstawaniu lęku. Jego uszkodzenie powoduje, że ludzie stają się nieustraszeni.

Badając pośrednich żywicieli *Toxoplasma gondii*, stwierdzono, że uśpione pierwotniaki zagnieżdżają się przede wszystkim w mięśniach i mózgu. W mózgu można je odkryć w trzech miejscach, gdzie osiedlają się z malejącym prawdopodobieństwem: w ciele migdałowatym, w ośrodku węchu oraz w rejonie położonym bezpośrednio za czołem. Jak już wspomniano, ciało migdałowate odpowiada za odczuwanie lęku, a ośrodek węchu może zadbać o to, by nawet szczurom podobał się zapach kociego moczu. Trzeci z wymienionych obszarów pełni nieco bardziej skomplikowaną funkcję.

W tej części mózgu w każdej sekundzie generowane są setki możliwych scenariuszy. Gdy podłączonym do specjalistycznej aparatury ludziom zadawano pytania na temat wiary, osobowości i moralności lub stawiano przed nimi wyzwania intelektualne, na skanach mózgu w tym właśnie rejonie widać było ożywioną aktywność. Jedna z teorii neurologicznych głosi, że ośrodek ten w każdym momencie przedstawia nam setki rozmaitych ewentualności. „Mogę być wyznawcą religii, którą wpoili mi rodzice. W trakcie konferencji mogę ni z tego, ni z owego zacząć wylizywać stół, przy którym siedzę. Mogę poczytać książkę, popijając przy tym herbatę. Mogę założyć psu zabawne ubranko. Mogę zaśpiewać piosenkę przed włączoną kamerą. Mogę przyspieszyć teraz do 150 km/h. Mogę wziąć do ręki tę żyletkę". W każdej sekundzie pojawiają się przed nami setki możliwości. Gdy zdecydujemy się na dowolną z nich, przechodzimy do wcielania jej w czyn.

Z punktu widzenia aktywnego pasożyta osiedlenie się właśnie w tej części mózgu ma głęboki sens. Stąd da się sterować organizmem, może nawet doprowadzić go do samozniszczenia. Sposób na to jest prosty – trzeba sprawić, by pewne impulsy były słabiej tłumione podczas wyboru określonego scenariusza.

Naukowcy nie byliby sobą, gdyby fascynującego eksperymentu Joanne Webster nie zdecydowali się powtórzyć na kimś innym niż gryzonie. Tym razem miseczki z moczem pochodzącym od różnych zwierząt mieli starannie obwąchiwać ludzie. Osoby zarażone toksoplazmozą inaczej odczuwały zapach kociej uryny niż wolni od pasożytów ochotnicy, przy czym mężczyznom przypadł on do gustu znacznie bardziej niż kobietom.

Węch jest jednym z naszych najbardziej pierwotnych zmysłów. W odróżnieniu od doznań smakowych, słuchowych lub wzrokowych doznania węchowe nie podlegają żadnej selekcji w drodze do naszej świadomości. O tym, jak silne uczucia rodzą się pod wpływem zapachów, wiedzą nie tylko pierwotniaki *Toxoplasma gondii*, ale też na przykład świnie wykorzystywane do poszukiwania trufli. Grzyby te pachną bowiem tak jak niebywale seksowny i gotowy do kopulacji knur. Skoro taki skarb ukrył się pod ziemią, odurzone namiętnością maciory będą wytrwale ryć i kopać do chwili, gdy... dostarczą swym właścicielom żałośnie mało seksowne grzybki. Myślę, że nawet wysoka cena trufli nie usprawiedliwia traktowania świń tak podle: łatwo się domyślić, jak frustrujące muszą być dla nich takie poszukiwania. Pozostaje jednak faktem, że zapach może przyciągać i budzić silne pożądanie.

Ten sam mechanizm wykorzystują do swoich celów niektórzy handlowcy. W żargonie fachowym nazywa się to „marketingiem zapachowym". Pewien amerykański producent ubrań stosuje nawet feromony płciowe. We Frankfurcie regularnie widuje się długie kolejki nastolatków wystające przed pewnym zaciemnionym sklepem spryskanym oszałamiającymi zapachami. Gdyby ulica, przy której stoi, znajdowała się nieco bliżej rejonów pełnych biegających samopas świń, można by sobie wyobrazić rozmaite zabawne sytuacje.

Jeśli więc jakaś istota jest w stanie zmienić nasze odczuwanie zapachów, czyż nie oznacza to, że może ogólnie wpłynąć na nasze doznania zmysłowe?

Jest pewna choroba, której głównym objawem są właśnie zaburzenia tych doznań: to schizofrenia. Dotknięci nią ludzie mają na przykład wrażenie, że po plecach pełzną im mrówki, mimo że jak okiem sięgnąć nie ma ani jednej. Słyszą głosy i podążają za ich rozkazami albo też wpadają w całkowitą apatię. Na schizofrenię cierpi od 0,5 do 1% ludzi.

Choroba ta ma dla nas wciąż wiele tajemnic. Większość leków, które łagodzą nieco jej objawy, działa w ten sposób, że zmniejsza w mózgu ilość pewnej wydzielanej w nadmiarze substancji przekaźnikowej, a mianowicie dopaminy. Tymczasem właśnie pierwotniaki *Toxoplasma gondii* za pomocą swoich genów wpływają na wytwarzanie dopaminy w mózgu. Nie wszyscy schizofrenicy są nosicielami tych pasożytów – nie mogą więc one być jedyną przyczyną choroby – jednak wśród osób dotkniętych schizofrenią nosicieli jest blisko dwukrotnie więcej niż w grupie kontrolnej złożonej ze zdrowych osób.

Teoretycznie zatem pierwotniaki *Toxoplasma gondii* są w stanie wpływać na ośrodki w mózgu zawiadujące odczuwaniem zapachów, lękiem i zachowaniem. Wyższe prawdopodobieństwo wypadków drogowych, samobójstw, a także schizofrenii przemawia za tym, że nie u wszystkich toksoplazmoza przemija bez śladu. Musi jednak upłynąć jeszcze sporo czasu, zanim odkrycia te znajdą zastosowanie w praktyce lekarskiej. Trzeba w pełni potwierdzić hipotezy i lepiej poznać możliwości leczenia. Ten bardzo czasochłonny proces upewniania się może niestety kosztować niejedno życie – w końcu od chwili, gdy odkryto antybiotyki, do ich wejścia na rynek minęły długie dziesięciolecia. Z drugiej jednak strony, taka ostrożność może też życie uratować – dla wszystkich byłoby lepiej, gdyby bardziej szczegółowym badaniom poddano swego czasu azbest czy talidomid.

Pierwotniaki *T. gondii* mają na nas większy wpływ, niż jeszcze nie tak dawno skłonni bylibyśmy uważać. Ta świadomość zwiastuje też w nauce początek nowej ery. Ery, w której nawet najzwyklejsza kocia kupa pokazuje, od jak wielu czynników zależy nasze życie. Ery, w której z wolna zaczynamy rozumieć, jaki wpływ ma na nas sposób żywienia, zwierzęta w naszym otoczeniu i cały mikroświat, który żyje w nas i na nas.

Przerażająca wizja? W pewnym sensie tak. Ale z drugiej strony, czy to nie fascynujące, że sukcesywnie uczymy się rozumieć to, co dotąd mogliśmy tylko bezwolnie przyjmować jako zrządzenie losu? Dzięki temu możemy w dużej mierze wziąć ten los w swoje ręce. Niekiedy wystarczy do tego szufelka do sprzątania kuwety, dokładne pieczenie mięsa oraz mycie warzyw i owoców.

OWSIKI

Te małe białe robaczki wprost marzą o zamieszkaniu w ludzkich jelitach. Przez długie stulecia studiowały nasze zachowania i dostosowywały się do nich. Co drugi człowiek choć raz w życiu zetknął się z nimi osobiście. Niektórzy nawet tego nie zauważyli, dla innych robaki te stają się dokuczliwą plagą, o której wolą nie rozmawiać. Gdyby spojrzeć w odpowiednim momencie, można by nawet zobaczyć owsiki przyjaźnie machające do nas z naszego odbytu. Robaki te mają do półtora centymetra długości. Ze względu na swój lekko spiczasty koniec przypominają nieco smugi kondensacyjne zostawiane na niebie przez samoloty, tyle że w odróżnieniu od owych smug nie robią się na szczęście coraz dłuższe. Każda istota obdarzona ustami i palcem może nabawić się owsików.

Spróbujmy prześledzić krok po kroku tę „robaczywą" historię. „Ciężarna" pani owsikowa pragnie znaleźć bezpieczne schronienie dla swoich jaj. A nie jest to bynajmniej proste. Aby owsik mógł się wykluć z jaja w jelicie cienkim, a następnie, już jako dorosły osobnik, przemieścić się do jelita grubego, jajo musi najpierw zostać połknięte przez człowieka. Tymczasem w tej chwili dojrzała samica owsika siedzi sobie na samym końcu jelit, a przebieg naszych procesów trawiennych zdecydowanie nie sprzyja jej planom. Zadaje więc sobie pytanie, jak, u diabła, z powrotem trafić do jamy ustnej. I tu właśnie przejawia się jedyna postać inteligencji, jaką możemy stwierdzić w przypadku stworzenia takiego jak owsik: inteligencja przystosowawcza. (Zostawmy na boku kwestię, czy nie stąd właśnie pochodzi określenie „włazidupek").

Samiczki owsików doskonale wiedzą, kiedy robimy się senni i układamy w pozycji horyzontalnej, tracąc jakąkolwiek ochotę na wstawanie. Właśnie wtedy rzucają się do ataku. Składają jaja w licznych fałdkach odbytu i tak długo i energicznie wiją się na wszystkie strony, aż czujemy swędzenie. Wówczas błyskawicznie wycofują się w głąb jelita, bo z doświadczenia wiedzą, że za chwilę pojawi się ludzka dłoń i załatwi za nie całą resztę. Będzie się powoli przesuwać pod kołdrą w kierunku pośladków, aż dotrze do źródła nieznośnego swędzenia. Te same szlaki nerwowe, które przekazały informację o swędzeniu, teraz przesyłają rozkaz: „Natychmiast drapać!". Ulegamy temu wezwaniu i sami przyczyniamy się do tego, że potomstwo samicy owsika w ekspresowym tempie trafia w okolice ust.

No bo kiedy mamy najmniejszą ochotę, by umyć ręce po drapaniu się w okolicach pośladków? Oczywiście wtedy, gdy nawet sobie nie uświadamiamy, że się drapaliśmy, ponieważ śpimy, ewentualnie gdy jesteśmy zbyt zmęczeni, by wstać i iść do łazienki. Czyli dokładnie w czasie, gdy owsiki składają jaja. Czy już jest jasne, co oznacza kolejny sen o wkładaniu palców w krem czekoladowy? Tak jest: powrót owsików (tym razem w postaci jajeczek) do macierzy. Przypuszczam, że niejeden z czytelników krzywi się teraz z obrzydzeniem, ale odrzućmy odrazę – przecież kurze jaja zjadamy bez oporów (fakt, takie jaja są sporo większe, no i najczęściej wcześniej je gotujemy).

Zwykle nie patrzymy przychylnym okiem na stworzenia, które nieproszone wprowadzają się do naszych jelit i tam snują plany o powiększeniu rodziny. Głupio nam też poruszać ten temat w rozmowie. Zupełnie jakby źle to świadczyło o nas jako gospodarzach, pokazując, że nie mamy wpływu nawet na to, co się dzieje w naszym własnym wnętrzu, i uświadamiając innym, że byle intruz może się u nas zameldować bez pytania. Ale owsiki to szczególni mieszkańcy. To goście, którzy wprawdzie zmuszają nas do porannej gimnastyki i fundują nam na zakończenie masaż stymulujący układ odpornościowy, ale w zasadzie nic nam nie odbierają i nie podkradają nam pożywienia.

Oczywiście, nie jest dobrze mieć owsiki przez cały czas – ale raz w życiu można sobie na to pozwolić. Naukowcy podejrzewają nawet, że zarażenie owsikami w dzieciństwie może w późniejszym życiu uchronić nas przed ostrą postacią astmy, a nawet cukrzycą. A zatem: *Welcome Mr & Mrs Owsik!* Nie przesadzajmy jednak z tą gościnnością. Niekontrolowany atak owsików może nam bowiem grozić trzema niezbyt przyjemnymi konsekwencjami.

1. Jeśli nie uda nam się porządnie wyspać, w ciągu dnia będzie nam trudno się skoncentrować, będziemy bardziej pobudliwi niż normalnie lub wręcz drażliwi.
2. Zdarza się, że robaki, mimo że zdecydowanie nie lubią błądzić, docierają nie tam gdzie trzeba. Wówczas natychmiast należy się ich pozbyć. Kto chciałby mieć owsiki z tak słabą orientacją w terenie?
3. Jeśli mamy bardzo wrażliwe jelita lub nasze owsiki są wyjątkowo żywotne, może dojść do podrażnień, które z kolei mogą wywołać: zaparcia, biegunkę, bóle brzucha, bóle głowy czy mdłości.

Po zaobserwowaniu u siebie któregoś z powyższych objawów, nie można zwlekać z wizytą u lekarza! Dowiemy się przy okazji, jak nietypowo wykorzystać taśmę klejącą. W zależności od manier i delikatności lekarza zalecenie może brzmieć rozmaicie, ale jego zasadnicza treść będzie następująca: „Rozsunąć pośladki, do środka włożyć kawałek taśmy klejącej i przykleić wokół odbytu. Oderwać. Przynieść do przychodni, przekazać pani Eli w rejestracji. Do widzenia".

Jaja owsików to w końcu tylko maleńkie kuleczki, które doskonale przyczepiają się do taśmy klejącej. Ważne jest, by całą operację przeprowadzić rano – do tego czasu samice zdążą już złożyć większość jaj. Części ciała będącej schronieniem dla młodych owsików nie należy przed zebraniem jajeczek spłukiwać wodą ani wycierać do czysta. Pamiętajmy – pierwsze, co powinno dotknąć rano tych okolic, to kawałek taśmy klejącej.

Jeśli lekarz, badając go pod mikroskopem, zobaczy małe owalne jajeczka, przepisze nam jeden z dostępnych w aptekach preparatów pomocnych w walce z uciążliwymi gośćmi. Substancja czynna zawarta w tych lekach, na przykład mebendazol, działa w myśl zasady, którą wszyscy znamy z przedszkola: robisz mi na złość, robaku, to ja będę robić na złość tobie.

Zażyty preparat, wędrując z ust do jelita grubego, natrafia w pewnym momencie na naszych całkiem już rozbestwionych lokatorów, czyli owsiki. One także mają otwory gębowe i własne jelita, a więc i u nich lek pokonuje analogiczną drogę. Jednak w jelitach robaków mebendazol wyrządza znacznie większe szkody niż w naszych: zmusza owsiki do przejścia na drastyczną dietę, obejmującą całkowitą rezygnację ze spożywania cukru. Tymczasem robakom cukier jest niezbędny do życia, dlatego też ta dieta wkrótce staje się ich ostatnią. To trochę tak, jakbyśmy nieproszonym, uciążliwym gościom przestali proponować cokolwiek do jedzenia.

Jaja owsików żyją długo. Jeśli mamy robaki i nie jesteśmy w stanie utrzymać dłoni z dala od ust, zadbajmy o to, by liczba jajeczek w naszym otoczeniu była jak najmniejsza. W tym celu należy codziennie zmieniać pościel i bieliznę osobistą, a następnie prać je w temperaturze co najmniej 60°C. Trzeba też oczywiście myć ręce, a ataki swędzenia starać się łagodzić raczej za pomocą maści niż energicznego drapania. Moja matka zapewnia, że robaki znikają, jeśli codziennie połyka się ząbek czosnku. Nie natknęłam się jak dotąd na wyniki badań, które by to potwierdzały, ale nie ma też naukowych doniesień na temat tego, kiedy należy się ciepło ubierać, a w tej kwestii mama też nigdy się nie myli. Jeśli żaden z tych środków nie przyniesie spodziewanego efektu, nie ma co rozpaczać. Trzeba spokojnie zamówić kolejną wizytę u lekarza i cieszyć się, że nasze jelita mają takie wzięcie.

O higienie i dobrych bakteriach

Pragniemy uchronić się od zła. Chyba nikt nie chciałby z własnej woli zarazić się salmonellą czy choćby tak powszechną bakterią jak *Helicobacter*. Nie chcemy mieć nic wspólnego nawet z takimi mikrobami, o których działaniu jak dotąd wiemy bardzo niewiele, podejrzewając zaledwie, że tuczą, wywołują cukrzycę lub pogarszają nam nastrój. Naszą podstawową bronią w walce z nimi jest higiena. Zachowujemy więc ostrożność w odniesieniu do surowizn, nie dajemy buziaka każdej napotykanej osobie i strumieniami gorącej wody chcemy wypłukać wszystkie zarazki. Ale rozsądna higiena nie zawsze na tym polega.

Zachowanie higieny w jelitach można by porównać do utrzymania porządku w puszczy. Nawet maniak czystości nie będzie jej przecież próbował sprzątać mopem. Las jest zdrowy, gdy panuje w nim równowaga pomiędzy rozmaitymi pożytecznymi roślinami. Do tego zaś możemy się sami przyczynić: dosadzając nowe rośliny w nadziei, że się przyjmą. Możemy też, wyszukawszy szczególnie cenne dla nas gatunki, dbać o nie tak, by się rozmnażały i pięknie rosły. Oczywiście, zdarzają się też rozmaite wredne szkodniki. W stosunku do nich konieczna jest ostrożność. Jeśli nic innego nie działa, sięgamy oczywiście po „broń chemiczną". Pestycydy mogą zdziałać cuda w walce ze szkodnikami – ale nie powinno się z nich korzystać przy byle okazji.

Mądra higiena zaczyna się więc od zapytania siebie samych, na co naprawdę powinniśmy zwracać uwagę i co oznacza „przesadna czystość".

W utrzymaniu czystości we wnętrzu naszego ciała mogą się przydać trzy rodzaje preparatów: za pomocą antybiotyków możemy usunąć niebezpieczne zarazki, z kolei pre- i probiotyki wspomagają dobre bakterie. *Pro bios* oznacza „dla życia". Produkty zwane probiotykami zawierają żywe bakterie, które mogą przyczynić się do poprawy naszego zdrowia. *Pre bios* to w przekładzie „przed życiem". Prebiotyki są to więc takie produkty spożywcze, które docierają do jelita grubego i tam dokarmiają dobre bakterie, dzięki czemu rozwijają się one lepiej niż złe. I wreszcie *anti bios*, czyli „przeciw życiu". Antybiotyki wybijają wszystkie bakterie, przychodząc na ratunek tym, którzy padli ofiarą złych zarazków.

HIGIENA NA CO DZIEŃ

Czystość to bardzo ciekawe zjawisko o charakterze, wbrew pozorom, przede wszystkim psychicznym. Lubimy czysty, świeży smak miętowych dropsów, podobają nam się lśniące jak kryształ okna i odczuwamy wielką przyjemność, gdy zaraz po prysznicu możemy położyć się w czystej pościeli. Lubimy zapach czystości, chętnie gładzimy wypolerowane na błysk powierzchnie. Zasypiamy spokojniej, wiedząc, że nie zagraża nam niewidzialna armia zarazków, bo użyliśmy środków dezynfekujących.

Sto trzydzieści lat temu w Europie odkryto, że gruźlicę wywołują bakterie. Wówczas po raz pierwszy nauka oficjalnie przyjęła do wiadomości istnienie mikrobów, uznając je zarazem za stworzenia złe, niebezpieczne, a co najgorsze – niewidzialne. Wkrótce na naszym kontynencie zaczęto wdrażać nowe zasady postępowania: chorych izolowano, by nie rozsiewali zarazków, w szkołach wprowadzono zakaz plucia, ganiono zbyt bliski kontakt fizyczny z innymi osobami i nawoływano do całkowitej rezygnacji z „wspólnoty ręcznika". Na dodatek uznano, że pocałunki należy ograniczyć wyłącznie do tych, których „nie da się uniknąć ze względów erotycznych". Zakazy te mogą brzmieć osobliwie, jednak trwale zakorzeniły się w naszej świadomości: od tamtych czasów plucie uchodzi u nas za niekulturalne, unikamy jak ognia dzielenia się z kimś ręcznikiem czy szczoteczką do zębów, a do kontaktów fizycznych podchodzimy ze znacznie większą rezerwą niż przedstawiciele innych kultur.

Sto lat temu wydawało się, że zakaz plucia przyniesie cud w postaci zniknięcia śmiertelnych chorób. Zakaz stał się więc regułą, która trwale zapisała się w umysłach kolejnych pokoleń. Ci, którzy jej nie przestrzegali, wystawiając pozostałych na niebezpieczeństwo, narażali się na pogardę i drwiny. Taką postawę rodzice wpajali dzieciom, aż w końcu plucie zaczęło uchodzić za nieeleganckie i prostackie. Uznanie zyskało jednocześnie dbanie o czystość. Starano się o zachowanie możliwie największego porządku w świecie pełnym chaosu. Firma Henkel ujęła to w następujący sposób: „Brud to materia na niewłaściwym miejscu".

O ile wcześniej wielkie łaźnie, w których można było zadbać o higienę, zastrzeżone były dla bogaczy, w początkach XX wieku niemieccy dermatolodzy zaczęli nawoływać do ogólnej czystości hasłem: „Jedna kąpiel w tygodniu dla każdego Niemca!". Towarzyszyły temu kampanie zdrowotne prowadzone przez fabrykantów. Budowali oni łaźnie dla robotników i wydawali im bezpłatnie mydło i ręczniki. Jednak idea kąpania się raz w tygodniu przebiła się na dobre dopiero w początkach lat pięćdziesiątych. Przeciętna rodzina brała wówczas kąpiel co sobota – wszyscy po kolei w tej samej wodzie – przy czym w niektórych domach pierwszeństwo wejścia do wanny miał ciężko pracujący ojciec. Pierwotnie z czystością kojarzono usunięcie brzydkiego zapachu i widocznego brudu, z czasem stawała się ona pojęciem coraz bardziej abstrakcyjnym. Dziś po prostu nie wyobrażamy sobie, że można kąpać się tylko raz w tygodniu, i to jeszcze z całą rodziną. Kupujemy środki dezynfekujące, by usunąć nawet to, czego nie da się dostrzec. Po ich użyciu wszystko wygląda tak samo jak przedtem – a mimo to skłonni jesteśmy wydawać na nie pieniądze.

Media nieustannie donoszą o groźnych wirusach grypy, odpornych na leczenie zarazkach i skandalach związanych z bakteriami EHEC. Wydaje się, że wszędzie czają się niewidzialne niebezpieczeństwa, przed którymi należałoby się uchronić. Jeden z nas więc zje mniej sałaty podczas „epidemii wściekłych warzyw", inny będzie przeglądać internet w poszukiwaniu informacji na temat „dezynfekcji całego organizmu". Ludzie rozmaicie reagują, gdy się czegoś boją. Kpienie z tego byłoby pójściem na łatwiznę – należy raczej próbować zrozumieć, skąd biorą się takie lęki.

Obsesja na punkcie higieny objawia się tym, że próbujemy wyszorować do czysta wszystko, co się da, i wybić wszelkie bakterie. Nie wiemy wprawdzie, które dokładnie bakterie należałoby wybić, ale oczywiście mamy na myśli te złe. Tymczasem w rzeczywistości niszczymy wszystkie bakterie: i złe, i dobre. Taka czystość nie może służyć naszemu zdrowiu. Im wyższe standardy higieniczne obowiązują w danym kraju, tym częściej występują tam alergie i choroby autoimmunologiczne. Trzydzieści lat temu uczulenia występowały średnio u co dziesiątej osoby, obecnie – u co trzeciej. A jednocześnie liczba infekcji wcale się zauważalnie nie zmniejszyła. Rozsądna dbałość o higienę wygląda inaczej – takie ujęcie starają się upowszechniać bakteriolodzy. Nie chodzi o to, by wybić wszystkie niebezpieczne zarazki.

Ponad 95% żyjących na świecie bakterii nie wyrządza ludziom jakiejkolwiek szkody, a niektóre z drobnoustrojów mogą okazać się wręcz pożyteczne. Dlatego w zwykłym gospodarstwie domowym dezynfekcja nie jest do niczego potrzebna – chyba że ktoś w rodzinie jest chory albo pies zrobił właśnie kupę na podłogę w salonie. Oczywiście, może się zdarzyć, że to ów pies był chory – wówczas bez przeszkód możemy oddać się wymyślaniu strategii dezynfekcyjnych: myjka parowa, szorowanie lizolem, a może mały miotacz płomieni... To może być nawet całkiem zabawne zajęcie. Jednak do zwykłej, trochę brudnej i zadeptanej podłogi w zupełności wystarczy woda z odrobiną preparatu czyszczącego. Oba te środki pozwalają zredukować ilość bakterii na podłodze o blisko 90%. W takich warunkach dobre lub neutralne bakterie, które normalnie bytują sobie na naszej podłodze, mają szansę na szybki powrót, natomiast złych zostaje po prostu zbyt mało, żeby rychło odbudowały szeregi.

Celem sprzątania powinno być zmniejszenie ilości bakterii – a nie pozbycie się ich ze szczętem. Również złe bakterie mogą być dla nas przydatne, służąc jako swoiste worki treningowe. Kilka tysięcy salmonelli w zlewozmywaku to dla naszego układu odpornościowego sportowa atrakcja. Niebezpiecznie robi się dopiero wtedy, gdy salmonelli jest zbyt dużo. Kiedy pojawia się zbyt dużo bakterii? Oczywiście wówczas, gdy natrafią na sprzyjające warunki: bezpieczne miejsce do życia, ciepły i wilgotny klimat, a także smaczne posiłki dostarczane od czasu do czasu. Do utrzymania pod kontrolą domowych bakterii wystarczą cztery sprawdzone sposoby: rozcieńczanie, suszenie, poddawanie działaniu wysokiej lub niskiej temperatury i czyszczenie.

Rozcieńczanie

Tę metodę wykorzystujemy także w laboratoriach. Rozcieńczamy bakterie w płynie, a następnie tak uzyskany preparat o różnym stężeniu podajemy larwom ciem z podrodziny barciakowatych. Larwy owych ciem przebarwiają się, gdy zaczynają chorować.

Dzięki temu możemy dokładnie określić, w jakim stężeniu dane bakterie stają się szkodliwe: niektóre już w stężeniu 1000 bakterii na kroplę, inne – aż dziesięciu milionów.

W gospodarstwie domowym rozcieńczaniem jest na przykład płukanie warzyw i owoców. Dzięki tej czynności liczba bakterii zawartych w glebie spada do tego stopnia, że nie są już dla nas szkodliwe. W Korei do wody dodaje się jeszcze trochę octu, bakterie bowiem źle się czują w kwaśnym środowisku. Jedną z technik rozcieńczania jest też wietrzenie pokojów.

Jeśli jednak po starannym rozcieńczeniu bakterii na naczyniach, sztućcach czy deskach na koniec przecieramy je gąbką i odstawiamy na bok, równie dobrze mogliśmy oszczędzić sobie zachodu i po prostu wylizać je do czysta. Gąbka kuchenna jest ciepła, wilgotna i pełna resztek pożywienia, stanowi więc idealną pożywkę dla czyhających w pobliżu mikrobów. Po przyjrzeniu się gąbce pod mikroskopem człowiek ma ochotę skulić się w kącie i wyć cichutko z rozpaczy.

Gąbki kuchenne powinny służyć tylko do usuwania widocznych zabrudzeń. Po wyszorowaniu nimi sztućców czy talerzy, umyte przedmioty trzeba jeszcze krótko opłukać pod bieżącą wodą. Rezerwuarem mikrobów są też wiecznie wilgotne ściereczki kuchenne – przydają się one raczej do równomiernego rozprowadzania bakterii niż do osuszania czegokolwiek. Dlatego gąbki i ręczniki należy zawsze starannie wyżymać i pozwolić im dobrze wyschnąć – inaczej zmieniają się w przytulne pensjonaty dla bakterii.

Suszenie

Na suchych powierzchniach bakterie nie mogą się rozmnażać, a niektóre wręcz od razu giną. Dlatego umyta podłoga jest najczystsza dopiero po wyschnięciu. Za pomocą dezodorantu osuszamy pachy, czego bakterie nie lubią – zmniejsza to jednocześnie nieprzyjemny zapach. Suszenie jest naprawdę dobrą metodą. Po odpowiednim wysuszeniu produkty spożywcze da się przechowywać przez długi czas bez obawy, że zapleśnieją. Przykłady można mnożyć. Wśród produktów spożywczych poddawanych suszeniu znajdują się: makaron, musli, chrupkie pieczywo, ale też owoce (np. rodzynki), fasola czy soczewica, a także mięso.

Niskie i wysokie temperatury

W naturze „program czyszczący" uruchamiany jest raz do roku – bo tym właśnie, z punktu widzenia bakterii, jest zima. W codziennym życiu wielką rolę odgrywa chłodzenie produktów spożywczych. Niemniej w przeciętnej lodówce tak czy owak znajduje się tyle jedzenia, że mimo obniżonej temperatury jest ona rajem dla bakterii. Postarajmy się więc chociaż, by panująca tam temperatura nie przekraczała 5°C.

W przypadku większości pranych ubrań zasada rozcieńczania sprawdza się idealnie. Jednak wilgotne ręczniki kuchenne, a także majtki i bieliznę osób chorych nie zawadzi od czasu do czasu włożyć do pralki nastawionej na 60°C. W temperaturze powyżej 40°C ginie większość bakterii *E. coli*, woda mająca powyżej 70°C poradzi sobie nawet z bardzo uporczywymi salmonellami.

Czyszczenie

„Czyszczenie", względnie oczyszczanie, oznacza usuwanie z danej powierzchni warstewki tłuszczów i białek. W ten sposób pozbywamy się też bakterii, które ukrywają się w niej lub pod nią. Zwykle używamy w tym celu wody i wybranego preparatu. Czyszczenie to najlepszy sposób zachowania higieny we wszystkich pokojach, w kuchni i w łazience.

W pewnych sytuacjach zabieg ten przeprowadza się jednak o wiele bardziej rygorystycznie, na przykład podczas produkcji leków podawanych chorym bezpośrednio dożylnie (takich jak płyny infuzyjne) – tu nie ma prawa dostać się choćby jedna bakteria. W laboratoriach farmaceutycznych wykorzystuje się w tym celu między innymi jod, ze względu na jego zdolność sublimacji. Kryształek jodu pod wpływem ciepła przechodzi bezpośrednio w stan gazowy, ani na chwilę nie zmieniając się w ciecz – na tym właśnie polega sublimacja. Dlatego też podgrzewa się jod, aż całe pomieszczenie spowiją kłęby niebieskiego dymu.

Nasuwają się tu skojarzenia z działaniem odkurzacza parowego, ale na tym cały proces się nie kończy: jod bowiem podlega także resublimacji. Po schłodzeniu pomieszczenia cała zgromadzona w nim para błyskawicznie zamienia się w kryształki. Na wszystkich powierzchniach, a także bezpośrednio w powietrzu powstają miliony kryształków, które „zapuszkowują" wszystkie bakterie i wraz z nimi opadają na podłogę. Pracownicy laboratorium mogą jednak przystąpić do ich uprzątnięcia, dopiero kiedy są ubrani w sterylne kombinezony i gdy pokonają kilka śluz powietrznych i dezynfekcyjnych.

Bardzo podobną zasadę wykorzystujemy również na co dzień, podczas kremowania rąk: nakładając krem, unieruchamiamy bakterie w warstewce tłuszczu i odbieramy im jednocześnie możliwość wydostania się na zewnątrz. Gdy następnie myjemy ręce, pozbywamy się przy okazji bakterii. Ponieważ skóra sama wytwarza ochronny płaszcz tłuszczowy, często do unieruchomienia bakterii nie trzeba nawet używać kremów, w zupełności wystarczy zrezygnować od czasu do czasu z mydła.

Samą wodą nie uda nam się bardzo dokładnie zmyć tłuszczowej warstewki ochronnej, dzięki czemu po umyciu może ona ponownie dość szybko podjąć przerwane obowiązki. Zbyt częste

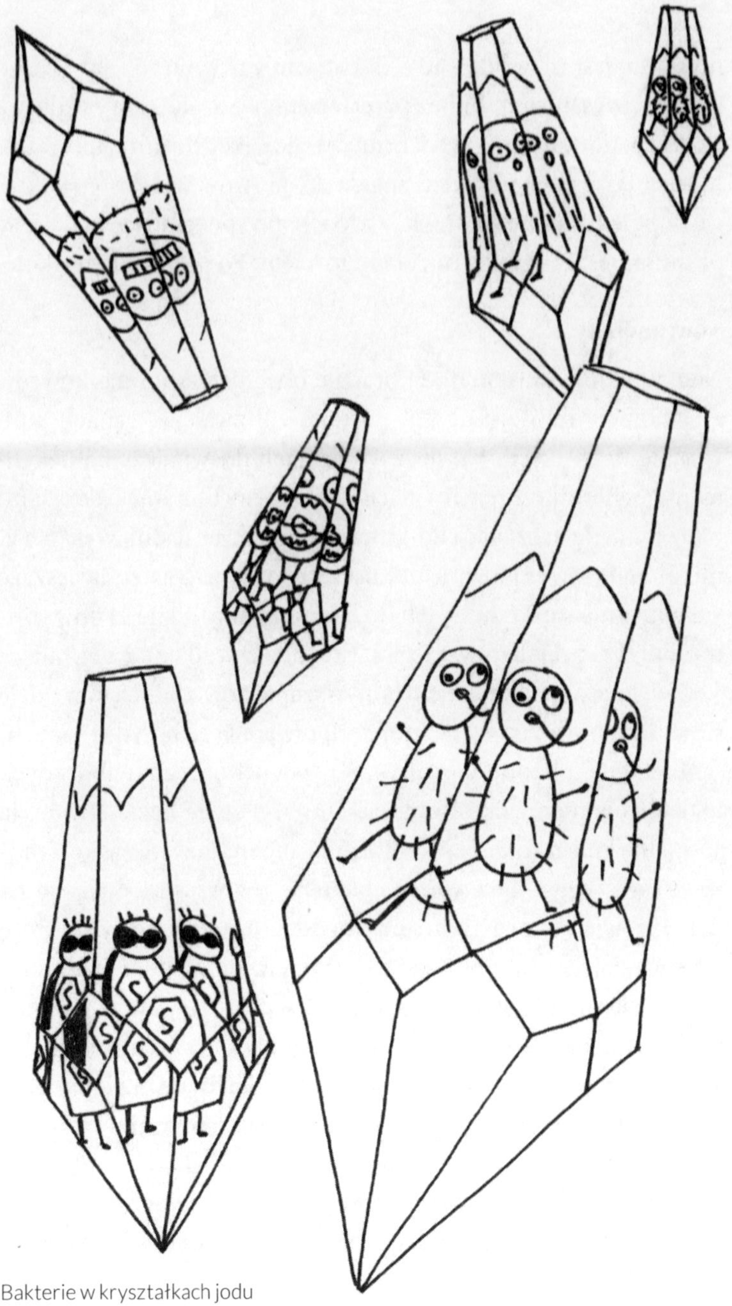

Bakterie w kryształkach jodu

mycie się jest niewskazane – dotyczy to zarówno mycia rąk, jak i brania prysznica. Jeśli bez przerwy zmywamy ze skóry warstwę tłuszczu, pozbawiamy się ochrony przed szkodliwymi wpływami otoczenia. Jeśli na przykład znajdą do nas wówczas dostęp bakterie odpowiedzialne za przykry zapach, po spoceniu się będziemy pachnieć jeszcze gorzej niż przed myciem. Po prostu błędne koło.

Nowe metody

Nad zupełnie nową metodą pracuje obecnie zespół naukowców z Gandawy. Tamtejsi uczeni postanowili zwalczyć zapach potu właśnie przy użyciu bakterii. W ramach doświadczenia dezynfekują ochotnikom pachy, nacierają je bezwonnymi bakteriami i każą chwilę zaczekać. Po kilku minutach uczestnicy eksperymentu mogą się ponownie ubrać i iść do domu. Następnie jeszcze wielokrotnie zaprasza się ich do laboratorium, gdzie są obwąchiwani przez specjalistów. Pierwsze rezultaty wydają się obiecujące – w wielu przypadkach neutralnym zapachowo bakteriom udaje się skutecznie wyprzeć te, które odpowiadają za brzydki zapach.

Podobną metodę zastosowano w cuchnących publicznych toaletach w niemieckim mieście Düren. Pewna firma stworzyła specjalną mieszankę bakterii, której można używać jako środka czyszczącego. „Bezwonne" bakterie rozprzestrzeniają się na danej powierzchni i tym samym zabierają miejsce tym, które odpowiadają za brzydki zapach. Pomysł, by za pomocą bakterii czyścić urządzenia sanitarne, jest wprost genialny. Niestety, producenci nie chcą zdradzić składu mieszanki, co utrudnia dokonanie naukowej analizy produktu. W każdym razie ten eksperyment skłania do wysnucia wniosku, że Düren musi być naprawdę interesującym miastem.

Nowe pomysły bakteriologów pozwalają stwierdzić ponad wszelką wątpliwość, że higiena nie polega bynajmniej na tym, by usunąć wszystkie bakterie. Chodzi raczej o właściwe proporcje, o przewagę dobrych bakterii nad złymi. Wszystko sprowadza się do tego, by rozważnie chronić się przed prawdziwymi zagrożeniami, a niekiedy świadomie pozwolić rozprzestrzenić się dobrym bakteriom. Mając to w pamięci, można ponownie zgodzić się z utrwalonymi opiniami, jak ta autorstwa amerykańskiej pisarki Suellen Hoy: *From the perspective of a middle-class American woman (also a seasoned traveler) who has weighed the evidence, it is certainly better to be clean than dirty**.

ANTYBIOTYKI

Antybiotyki nadzwyczaj skutecznie zabijają niebezpieczne zarazki chorobotwórcze, a także… ich krewnych, przyjaciół, znajomych i całkiem dalekich znajomych. Czyni je to najlepszym orężem w walce z groźnymi bakteriami – i jednocześnie najpotężniejszą bronią przeciw bakteriom pożytecznym. A kto wytwarza najwięcej antybiotyków?

Bakterie.

Chwileczkę, co takiego?

Właśnie tak: antybiotyki to broń, za pomocą której wzajemnie zwalczają się wrogie grzyby i bakterie. Od chwili, gdy dokonano tego odkrycia, w firmach farmaceutycznych prowadzi się masową hodowlę bakterii. W gigantycznych zbiornikach z płynem (o pojemności nawet 100 tysięcy litrów) żyje takie mnóstwo bakterii, że aż trudno wyrazić to w liczbach. To one są właściwymi producentami antybiotyków. My tylko oczyszczamy substancje wytworzone przez bakterie i umieszczamy je w tabletkach.

---

* Z punktu widzenia amerykańskiej przedstawicielki klasy średniej (i jednocześnie doświadczonej podróżniczki), kładącej na szali rozmaite fakty, jest całkiem jasne, że lepiej być czystym niż brudnym.

Gotowe leki sprzedają się jak świeże bułeczki. Rekordzistami są Stany Zjednoczone: podczas badań nad oddziaływaniem antybiotyków na ludzką florę jelitową w całej aglomeracji San Francisco i pobliskich miejscowościach znalazły się dwie – tak, zaledwie dwie – osoby, które w minionych dwóch latach nie zażywały żadnych antybiotyków. Co czwarty Niemiec sięga po antybiotyk przeciętnie raz w roku. Najczęstszym powodem jest „przeziębienie". Słysząc coś takiego, każdy mikrobiolog ma ochotę rwać sobie włosy z głowy. Przecież przeziębienia są nierzadko spowodowane przez wirusy, a nie przez bakterie! Antybiotyki działają na trzy sposoby: zabijając bakterie, zatruwając je lub czyniąc niezdolnymi do reprodukcji. Wirusom nie mogą jednak zagrozić.

Dlatego aplikowane podczas przeziębień zazwyczaj wcale nie pomagają. Zdarza się, że po ich zażyciu stan chorego się polepszy, jest to jednak wynik działania efektu placebo bądź po prostu pracy układu odpornościowego. Jednocześnie wskutek bezsensownego brania antybiotyków pacjent niszczy wiele pożytecznych bakterii i w ten sposób na dłuższą metę robi sobie krzywdę. Aby się uchronić przed pochopnym braniem antybiotyków, można w przypadku infekcji o niejasnym pochodzeniu poprosić lekarza rodzinnego o oznaczenie prokalcytoniny. Badanie to pozwala stwierdzić, czy źródłem choroby są bakterie czy wirusy. Test taki kosztuje w Niemczech 25 euro i nie jest refundowany przez większość kas chorych. Takie rozwiązanie warto jednak wziąć pod uwagę zwłaszcza w odniesieniu do dzieci*.

Ale jeśli zażycie antybiotyków jest naprawdę konieczne, nie wahajmy się ani chwili. W takiej sytuacji korzyści są bowiem zdecydowanie większe niż ewentualne szkody – na przykład przy ostrym zapaleniu płuc albo szczególnie złośliwej infekcji dziecięcej, którą chcemy w pełni pokonać, by nie pociągnęła za

* W Polsce badanie też jest płatne; kosztuje ok. 100 zł (przyp. tłum.).

sobą groźnych komplikacji. W takim przypadku jedna mała tabletka może uratować życie. Pod wpływem antybiotyków bakterie przestają się mnożyć. Pozostałymi w organizmie chorobotwórczymi zarazkami zajmie się już nasz układ odpornościowy, a my wkrótce wrócimy do zdrowia. Będzie trzeba zapłacić za to pewną cenę, ale koniec końców i tak zrobimy dobry interes.

Najczęstszym skutkiem ubocznym antybiotykoterapii jest biegunka. Choćby jednak do niej nie doszło, zauważalnym efektem będą większe „porcje" pozostawiane przez nas podczas porannej wizyty w toalecie. Mówiąc brutalnie: są to właśnie duże porcje martwych bakterii jelitowych. Tabletka antybiotyku nie wędruje bowiem bezpośrednio z ust do przeziębionego nosa, tylko spada do żołądka, a stamtąd przedostaje się do jelit. Zanim trafi do krwi, a wraz z nią i do nosa, styka się z bakteryjną florą jelitową, którą dziesiątkuje, zatruwa i pozbawia zdolności rozrodczych. W efekcie powstaje przerażające pobojowisko, któremu możemy się przyjrzeć właśnie w ubikacji.

Antybiotyki mogą radykalnie zmienić skład naszej flory bakteryjnej. Pod ich wpływem nie tylko zmniejsza się różnorodność bakterii żyjących w jelitach, ale też zmieniają się upodobania pokarmowe tych, które pozostają przy życiu, i ich niektóre ważne umiejętności – takie na przykład jak zdolność absorbowania cholesterolu czy wytwarzania witamin (choćby ważnej dla skóry witaminy H). Jak wykazały pierwsze badania prowadzone na Harvardzie i w Nowym Jorku florę jelitową szczególnie mocno zmieniają metronidazol i gentamycyna.

Podawanie antybiotyków jest ryzykowne zwłaszcza w przypadku dzieci i osób starszych. Ich flora jelitowa jest i tak znacznie mniej stabilna i gorzej regeneruje się po zakończeniu terapii. Prowadzone w Szwecji badania wykazały, że u dzieci nawet w dwa miesiące po kuracji antybiotykowej wciąż występowały duże zmiany flory jelitowej: cały czas więcej było potencjalnie szkodliwych bakterii, a mniej dobrych, takich jak bifidobakterie czy *Lactobacillus*. Antybiotykoterapia obejmowała stosowanie ampicyliny i gentamycyny. W badaniach wzięło udział zaledwie dziewięcioro dzieci, wyniki nie są więc szczególnie miarodajne, ale są to pierwsze w ogóle badania tego rodzaju, warto więc o nich wspomnieć.

Nowsze badania prowadzone z udziałem irlandzkich emerytów wykazały wyraźne zróżnicowanie w kwestii regenerowania się flory jelitowej po zakończeniu kuracji: u części pacjentów następował szybki powrót do stanu sprzed leczenia, u innych flora bakteryjna pozostawała niekorzystnie zmieniona przez dłuższy czas. Wciąż nie ma pewności, jakie jest podłoże owych różnic. Taką zdolność do brania się w garść i odzyskiwania utraconych sił nazywamy w przypadku jelit tak samo jak w psychologii – rezyliencją.

Projekty badawcze dotyczące długofalowych skutków zażywania antybiotyków można wciąż policzyć na palcach jednej ręki – choć przecież wykorzystujemy te leki od ponad półwiecza. Przyczyny tego stanu rzeczy mają czysto techniczny charakter: dopiero od kilku lat dysponujemy odpowiednią aparaturą badawczą. Jedyny w pełni potwierdzony efekt zażywania antybiotyków dotyczy zwiększenia się pod ich wpływem odporności bakterii. Nawet po upływie dwóch lat od zakończenia kuracji w jelicie wciąż znajdują się szkodliwe bakterie, które swoim praprapra...prawnukom opowiadają o wielkiej wojnie z podłymi antybiotykami.

Bakterie, którym udało się przetrwać atak antybiotyku, mają wypracowane określone techniki oporu. W ich ściany komórkowe są, na przykład, wbudowane niewielkie pompy. Dzięki nim bakterie mogły wypompować z siebie antybiotyk, podobnie jak to robi straż pożarna, osuszając zalaną piwnicę. Niektóre mikroby umieją się też ukrywać pod przebraniem, doprowadzając do tego, że antybiotyk, nie rozpoznawszy ich, zaprzestaje w efekcie łowów. Jeszcze inne wykorzystują swoją zdolność rozkładania rozmaitych substancji i konstruują narzędzia, które pozwalają rozłożyć antybiotyk.

Sęk w tym, że antybiotyki rzadko wybijają wszystkie bakterie. Niszczą określone grupy – w zależności od tego, jaką truciznę zawierają. Zawsze jednak znajdą się bakterie, które przeżyją atak i staną się doświadczonymi bojownikami. Kiedy znów poważnie zachorujemy, właśnie one mogą nam przysporzyć kłopotów: im większą oporność wykształcą, tym trudniej będzie je pokonać z pomocą antybiotyków.

Co roku w Europie wiele tysięcy ludzi umiera za sprawą bakterii, które stały się tak oporne, że nie działają już na nie żadne leki. Kiedy układ odpornościowy człowieka jest osłabiony po operacji albo wskutek długiej terapii antybiotykowej, oporne bakterie zyskują zdecydowaną przewagę, co może się okazać naprawdę groźne w skutkach. A alternatywne leki nie powstają, bo ta branża z całą pewnością nie jest żyłą złota dla koncernów farmaceutycznych.

Aby więc ustrzec się przed niepotrzebnymi „wojnami antybiotykowymi" w jelitach, warto przestrzegać następujących zaleceń:

1. Nie bierzmy antybiotyków bez potrzeby. Jeśli już jednak musimy, zażywajmy je dostatecznie długo. Chodzi o to, że mniej zajadli bojownicy bakteryjnego ruchu oporu w końcu dadzą sobie spokój i złożą broń. Po zakończeniu kuracji w jelitach pozostaną więc tylko te bakterie, które przetrwałyby tak czy owak. Jednak eliminując całą resztę, nie mnożymy ich przynajmniej bez potrzeby.
2. Kupujmy mięso z ekologicznych hodowli. W zależności od kraju pochodzenia bakterie wykształcają oporność na rozmaite substancje. Szokująco często jest to ściśle związane z antybiotykami podawanymi zwierzętom w wielkich gospodarstwach. W krajach takich jak Indie czy Hiszpania nie istnieje praktycznie żadna kontrola nad aplikowaniem zwierzętom antybiotyków. Nieszczęsne stworzenia, faszerowane medykamentami, dorabiają się w konsekwencji olbrzymich bakteryjnych ogrodów zoologicznych we własnych jelitach. Efekt jest taki, że również ludzie mieszkający w tych krajach zauważalnie częściej niż gdzie indziej zapadają na niedające się wyleczyć infekcje. W Niemczech istnieją pewne regulacje prawne w tym zakresie, choć są one wręcz śmiesznie nieprecyzyjne. W rezultacie wielu weterynarzy dorabia sobie, prowadząc półlegalny handel antybiotykami.

Dopiero w roku 2006 w Unii Europejskiej wprowadzono zakaz dodawania do pasz antybiotyków jako „stymulatorów wzrostu". Owo stymulowanie wzrostu polega między innymi na tym, by zwierzę spędzające całe życie w boksie i stojące po kostki we własnym łajnie, nie zmarło w wyniku infekcji. A to doskonale daje się załatwić dzięki antybiotykom. Zwierzęta z ekologicznych hodowli mogą przyjmować tylko ściśle określone dawki antybiotyków – jeśli zostaną one przekroczone, mięso sprzedaje się jako „zwyczajne", a więc bez stosownego certyfikatu. O ile to możliwe, rozważmy więc wydanie kilku złotych więcej na „ekologiczne" mięso – dla ochrony przed armią opornych bakterii i dla świętego spokoju naszych jelit. Rezultatów nie zauważymy z dnia na dzień, ale na dłuższą metę to naprawdę dobra inwestycja.

3. Zawsze dokładnie myjmy warzywa i owoce. Wbrew pozorom również to zalecenie ma związek z hodowlą zwierząt. A to dlatego, że zwierzęce odchody wykorzystuje się jako nawóz – trafiają one na pola uprawne w postaci gnojówki. W Niemczech warzywa i owoce nie są sprawdzane pod kątem obecności antybiotyków – a już tym bardziej opornych bakterii. (W przypadku mleka, jajek czy mięsa kontroluje się przynajmniej, czy nie przekroczono dopuszczalnej zawartości antybiotyków). Dlatego zawsze lepiej umyć zieleninę trochę za dokładnie niż nieco zbyt niechlujnie. Nawet niewielkie ilości antybiotyków mogą bowiem sprzyjać wytwarzaniu oporności bakterii.
4. Zachowajmy ostrożność na wakacjach. Co czwarty urlopowicz przywozi ze sobą niechcianą pamiątkę w postaci niezwykle opornych bakterii we własnych jelitach. Większość z nich umiera po kilku miesiącach, jednak niektóre czekają na swoją szansę znacznie dłużej. Szczególna ostrożność zalecana jest w takich „trudnych" krajach, jak na przykład Indie. W Azji i na Bliskim Wschodzie należy jak najczęściej myć ręce, dokładnie płukać owoce i warzywa, w razie potrzeby

przegotowaną wodą – zresztą takie środki ostrożności nie zawadzą i na południu Europy. Stara podróżnicza zasada: *Cook it, peal it or leave it** to nie tylko sposób na ustrzeżenie się przed biegunką, ale także podstawowa ochrona nas samych i naszej rodziny przed niepożądanymi opornymi bakteriami.

Czy istnieje alternatywa dla antybiotyków?

Skuteczne antybiotyki, niepowodujące wykształcania się opornych bakterii, są od tysiącleci wytwarzane przez rośliny (grzyby, jak choćby ten wytwarzający penicylinę, to nie rośliny, osobne królestwo w systematyce, obok królestwa roślin i zwierząt). To całkiem zrozumiałe – jeśli roślina ulegnie uszkodzeniu, na przykład zostanie nadłamana lub coś wygryzie w niej dziurę, trzeba natychmiast wyprodukować bakteriobójcze substancje, inaczej za moment padnie ona ofiarą bakterii z całej okolicy. W początkach przeziębienia, infekcji dróg moczowych czy zapalenia gardła i jamy ustnej warto sięgnąć po takie właśnie roślinne antybiotyki, które w skoncentrowanej formie można kupić w aptece. Znajdziemy tam między innymi preparaty zawierające oleje gorczycowy i z rzodkwi oleistej, wyciągi z szałwii czy rumianku. W pewnej mierze są one skuteczne nie tylko przeciw bakteriom, ale także przeciw wirusom. Dzięki nim nasz układ odpornościowy ma mniej do roboty i może skuteczniej wyganiać intruzów.

W odniesieniu do chorób o gwałtownym przebiegu lub takich, w których pomimo zastosowanych środków nie widać żadnej poprawy, roślinne medykamenty okazują się niewystarczające. Co gorsza, zbyt długie zwlekanie z ich powodu z zażyciem mocnego antybiotyku może nam przynieść więcej szkody niż pożytku. W ostatnich latach wyraźnie wzrosła liczba poinfekcyjnych powikłań kardiologicznych i uszkodzeń narządu słuchu

---

* Ugotuj, obierz albo nie dotykaj.

u dzieci. Często dochodzi do nich dlatego, że rodzice pragnęli ustrzec dziecko przed nadmiarem antybiotyków. Taka decyzja może mieć jednak fatalne konsekwencje. Kompetentny lekarz nie będzie nam wciskał antybiotyków przy byle okazji – ale jednocześnie bez ogródek powie, kiedy są naprawdę konieczne.

Przy użyciu antybiotyków toczymy z bakteriami prawdziwy wyścig zbrojeń: my wynajdujemy coraz bardziej skuteczne rodzaje broni przeciw groźnym zarazkom, one zaś reagują coraz bardziej wyrafinowaną opornością, co z kolei zmusza koncerny farmaceutyczne do dalszych wysiłków. Zażywając lekarstwa niszczące mikroby, prowadzimy dosyć ryzykowną grę: poświęcamy dobre bakterie w imię zwalczenia złych. W wypadku lekkiego przeziębienia gra jest zwykle niewarta świeczki, ale gdy choroba jest poważna, antybiotyk może nam ocalić życie.

Bakterie jelitowe nie są (jeszcze) objęte ochroną gatunkową. Z całą pewnością można stwierdzić, że od chwili odkrycia antybiotyków unicestwiliśmy geny wielu bakteryjnych rodzin. Puste miejsca w jelicie należy zagospodarować jak najlepiej – i właśnie do tego służą probiotyki. Gdy prawdziwe niebezpieczeństwo już minie, pomagają one jelitom jak najszybciej wrócić do stanu zdrowej równowagi.

PROBIOTYKI

Każdego dnia połykamy miliardy żywych bakterii. Część z nich znajduje się w surowym jedzeniu, niektóre nie giną nawet pod wpływem gotowania, inne nieświadomie zlizujemy z palców, a z częścią zawieramy znajomość przy okazji pocałunków. Jednak tylko bardzo nieliczne spośród nich potrafią przetrwać atak kwasów żołądkowych i opierają się procesom trawiennym, by wciąż w żywej postaci dotrzeć do naszego jelita grubego.

O zdecydowanej większości tych bakterii nie mamy zielonego pojęcia – prawdopodobnie nie mają na nas żadnego wpływu, a może nawet oddają nam jakieś przysługi, tyle że jeszcze nie udało nam się odkryć jakie. Zdecydowana mniejszość to zarazki chorobotwórcze, które jednak zwykle nie są w stanie nam zaszkodzić, bo jest ich po prostu zbyt mało. Pewien zaś maleńki ułamek bakterii został gruntownie przebadany przez uczonych i oficjalnie uznany za „dobre bakterie". Tylko one mają prawo nosić dumne miano „probiotyków".

I oto stoimy później przed sklepową lodówką i czytamy na opakowaniu jogurtu, że jest on „probiotyczny". Często nie wiemy, co to właściwie znaczy ani jak taki probiotyczny produkt działa, ale z tyłu głowy mamy wciąż reklamowe hasło o wzmacnianiu układu odpornościowego. Na dodatek ciocia Krysia pozbyła się z pomocą takiego jogurciku uporczywych zaparć, więc teraz chwali go na prawo i lewo. To jest coś. Za to warto dopłacić parę groszy. A zatem hop, probiotyki lądują w naszym koszyku, potem w lodówce, a ostatecznie w ustach.

Ludzkość od zawsze spożywała bakterie probiotyczne. Mało tego – gdyby nie one, nie byłoby i nas. Przekonała się o tym grupka mieszkańców Ameryki Południowej, którzy zawozili swoje brzemienne żony na biegun południowy niedługo przed terminem porodu. Chcieli w ten sposób zapewnić potomkom prawo do tamtejszych rezerw ropy na podstawie oficjalnego zaświadczenia o byciu „rdzennym mieszkańcem" Antarktydy. Efekt? Niemowlęta umierały najpóźniej w drodze powrotnej do domu. Wszystko z powodu braku dostatecznego kontaktu z bakteriami. Biegun jest bowiem rejonem tak zimnym, że w zasadzie nie ma tam mikrobów.

Dobre bakterie współtworzą nasze życie i towarzyszą nam przez cały czas. Choć nasi przodkowie nie mieli wiedzy na ten temat, jednak instynktownie podejmowali właściwe działania. Chronili jedzenie przed szkodliwymi bakteriami gnilnymi, a jednocześnie nie wahali się powierzać swego zdrowia innym bakteriom, które mają na nas dobry wpływ. Na przykład z ich pomocą konserwowali żywność. We wszystkich kulturach świata znajdujemy tradycyjne produkty, które powstają dzięki pracy dobrych bakterii. W naszej części Europy będą to chleb na zakwasie, kiszona kapusta czy ogórki, Francuzi mają *crème fraîche*, Szwajcarzy – żółty ser z dziurami, Włosi – salami i oliwki, a Turcy – ajran. Żaden z tych produktów nie mógłby powstać, gdyby nie otaczające nas bakterie.

Mnóstwo potraw tego typu pochodzi z Azji (sos sojowy, napoje kombucha, zupa miso, koreańskie kimchi, indyjskie lassi), a także z Afryki – ich listę można by wydłużać w nieskończoność. O takich przetworzonych przez bakterie produktach mówimy, że są „sfermentowane". Podczas fermentacji powstają często rozmaite kwasy, które nadają na przykład jogurtowi czy ogórkom kwaskowaty smak. To właśnie kwasy i obfitość dobrych bakterii chronią jedzenie przed szkodliwymi zarazkami. Fermentacja to najstarsza i najzdrowsza technika konserwacji produktów spożywczych.

Podobną różnorodnością jak potrawy charakteryzowały się niegdyś odpowiedzialne za ich powstanie kultury bakterii. Inne bakterie produkowały zsiadłe mleko w środkowej Europie, a inne ajran w Anatolii. W krajach południowych wykorzystywano bakterie, które dobrze się czuły w wysokich temperaturach, na północy raczej takie, które gustowały w temperaturach pokojowych.

Jogurt, zsiadłe mleko i inne jadalne rezultaty procesu fermentacji powstały przez przypadek. Ktoś kiedyś zostawił mleko na dworze, do pojemnika trafiły bakterie (bezpośrednio od krowy albo z powietrza podczas udoju), mleko się zsiadło – i narodził się nowy produkt. Jeśli do mleka dostały się bakterie wytwarzające wyjątkowo smaczny jogurt, jego łyżkę dodawano do kolejnej porcji świeżego mleka, by bakterie mogły podjąć pracę od nowa. W odróżnieniu od dzisiejszych jogurtów wytwarzanych przemysłowo, w produkcji brał wówczas udział cały zespół różnorodnych bakterii, a nie, jak obecnie, tylko wyselekcjonowane szczepy.

Różnorodność bakterii odpowiedzialnych za fermentację wyraźnie się zmniejszyła. Wraz z postępem industrializacji unormowano procesy produkcyjne, dopuszczając do nich tylko wybrane bakterie, wyhodowane w laboratorium. Zaraz po udoju mleko poddaje się obecnie krótkiej obróbce termicznej, by pozbyć się złych bakterii. Niestety, przy tej okazji giną też bakterie, które byłyby w stanie w naturalny sposób zmienić je w jogurt. Dlatego też mleka, które kupujemy dziś w sklepie, nie można tak po prostu postawić na parapecie w nadziei, że za kilka dni weźmie się stamtąd pyszny kwaskowy napój.

Wiele produktów obfitujących niegdyś w dobre bakterie wytwarza się dziś z użyciem octu, który również zapewnia im trwałość (dotyczy to na przykład większości ogórków kiszonych). Inne z kolei wprawdzie nadal podlegają procesowi fermentacji, później jednak zostają podgrzane, co niszczy bakterie – tak przygotowuje się zwykle kiszoną kapustę dostępną w supermarketach. Prawdziwą kiszoną kapustę znajdziemy jeszcze w sklepach ze zdrową żywnością.

Już w początkach XX wieku uczeni podejrzewali, że dobre bakterie mają wielki wpływ na nasze zdrowie. Wówczas właśnie prowadził swoje badania Ilja Miecznikow, prawdziwa gwiazda sceny jogurtowej. Przyszłego laureata Nagrody Nobla interesowali mieszkańcy bułgarskich gór. Górale ci nierzadko dożywali setki, i to w zadziwiająco dobrym zdrowiu. Miecznikow przypuszczał, że tajemnica ich długowieczności kryje się w skórzanych sakwach służących do transportu krowiego mleka. Wracając z górskich pastwisk, wieśniacy musieli pokonać długą drogę, więc zanim dotarli do domu, mleko zsiadało się lub zamieniało w jogurt. Miecznikow był przekonany, że o ich zdrowiu decyduje właśnie regularne spożywanie tego produktu bakteryjnej fermentacji. W swojej książce *Essais optimistes*, wydanej też pod angielskim tytułem *The Prolongation of Life* (Przedłużenie życia), wyraził pogląd, że dzięki dobrym bakteriom możemy żyć dłużej i zdrowiej. Wraz z tą opinią bakterie przestały być po prostu anonimowym składnikiem jogurtu, a zyskały sławę źródła zdrowia. Odkrycia Miecznikowa przypadły jednak na nieodpowiedni moment. Niedługo przedtem bowiem wyszło na jaw, że bakterie wywołują też rozmaite choroby. Co prawda, mikrobiolog Stamen Grigorow odkrył już w 1905 roku, że opisana przez Miecznikowa bakteria to *Lactobacillus bulgaricus*, jednak wkrótce potem poświęcił się zwalczaniu gruźlicy. A od lat czterdziestych, gdy z doskonałym skutkiem zaczęto stosować antybiotyki, większość badaczy uznawała, że sprawa jest zupełnie jasna: im mniej bakterii, tym lepiej.

To, że opisana przez Grigorowa, a wcześniej odkryta przez Miecznikowa bakteria trafiła jednak na sklepowe półki, jest zasługą… niemowląt. Matki, które z rozmaitych względów nie mogły karmić piersią i musiały przejść na mleko w proszku, bardzo często miały z nim spory kłopot – żywione takim mlekiem maluchy znacznie częściej cierpiały na biegunkę. Branża mleczarska nie mogła się temu nadziwić: jak to, przecież wszystkie składniki są identyczne jak w mleku matki? Czegóż tu może brakować? Oczywiście bakterii! Tych, które można znaleźć na skórze sutków, i tych, które tak obficie występują w jelitach dzieci karmionych piersią, czyli bifidobakterii i *Lactobacillus*. To właśnie one rozkładają cukier mleczny (laktozę) i wytwarzają kwas mlekowy, dlatego zalicza się je do tzw. bakterii mlekowych. Pewien japoński badacz, używając bakterii *Lactobacillus casei Shirota*, sporządził jogurt, który początkowo można było kupować tylko w aptekach. Odrobinka owego jogurtu podawana dzieciom każdego dnia wydatnie ograniczała występowanie biegunek. Po latach przemysł spożywczy wrócił więc w pewnym stopniu do koncepcji Miecznikowa, choć dziś wykorzystuje się nieco inne bakterie.

Zwykły jogurt zawiera najczęściej bakterie *Lactobacillus bulgaricus*. Nie musi to jednak wcale oznaczać, że jest to dokładnie ten sam rodzaj bakterii, który występował w sakwach bułgarskich górali. Gatunek odkryty niegdyś przez Stamena Grigorowa nosi obecnie bardziej precyzyjną nazwę *Lactobacillus helveticus ssp. bulgaricus* (czyli L. szwajcarska, podgatunek bułgarska). Bakterie te nie najlepiej znoszą proces trawienia, dlatego tylko niewielka ich część dociera do jelita w żywej postaci. Ale dla układu odpornościowego nie ma to aż takiego znaczenia – komórkom odpornościowym nierzadko wystarcza sam widok kilku pustych osłon bakteryjnych, by nabrać wyraźnie większej ochoty do pracy.

Probiotyczny jogurt zawiera bakterie, na których ślad natrafili naukowcy badający przyczyny biegunek u niemowląt. Muszą to być takie gatunki, które docierają żywe do jelita grubego. Gatunki, które potrafią bez większego uszczerbku oprzeć się procesom trawiennym, to na przykład *Lactobacillus rhamnosus*, *Lactobacillus acidophilus* czy wspominany już *Lactobacillus casei Shirota*. Teoretycznie takie żywe bakterie mają znacznie większe szanse, by zdziałać w jelitach coś dobrego. Pewne wyniki badań potwierdzają ich skuteczność, jednak unijnym urzędom do spraw bezpieczeństwa żywności to nie wystarcza. Dlatego też w mediach nie mogą już pojawiać się hurraoptymistyczne spoty reklamowe takich preparatów, jak Actimel czy Yakult.*

---

* Yakult to japoński jogurt probiotyczny, na internetowych forach rodziców opisywany jako „najlepszy tego typu produkt na świecie". W Polsce w zwykłej sprzedaży raczej niedostępny (przyp. tłum.).

Ponadto nigdy nie można mieć stuprocentowej pewności, czy wraz z jogurtem w jelitach znajdzie się odpowiednia ilość bakterii probiotycznych. Wystarczy jakieś drobne odstępstwo w procesie chłodniczym, by bakterie „przeterminowały się" wcześniej; problemem może być też szczególnie kwaśne środowisko w żołądku konsumenta lub wolniejszy niż przeciętny pasaż trawienny. Oczywiście, „przeterminowane" bakterie nie są w żaden sposób szkodliwe, ale skoro możemy trafić właśnie na nie, to znaczy, że probiotyczny jogurt niekoniecznie jest dla nas lepszy od zwykłego. Tymczasem żeby cokolwiek zmienić w gigantycznym jelitowym ekosystemie, musi się w nim jednocześnie pojawić około miliarda (10^9) bakterii.

Wniosek: każdy jogurt może przysłużyć się naszemu zdrowiu, choć oczywiście nie wszyscy dobrze reagują na zawarte w nabiale proteiny i nadmiar tłuszczów pochodzenia zwierzęcego. Ale i dla tych osób mam dobrą wiadomość – probiotyki to nie tylko jogurt. Badacze wciąż prowadzą w laboratoriach różne doświadczenia z wybranymi szczepami bakterii. Umieszczają mikroby bezpośrednio na komórkach jelitowych na szalkach Petriego, karmią myszy bakteryjnymi koktajlami oraz opracowują preparaty pełne żywych bakterii w postaci przeznaczonych do łykania kapsułek.

Obecnie badacze probiotyków wyróżniają trzy podstawowe rodzaje usług, w których celują dobre bakterie.

1. Salony masażu

Wiele bakterii probiotycznych dba o dobre samopoczucie naszych jelit. Posiadają one geny umożliwiające wytwarzanie krótkołańcuchowych kwasów tłuszczowych, takich jak kwas masłowy. Pomagają one „natłuszczać" kosmki jelitowe i w ten sposób utrzymywać je w dobrej formie. A odpowiednio pielęgnowane kosmki są znacznie stabilniejsze i większe niż kosmki, o które nikt się nie troszczy. Oczywiście, im są większe, tym lepiej mogą wchłaniać z pożywienia substancje odżywcze, minerały i witaminy. Z kolei im są mocniejsze, tym mniej przepuszczają szkodliwych „śmieci". W efekcie nasz organizm otrzymuje więcej cennych składników odżywczych, a mniej tego, co mu może zaszkodzić.

2. Usługi ochroniarskie

Dobre bakterie strzegą jelita – ostatecznie to przecież ich ojczyzna, więc nie oddadzą jej wrogowi bez walki. Na dodatek często zamieszkują one właśnie te rejony, w których szczególnie chętnie osiedlałyby się zarazki chorobotwórcze. Dlatego nawet gdy w naszym organizmie pojawi się zła bakteria, dobra już jest na miejscu, uśmiecha się szyderczo i kładzie torebkę na siedzeniu obok, nie pozwalając się do siebie przysiąść. A jeśli te jednoznaczne sygnały nie wystarczą, nasi bakteryjni „ochroniarze" sięgną po inne sposoby. Umieją oni, na przykład, wytwarzać niewielkie ilości antybiotyków i innych substancji obronnych, ułatwiających przepędzenie obcych bakterii z najbliższego otoczenia. Niekiedy wykorzystują też rozmaite kwasy: te bowiem nie tylko chronią przed zepsuciem jogurt czy kiszoną kapustę, ale też zmieniają jelita w środowisko nieprzyjazne dla złych zarazków. Wreszcie kolejna możliwość to podjadanie z talerza (kto ma rodzeństwo, zapewne wie, o czym mówię). Niektóre bakterie probiotyczne lubią sprzątnąć złym zarazkom jedzenie sprzed nosa. W pewnym momencie te ostatnie tracą motywację do dalszej walki i po prostu dają sobie spokój.

3. Doradztwo i *coaching*

I wreszcie, *last but not least*, bakterie najlepiej znają się na... innych bakteriach. Jeśli więc zgodnie współpracują z naszymi jelitami i układem odpornościowym, stają się dla nas nieocenionym źródłem informacji i doskonałymi doradcami. Jak wyglądają różne rodzaje osłon bakteryjnych? Ile ochronnego śluzu należy wyprodukować? Jak dużo substancji antybakteryjnych (defensyn) mają wytwarzać komórki jelitowe? Czy układ odpornościowy powinien energiczniej zareagować na daną obcą substancję, czy też może spokojnie ją akceptować?

W zdrowych jelitach znajduje się wiele bakterii probiotycznych. Z ich wyjątkowych talentów korzystamy na co dzień, ba, w każdej sekundzie. Niekiedy jednak nasze bakteryjne społeczności doznają sporego uszczerbku. Może się tak stać pod wpływem antybiotykoterapii, nieprawidłowej diety, różnych chorób, długotrwałego stresu i wielu innych czynników. W efekcie nasze jelita są mniej zadbane, gorzej chronione i pozbawione swych zaufanych doradców. W takich przypadkach warto poszukać w aptekach preparatów stworzonych przez mikrobiologów. Można powiedzieć, że zaopatrując się w żywe bakterie, zatrudniamy „dorywczych pracowników", którzy pozwolą nam przetrwać ciężkie czasy.

Walka z biegunkami. Jest to obecnie najważniejszy obszar zastosowania probiotyków. Rozmaite dostępne w aptekach preparaty zawierające bakterie świetnie sprawdzają się w leczeniu grypy jelitowej lub biegunki poantybiotykowej, znacznie łagodząc dolegliwości i skracając ich występowanie średnio o dobę. Do tego właściwie nie mają żadnych skutków ubocznych – w odróżnieniu od większości pozostałych leków przeciwbiegunkowych. Z tego powodu są szczególnie godne polecenia dla dzieci i osób starszych. W przypadkach przewlekłych chorób jelit, takich jak zespół jelita drażliwego czy wrzodziejące zapalenie jelita grubego, probiotyki mogą odwlec nawroty biegunek czy objawów zapalnych.

Korzyści dla układu odpornościowego. Przetestowanie kilku różnych probiotyków warto też polecić osobom o słabszym zdrowiu, szczególnie w okresie nasilonych przeziębień. Kto ze względów finansowych nie może sobie pozwolić na takie eksperymenty, może wypróbować tańszy sposób, czyli zjadanie kubeczka zwykłego jogurtu dziennie – bakterie niekoniecznie muszą być żywe, by wywrzeć korzystny wpływ na układ odpornościowy. W badaniach prowadzonych przede wszystkim z udziałem osób starszych oraz wyczynowych sportowców wykazano, że regularne zażywanie probiotyków pozwala zmniejszyć częstotliwość przeziębień lub znacznie złagodzić ich przebieg.

Potencjalna ochrona przed alergiami. W tym przypadku działanie probiotyków nie zostało tak dobrze potwierdzone, jak w odniesieniu do biegunek czy osłabienia układu odpornościowego. Jednak rodzice dzieci mających skłonność do alergii i atopowego zapalenia skóry powinni rozważyć taką formę profilaktyki. Wyniki wielu badań wskazują, że bakterie jelitowe mogą w dużym stopniu ustrzec swoich gospodarzy przed tymi kłopotami. To prawda, że w innych eksperymentach nie udało się potwierdzić owego ochronnego działania, ale też trzeba pamiętać, że w poszczególnych badaniach wykorzystywano różne bakterie. Osobiście przychylam się w tej kwestii do poglądu, że od przybytku głowa nie boli. Dzieciom narażonym na alergie probiotyki na pewno nie zaszkodzą, a osobom już dotkniętym alergią bądź atopowym zapaleniem skóry pomogą, jak wykazała część badań, złagodzić towarzyszące tym chorobom objawy.

Z najnowszych badań wynika, że probiotyki mogą okazać się przydatne w rozwiązywaniu nie tylko tych dobrze przebadanych problemów zdrowotnych, takich jak biegunka, choroby jelit czy kłopoty z odpornością, ale i wielu innych. Wśród tych ostatnich są chociażby: dolegliwości trawienne, biegunka podróżnych, nietolerancja laktozy, nadwaga, zapalenie stawów, a nawet cukrzyca. Jeśli jednak, cierpiąc na którąś z tych dolegliwości (np. zaparcia lub wzdęcia), zwrócimy się o pomoc w kwestii wyboru probiotyku do miłej pani w aptece, nie zdziwmy się, że nie poleci nam ona żadnego konkretnego preparatu o jednoznacznie potwierdzonej skuteczności. Podobnie bowiem jak naukowcy, również producenci leków nie mają w tej materii całkowitej pewności, dlatego musimy na własną rękę próbować tak długo, aż znajdziemy bakterię, która akurat dla nas okaże się zbawienna. Wystarczy po prostu przeczytać na etykietce, jaki szczep bakterii właśnie wypróbowujemy, a jeśli po upływie czterech tygodni nic się nie zmieni – dajmy szansę jeszcze jednemu lub dwóm innym gatunkom. Niekiedy wskazówki można też uzyskać u gastroenterologa, który zasugeruje, jakie bakterie wybrać przy naszych kłopotach.

W przypadku wszystkich probiotyków obowiązuje ta sama zasada: trzeba je zażywać regularnie mniej więcej przez cztery tygodnie i zużyć preparaty przed upływem terminu ważności (inaczej w specyfiku nie przeżyje dostateczna ilość dobrych bakterii, by spowodować w olbrzymim jelitowym ekosystemie jakiekolwiek zmiany). Przed zakupem produktów probiotycznych zawsze należy się też dowiedzieć, na jakie dolegliwości działają najlepiej. Bakterie mają przecież rozmaite geny, a zatem rozmaite właściwości – jedne lepiej sprawdzają się w szkoleniu układu odpornościowego, inne są bardziej waleczne i skuteczniej poradzą sobie z przepędzeniem zarazków wywołujących biegunkę.

Najlepiej jak dotąd przebadane probiotyki to bakterie kwasu mlekowego (bifidobakterie i *Lactobacillus*), a także *Saccharomyces boulardii*. Ostatni z wymienionych jest rodzajem drożdży i z pewnością nie poświęciłam mu w książce dostatecznie dużo uwagi. Cóż, nie jest bakterią, więc nie pasjonuje mnie tak bardzo. Jednak jako przedstawiciel rodziny drożdży ma jedną niepodważalną zaletę: antybiotyki są wobec niego bezsilne.

O ile więc wszelkie możliwe bakterie i tak padną ofiarą kuracji antybiotykowej, *Saccharomyces* może się osiedlać w jej trakcie bez przeszkód. Dzięki temu chroni nas przed rozprzestrzenianiem się groźnych bakteryjnych „mistrzów przetrwania", a przy okazji potrafi wiązać toksyny. Jest też jednak druga strona medalu: drożdże wywołują więcej skutków ubocznych niż probiotyki bakteryjne. Niektórzy pacjenci ich nie tolerują i reagują na przykład wysypką.

Dzisiejsza wiedza na temat probiotyków, ograniczająca się do znajomości jednego czy dwóch rodzajów drożdży oraz bakterii kwasu mlekowego, jasno pokazuje, że jesteśmy dopiero na samym początku drogi. Tym bardziej, że we florze jelitowej dorosłego człowieka bakterie *Lactobacillus* nie są wcale zbyt liczne, a same tylko bifidobakterie z pewnością nie są jedynymi korzystnymi dla zdrowia bakteriami, jakie można spotkać w jelicie grubym. Oprócz nich jednak tylko jeden rodzaj bakterii przebadano równie dobrze pod kątem skuteczności probiotycznej. Mowa o bakterii *E. coli Nissle 1917*.

Bakterię tę wyizolowano z kału pewnego wyjątkowo odpornego żołnierza. Podczas wojen na Bałkanach toczących się w przededniu I wojny światowej wszyscy jego towarzysze przechodzili bardzo ciężką biegunkę – tylko on jeden nie. Od tamtej pory w licznych badaniach udowodniono, że właśnie ta bakteria może okazać się bardzo pomocna w zwalczaniu biegunki, chorób jelit i wzmacnianiu układu odpornościowego. Dzielny żołnierz dawno zmarł, jednak jego wyjątkowo utalentowaną bakterię wciąż rozmnażamy w laboratoriach, pakujemy do słoiczków i pozwalamy, by pomagała ludziom żyjącym współcześnie.

Większość dostępnych obecnie probiotyków ma ograniczone działanie z innego jeszcze powodu: do poszczególnych preparatów dodaje się zaledwie po jednym rodzaju wyselekcjonowanych bakterii z laboratoryjnej hodowli. Jak tylko przestajemy zażywać owe preparaty codziennie, wprowadzone do organizmu bakterie zwykle znikają z naszych jelit. A tymczasem każde jelito jest inne, istnieją tu zgrane drużyny, które wspierają się wzajemnie lub też zwalczają. Nowy przybysz, który przypadkiem spadł z góry, z początku nie ma za wiele do powiedzenia. Dlatego sprzedawane dziś probiotyki działają raczej na zasadzie chwilowej kuracji dla jelit. Gdy je odstawimy, nasza własna flora bakteryjna musi sama kontynuować pracę. Dążąc do osiągnięcia długofalowych rezultatów, naukowcy od niedawna coraz przychylniej patrzą na „strategię drużynową". Polega ona na jednoczesnym przyjmowaniu wielu bakterii, nawzajem się wspierających i w ten sposób ułatwiających sobie zdobycie pozycji w nieznanym otoczeniu, na przykład takich preparatów, które zawierałyby zarówno jakiś szczep bakterii, jak i inne bakterie uprzątające śmieci pozostawiane przez kolegów lub produkujące dla nich pożywienie.

Obecnie w aptekach, drogeriach i supermarketach znajdziemy już preparaty zawierające taką właśnie mieszankę naszych starych znajomych, czyli rozmaitych rodzajów bakterii kwasu mlekowego. Wspólnymi siłami mogą one pracować wydajniej. Koncepcja, by za sprawą gotowego preparatu na stałe osiedlić w jelicie takie dobre bakterie, jest niezwykle kusząca, jednak na razie próby jej wdrożenia natrafiają, mówiąc eufemistycznie, na niejakie trudności.

Jeśli jednak będziemy stosować „strategię drużynową" z żelazną konsekwencją, rezultaty mogą być naprawdę imponujące. Tak dzieje się na przykład w przypadku infekcji bakteriami *Clostridium difficile*. Bakterie te bez problemu przeżywają kuracje antybiotykowe, a po ich zakończeniu błyskawicznie zajmują w jelitach miejsce zwolnione przez inne zabite bakterie. Pacjenci zarażeni bakteriami *Clostridium difficile* cierpią niekiedy latami na biegunki z wydzieliną śluzową i krwią, z którymi nie mogą sobie poradzić za pomocą czy to antybiotyków, czy to preparatów probiotycznych. Nie trzeba chyba tłumaczyć, że jest to nie tylko wyczerpujące fizycznie, ale potrafi doprowadzić do prawdziwej rozpaczy.

W takich wyjątkowych sytuacjach doktor musi wykazać się sporą pomysłowością. Niektórzy odważni lekarze przeprowadzają obecnie przeszczep zgranych drużyn bakteryjnych, wśród których znajdują się wszystkie możliwe bakterie z jelit zdrowych osób. Na szczęście jest to zabieg stosunkowo prosty (w weterynarii już od dziesięcioleci skutecznie leczy się w ten sposób wiele chorób). Potrzebny jest po prostu kał zdrowego człowieka wraz z bakteriami i tyle. W leczeniu ludzi stosuje się kał po jego uprzednim oczyszczeniu. Nie ma większego znaczenia, czy aplikuje się go od przodu czy od tyłu.

Niemal wszystkie badania dowodzą, że skuteczność takiej metody leczenia niezwykle ciężkich biegunek wywoływanych przez *Clostridium difficile* wynosi blisko 90%. Naprawdę niewiele terapii może się pochwalić tak dobrym wynikiem. Jednak mimo doskonałych rezultatów przeszczep stosuje się tylko w naprawdę beznadziejnych przypadkach. Na razie nie da się bowiem jeszcze stwierdzić, czy przy okazji do jelita pacjenta nie przenosi się cudzych chorób lub potencjalnie szkodliwych zarazków. Niektóre firmy farmaceutyczne pracują już nad skomponowaniem sztucznych transplantatów, których wprowadzenie nie pociągałoby za sobą „szkodliwych skutków ubocznych". Jeśli im się uda, będzie to niewątpliwie spory postęp.

Jak się wydaje, najlepsze rezultaty w stosowaniu probiotyków może przynieść właśnie wspomniana transplantacja korzystnych dla zdrowia bakterii. Dzięki niej bakterie mają szansę na dobre przyjąć się w nowym miejscu. Uzyskano już nawet pierwsze pozytywne rezultaty w szczególnie ciężkich przypadkach cukrzycy. Obecnie prowadzi się badania zmierzające do ustalenia, czy można w ten sposób zapobiec również rozwojowi cukrzycy typu 1.

Przeskok od zawartości oddawanego na co dzień stolca do cukrzycy może się niektórym wydawać bardzo śmiałym działaniem. Ale jeśli się zastanowić, nie jest to bynajmniej bez sensu; przeszczepia się przecież nie tylko konkretne szczepy bakterii obronnych, ale cały „narząd bakteryjny", który ma potężny wpływ na układ odpornościowy i metabolizm. Na razie nie znamy jeszcze ponad 60% bakterii zamieszkujących jelita. Zdobywanie informacji na temat potencjalnie korzystnych, probiotycznych gatunków jest równie żmudne i czasochłonne, jak niegdyś poszukiwania leczniczych ziół. Z tą różnicą, że tym razem sami mamy wpływ na skuteczność naszego „lekarstwa". Każdego dnia, wraz z każdym spożywanym posiłkiem oddziałujemy na swój wielki bakteryjny narząd – zarówno w dobrym, jak i w złym sensie.

PREBIOTYKI

I właśnie na tym polega zadanie prebiotyków: mają wspierać dobre bakterie. Wystarczy w tym celu spożywać określone produkty, co jest na co dzień znacznie łatwiejsze i wygodniejsze niż stosowanie probiotyków. W tym przypadku spełniony musi być tylko jeden warunek wstępny: gdzieś w naszych jelitach musi być choć trochę dobrych bakterii. Za pomocą prebiotycznych pokarmów można je wówczas wesprzeć i dodać im sił w ich nieustannych zmaganiach z zarazkami.

Jako że bakterie są znacznie mniejsze od nas, również jedzenie postrzegają z całkiem odmiennej perspektywy. Każde ziarenko staje się dla nich wielkim wydarzeniem, prawdziwą eksplozją smaku. Wszystkie składniki pokarmu, których organizm człowieka nie wchłania w jelicie cienkim, określamy mianem „substancji balastowych". Nie jest to jednak bynajmniej zbędny balast, w każdym razie na pewno nie z punktu widzenia bakterii w jelicie grubym. One bowiem wprost uwielbiają niektóre z tych substancji. Pewne grupy bakterii przepadają za niestrawionymi włóknami szparagów, inne wolą włókienka mięsa.

Niekiedy lekarze nie są całkiem pewni, dlaczego właściwie zaleca się pacjentom zwiększenie ilości substancji balastowych w diecie. Tymczasem w ten sposób zapewnia się intensywne dożywianie bakterii, co i człowiekowi przynosi wymierne korzyści. Kiedy nasze bakterie jelitowe mają pod dostatkiem jedzenia, ochoczo wytwarzają witaminy i zdrowe kwasy tłuszczowe lub organizują kolejne intensywne szkolenie dla układu odpornościowego. Trzeba jednak pamiętać, że w jelicie grubym zawsze mieszkają też zarazki chorobotwórcze. Dzięki określonym produktom spożywczym mogą one wytwarzać takie substancje, jak indol, fenole czy amoniak, a więc te, na których w laboratoriach umieszcza się etykietki z ostrzeżeniem: „Uwaga, trucizna!".

I właśnie tutaj wkraczają do gry prebiotyki – substancje balastowe będące pożywieniem wyłącznie dla przyjaznych bakterii. Gdyby zastosować taki model żywienia wobec ludzi, powstałaby stołówka skupiająca najsympatyczniejsze towarzystwo na świecie! Biały cukier na przykład nie jest prebiotykiem, ponieważ lubią go także bakterie odpowiedzialne za rozwój próchnicy. Prebiotyków zaś złe bakterie nie potrafią wykorzystywać wcale albo czerpią z nich w tak niewielkim stopniu, że nie mogą ich wykorzystać do produkcji jakichkolwiek toksyn. W tym samym czasie dobre bakterie rosną w siłę i zajmują coraz więcej miejsca.

Bardzo często jemy jednak zbyt mało substancji balastowych, o prebiotykach nie wspominając. Codziennie powinno się spożywać około 30 gramów substancji balastowych, a przeciętny Europejczyk zjada nie więcej niż połowę tej masy. W sytuacji, gdy dostawy są tak skromne, dochodzi w jelitach do ostrej konkurencji, w której znacznie większe szanse na zwycięstwo mają złe bakterie.

Tymczasem wsparcie pożytecznych bakterii nie jest wcale takie trudne. Większość z nas ma przecież tak czy owak jakąś ulubioną potrawę prebiotyczną, którą z przyjemnością zje częściej niż dotąd. W lodówce mojej babci zawsze znajdzie się miska sałatki ziemniaczanej, tata przyrządza wyśmienitą sałatkę z cykorii z mandarynkami (warto zapamiętać: jeśli krótko opłuczemy cykorię w ciepłej wodzie, pozbędziemy się goryczki, a jednocześnie zachowamy jędrność listków), moja siostra zaś uwielbia gotowane szparagi bądź skorzonerę w pysznym sosie śmietanowym.

To tylko kilka przykładowych potraw, które bardzo smakują także bifidobakteriom i przedstawicielom gatunku *Lactobacillus*. Obecnie wiemy już, że bakterie te lubią rośliny z rodziny liliowatych, astrowatych, a także tzw. skrobię oporną. Do liliowatych zaliczają się nie tylko por i szparagi, ale także cebula i czosnek. Z kolei do astrowatych oprócz cykorii należy także wężymord, topinambur i karczochy.

Skrobia oporna powstaje na przykład wtedy, gdy ugotujemy ziemniaki lub ryż, a następnie odstawimy je do ostygnięcia. W tym czasie skrobia krystalizuje się i staje bardziej odporna na procesy trawienne. Dlatego też bakterie więcej skorzystają, gdy zjemy zimną sałatkę ziemniaczaną lub ryż w sushi. Jeśli nie mamy jeszcze swojej ulubionej prebiotycznej potrawy, warto wypróbować to i owo. Gdy przyzwyczaimy organizm do regularnego jedzenia określonego dania, szybko zaobserwujemy zabawne

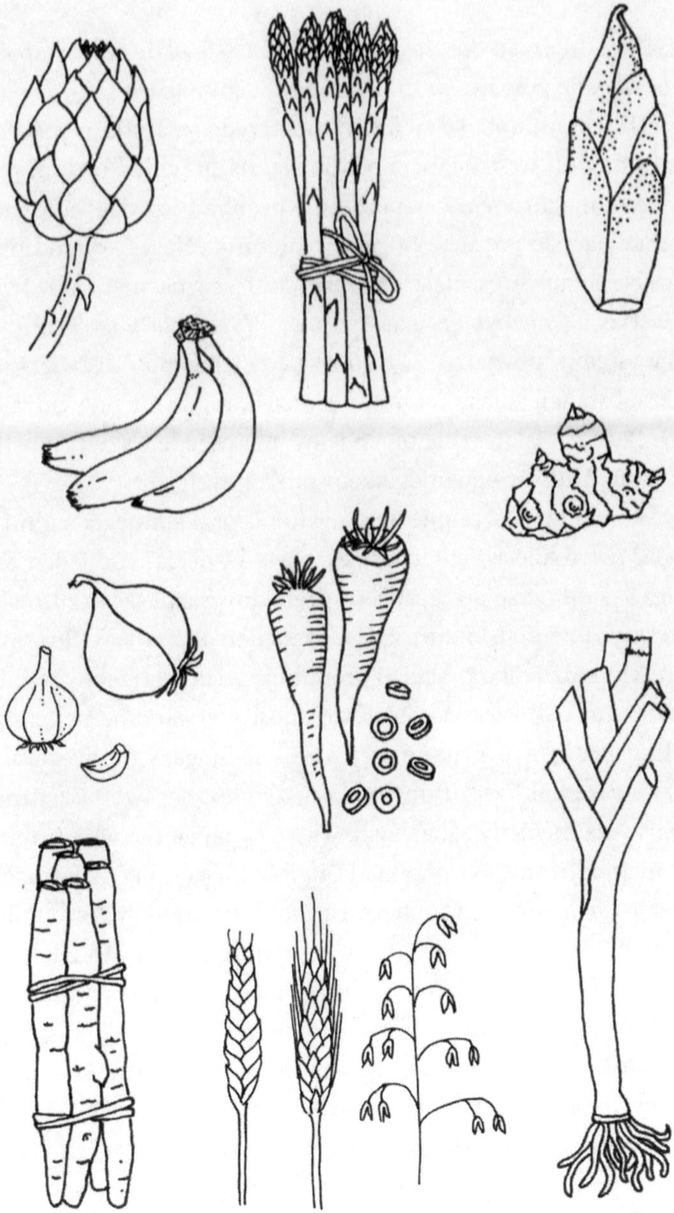

Karczochy, szparagi, cykoria, zielone banany, topinambur (słonecznik bulwiasty), czosnek, cebula, pasternak, skorzonera (wężymord), pszenica (pełne ziarno), żyto, owies, por

zjawisko: od czasu do czasu nachodzić nas będzie wilczy apetyt na tę właśnie potrawę.

Jeśli jednak dotąd żywiliśmy się przede wszystkim produktami ubogimi w substancje balastowe, na przykład białym pieczywem, makaronem czy pizzą, nie próbujmy zbyt gwałtownie przestawiać się na dietę bogatą w błonnik. Nasze wygłodniałe bakterie jelitowe oszaleją ze szczęścia i zaczną metabolizować wszystko aż nazbyt entuzjastycznie. W efekcie wiatry uniosą nas wysoko w powietrze. Z tego względu lepiej powoli zwiększać ilość substancji balastowych w posiłkach, nigdy nie przesadzając z ich ilością. Ostatecznie to, co jemy, ma przede wszystkim służyć nam, a dopiero później lokatorom naszych jelit.

Nieustanne puszczanie wiatrów to nic przyjemnego; nadmiar gazów powoduje w jelitach dokuczliwe wzdęcia. Ale jeden czy drugi bąk od czasu do czasu jest niezbędny dla naszego zdrowia. Jesteśmy żywymi istotami, a nasz brzuch to ojczyzna wielu stworzeń, które dziarsko pracują i produkują wiele potrzebnych substancji. Tak jak Ziemia cierpliwie znosi wytwarzane przez nas spaliny, tak i my nie mamy się co złościć na gazy produkowane przez nasze bakterie. Tym bardziej, że choć ich wypuszczaniu towarzyszą niekiedy zabawne dźwięki, to zapach wcale nie musi być nieprzyjemny. Na przykład bifidobakterie i przedstawiciele rodzaju *Lactobacillus* w ogóle nie produkują przykrych woni. Jeśli nigdy nie odczuwamy potrzeby, by puścić bąka, to znak, że zagłodziliśmy swoje bakterie jelitowe na śmierć. Jak świadczy to o naszej gościnności?

Dla tych, którzy nie chcą tracić czasu na testowanie kolejnych potraw, dobrym rozwiązaniem są dostępne w aptekach i drogeriach prebiotyki w czystej postaci. Z korzenia cykorii otrzymuje się na przykład inulina, z mleka – tzw. GOS (galaktooligosacharydy). Substancje te zostały przebadane pod kątem swych prozdrowotnych właściwości, a ich zażywanie pozwala w miarę skutecznie dokarmiać wyłącznie wybrane bifidobakterie i *Lactobacillus*.

Prebiotyki są przez naukowców zbadane znacznie słabiej niż probiotyki, jednak co do kilku kwestii mamy już pewność. Prebiotyki wspomagają dobre bakterie, dzięki czemu w jelitach powstaje mniej toksyn. Kłopoty z neutralizowaniem szkodliwych substancji produkowanych przez bakterie boleśnie dają się we znaki osobom ze schorzeniami wątroby. Z obecnością toksyn bakteryjnych wiążą się rozmaite przykre konsekwencje, począwszy od ciągłego przemęczenia, przez drżenie mięśni aż do śpiączki. W szpitalu podaje się w takiej sytuacji prebiotyki w bardzo wysokim stężeniu, co w większości przypadków powoduje ustąpienie dolegliwości.

Jednak wytwarzane przez bakterie toksyny odciskają swoje piętno nawet na życiu człowieka będącego okazem zdrowia, z wątrobą pracującą na sto dwa. Toksyny mogą się pojawić na przykład wtedy, gdy nieliczne substancje balastowe zostały wykorzystane już na samym początku jelita grubego. Wówczas bakterie, które żyją w dalszych partiach, rzucają się wygłodniałe na niestrawione białka. A jak wiemy, mięso i bakterie to nie najlepsze połączenie: wszyscy pamiętamy rozmaite afery z zepsutym mięsem. Nadmiar pochodzących z mięsa toksyn prowadzi do uszkodzenia jelita grubego, a w najgorszym scenariuszu może przyczyniać się nawet do rozwoju nowotworów. Typowy rak jelita grubego tworzy się bowiem właśnie tutaj – w końcowej części. Z tego względu prebiotyki testuje się obecnie przede wszystkim pod kątem profilaktyki tych właśnie nowotworów. Pierwsze wyniki badań przedstawiają się bardzo obiecująco.

Prebiotyki takie jak GOS są szczególnie ciekawe, gdyż nasz organizm wytwarza je także samodzielnie. Wśród substancji balastowych zawartych w mleku matki 90% stanowią właśnie GOS (reszta to inne składniki niepodlegające trawieniu). W przypadku mleka krowiego GOS stanowi zaledwie 10% zawartych substancji balastowych. Najwyraźniej nie jest to bez znaczenia dla sztucznie karmionych niemowląt. Wystarczy bowiem do mleka w proszku dodać nieco sproszkowanego GOS, by flora jelitowa żywionych nim maluchów zaczęła przypominać florę jelitową niemowląt karmionych naturalnie. Pewne badania wskazują, że u tak karmionych dzieci rzadziej rozwijają się alergie i atopowe zapalenie skóry niż u innych, którym podaje się samo mleko w proszku. Od 2005 roku dodawanie GOS do mleka w proszku dla niemowląt jest dozwolone, choć nie jest obowiązkowe.

W ciągu ostatnich lat zainteresowanie GOS wyraźnie wzrosło, a obecne badania wykazały jego kolejną właściwość. GOS mianowicie „przyczepia się" bezpośrednio do komórek jelitowych – przede wszystkim tam, gdzie tak chętnie osiedlają się chorobotwórcze zarazki. Może więc pełnić funkcję tarczy ochronnej. Złe bakterie, nie mogąc się dobrze „umocować", po prostu się po niej zsuwają. Odkrycia te zaowocowały rozpoczęciem badań nad zastosowaniem GOS w zapobieganiu biegunce podróżnych.

Inuliną naukowcy interesują się od dość dawna, dłużej niż GOS. Ze względu na delikatnie słodkawy smak i galaretowatą konsystencję inulina bywa wykorzystywana w produkcji żywności jako zamiennik cukrów i tłuszczów. Prebiotyki to najczęściej określone cukry tworzące łańcuchy. Gdy potocznie mówimy „cukier", zwykle mamy na myśli konkretną cząsteczkę chemiczną produkowaną z buraków cukrowych – a przecież istnieje ponad sto rodzajów cukrów. Gdybyśmy zdecydowali się na przemysłowe pozyskiwanie cukru z cykorii, jedzenie słodyczy nie groziłoby nam próchnicą. Słodki smak pokarmów nie jest bynajmniej równoznaczny z ich szkodliwością – niestety, my wybieramy przede wszystkim niezdrowy wariant.

Widniejące na etykietach produktów sformułowania w rodzaju „bezcukrowy” czy „niskotłuszczowy” często budzą naszą nieufność. Podejrzewa się, że słodziki, takie jak aspartam, działają rakotwórczo, inne substancje słodzące często wykorzystywane w produktach typu *light* dodawane są też do paszy dla świń, by zwierzęta bardziej przybierały na wadze. Nasz sceptycyzm jest więc w pełni uzasadniony. Jednak produkty, w których zamiast cukrów bądź tłuszczów użyto inuliny, są zdrowsze niż te naładowane zwierzęcym tłuszczem lub substytutami cukru. Kupując produkty *light*, warto więc uważnie studiować etykiety. Na część owych produktów możemy się bowiem decydować z czystym sumieniem, a zajadając je, wyprawić przy okazji ucztę naszym bakteriom jelitowym.

Inulina nie przywiera do naszych komórek tak dobrze jak GOS. Jak wykazały bardzo starannie przeprowadzone i zakrojone na wielką skalę badania, nie chroni też przed biegunką podróżnych. Wyniki pewnego doświadczenia wskazują jednak na wyraźną poprawę samopoczucia wśród ochotników zażywających ten naturalny prebiotyk. Wrażenie takie odniosła znaczna część przyjmujących inulinę osób, efekt ten nie pojawił się zaś w grupie kontrolnej, której podawano wyłącznie placebo. Inulina występuje w rozmaitych długościach, co ma wielkie znaczenie dla równomiernego zasiedlenia jelit dobrymi bakteriami. Krótkie łańcuchy inuliny stanowią pokarm dla bakterii zamieszkujących początek jelita grubego, długie są spożywane raczej na jego końcu.

Preparat ITF_{MIX} wykorzystujący inulinę o różnych długościach łańcucha przydaje się przede wszystkim wtedy, gdy dla osiągnięcia pożądanego efektu należy zwiększyć powierzchnię wchłaniania. Dotyczy to na przykład przyswajania wapnia: do szmuglowania go przez ścianki jelit potrzebne są bakterie rozmieszczone na całej ich długości. W przeprowadzonych w grupie dziewcząt badaniach dotyczących przyswajania wapnia ITF_{MIX} zwiększał absorbcję nawet o 20%. Ma to oczywiście zbawienny wpływ na mineralizację kości i może stanowić ochronę przed osteoporozą (osłabieniem kości) w starszym wieku.

Wapń jest świetnym przykładem, na którym jasno widać możliwości, ale też ograniczenia prebiotyków. Po pierwsze bowiem, by zauważyć jakieś efekty, trzeba oczywiście spożywać odpowiednie ilości wapnia. Po drugie zaś, prebiotyki w niczym nie pomogą, jeśli dany problem tkwi w zaburzeniu pracy jakiegoś narządu. U wielu kobiet kości stają się słabsze w okresie menopauzy. W tym czasie jajniki przechodzą potężny kryzys wieku średniego. Muszą pożegnać się z produkcją hormonów i nauczyć się rozkoszować urokami emerytury. Tymczasem hormony te są bardzo potrzebne kościom! Żaden prebiotyk nie może ich zastąpić, zapewniając dostateczną ochronę przed osteoporozą.

Nie oznacza to jednak, że prebiotyki są dla nas bezużyteczne. Niewiele innych czynników wpływa na nasze bakterie jelitowe w takim stopniu jak to, co jemy. Prebiotyki to najskuteczniejsze narzędzia, pozwalające na wspieranie flory bakteryjnej w brzuchu – oczywiście takiej, która już się tam wcześniej znalazła i nie planuje się nigdzie ruszać. Przede wszystkim osoby uzależnione od swych ulubionych prebiotycznych potraw (takie jak moja babcia, wielbicielka sałatki ziemniaczanej) zupełnie nieświadomie wspomagają najlepszych przedstawicieli swojej flory bakteryjnej. Dodam jeszcze, że drugim ulubionym daniem babci jest jarzynka z porów. Gdy wszyscy w domu chorowaliśmy, babcia przynosiła nam zupę i z uśmiechem siadała do pianina. Trudno powiedzieć, jaką rolę w zachowaniu zdrowia odegrały jej bakterie jelitowe, z pewnością można jednak przyjąć, że miały w tym swój udział.

Zapamiętajmy to sobie raz na zawsze: dobre bakterie mają na nas dobry wpływ. Powinniśmy je więc karmić w ten sposób, by mogły zasiedlić jak największe partie jelita grubego. W tym celu nie wystarczy zjadać biały chleb czy makaron wyciskany na fabryczną taśmę z mącznej papki. Bakteriom trzeba od czasu do czasu zaproponować solidne substancje balastowe z prawdziwych warzyw czy owoców. Mogą one po prostu stanowić smaczny składnik posiłku – świeże szparagi czy ryż do sushi – lub przybierać postać tabletki dostępnej w aptece. Naszym bakteriom na pewno bardzo się to spodoba i odwdzięczą nam się za to sumienną pracą.

Pod mikroskopem bakterie wyglądają jak jasne punkciki widoczne na ciemnym tle. Jednak są czymś znacznie więcej. To wielka i zróżnicowana społeczność, którą nosi w sobie każdy z nas. Większość bakterii siedzi grzecznie w błonie śluzowej i trenuje komórki odpornościowe, pieczołowicie namaszcza kosmki jelitowe, zjada to, czego nie potrzebujemy, lub produkuje dla nas witaminy. Część mieszka w najbliższym sąsiedztwie komórek jelitowych i niekiedy nakłuwa je lub wytwarza toksyny. Jeśli jednak między populacjami dobrych i złych bakterii panuje równowaga, złe mogą nas zahartować, dobre zaś zadbają o nasze zdrowie i doskonałe samopoczucie.

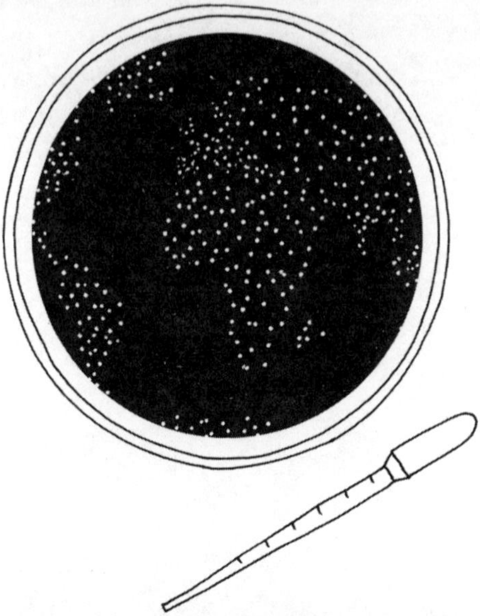

PODZIĘKOWANIA

Ta książka nie powstałaby, gdyby nie moja siostra. Dziękuję Ci, Jill. Gdyby nie Twój swobodny, racjonalny i dociekliwy duch, być może ugrzęzłabym w świecie kompromisów. Posłuszeństwo i konformizm są przecież zdecydowanie łatwiejsze niż odwaga i wola, by popełniać błędy, na których można się uczyć. Choć sama masz tyle spraw na głowie, zawsze mi towarzyszyłaś, brnąc wraz ze mną przez to, co napisałam, i podsuwając mi nowe pomysły. To ty nauczyłaś mnie, jak twórczo pracować. W ciężkich chwilach myślę o tym, że jesteśmy przecież z tej samej gliny, tyle że każda z nas lepi z niej co innego. Dziękuję Ambrosiusowi, który osłaniał mnie przed nadmiarem pracy. Dziękuję też mojej rodzinie i ojcu chrzestnemu, którzy otaczają mnie jak las pojedyncze drzewo i chronią nawet podczas zawieruchy. Dziękuję Ji-Won, która w trakcie pracy nad tą książką tyle razy mnie dokarmiała, dzieląc się ze mną nie tylko jedzeniem, ale i swoją niezrównaną pogodą ducha. Anne-Claire i Anne dziękuję za pomoc w znajdowaniu odpowiedzi na najbardziej kłopotliwe pytania!

Dziękuję też Michaeli i Bettinie, których błyskotliwość sprawiła, że w mojej głowie zakiełkował pomysł tej książki. Bez studiów nie zdobyłabym koniecznej wiedzy, żeby ją napisać, dlatego dziękuję również wszystkim dobrym profesorom, a także państwu niemieckiemu, które płaciło za moją naukę. Bardzo, bardzo dziękuję też wszystkim ludziom, którzy w tę książkę włożyli sporo wysiłku: dziennikarzom, wydawcom, zecerom, pracownikom działu marketingu, redaktorom, korektorom, księgarzom, listonoszom i wreszcie moim czytelnikom!

Najważniejsze źródła

W niniejszej bibliografii zamieszczono przede wszystkim te źródła, które zawierają informacje nieobecne w podstawowych podręcznikach.

Rozdział 1

Bandani A.R., *Effect of Plant a-Amylase Inhibitors on Sunn Pest, Eurygaster Integriceps Puton (Hemiptera: Scutelleridae), Alpha-Amylase Activity*, „Communications in agricultural and applied biological sciences", 2005, 70(4), s. 869–873.

Baugh R.F. i in., *Clinical Practice Guideline: Tonsillectomy in Children*, „Otolaryngology–Head and Neck Surgery", January 2011, 144(Suppl. 1), s. 1–30.

Bengmark S., *Integrative Medicine and Human Health – The Role of Pre-, Pro- and Synbiotics*, „Clinical and Translational Medicine", 28 May 2012, 1(1), s. 6.

Bernardo D. i in., *Is Gliadin Really Safe for Non-Coeliac Individuals? Production of Interleukin 15 in Biopsy Culture from Non-Coeliac Individuals Challenged with Gliadin Peptides*, „Gut", June 2007, 56(6), s. 889 f.

Bodinier M. i in., *Intestinal Translocation Capabilities of Wheat Allergens Using the Caco-2 Cell Line*, „Journal of Agricultural and Food Chemistry", 30 May 2007, 55(11), s. 4576–4583.

Bollinger R. i in., *Biofilms in the Large Bowel Suggest an Apparent Function of the Human Vermiform Appendix*, „Journal of Theoretical Biology", 21 December 2007, 249(4), s. 826–831.

Catassi C. i in., *Non-Celiac Gluten Sensitivity: The New Frontier of Gluten Related Disorders*, „Nutrients", 26 September 2013, 5(10), s. 3839–3853.

Kim B.H., Gadd G.M., *Bacterial Physiology and Metabolism*, Cambridge University Press, Cambridge 2008.

Klauser A.G. i in., *Behavioral Modification of Colonic Function. Can Constipation Be Learned?*, „Digestive Diseases and Sciences", October 1990, 35(10), s. 1271–1275.

Lammers K.M. i in., *Gliadin Induces an Increase in Intestinal Permeability and Zonulin Release by Binding to the Chemokine Receptor CXCR3*, „Gastroenterology", July 2008, 135(1), s. 194–204.

Ledochowski M. i in., *Fructose- and Sorbitol-Reduced Diet Improves Mood and Gastrointestinal Disturbances in Fructose Malabsorbers*, „Scandinavian Journal of Gastroenterology", October 2000, 35(10), s. 1048–1052.

Lewis S.J., Heaton K., *Stool Form Scale as a Useful Guide to Intestinal Transit Time*, „Scandinavian Journal of Gastroenterology", September 1997, 32(9), s. 920–924.

Martin-Pelaez S. i in., *Health Effects of Olive Oil Polyphenols: Recent Advances and Possibilities for the Use of Health Claims*, „Molecular Nutrition & Food Research", 2013, 57(5), s. 760–771.

Paul S., *Paläopower – Das Wissen der Evolution nutzen für Ernährung, Gesundheit und Genuss*. München, C.H. Beck-Verlag, 2013 (wyd. 2).

Sikirov D., *Etiology and Pathogenesis of Diverticulosis Coli: A New Approach*, „Medical Hypotheses", May 1988, 26(1), s. 17–20.

Sikirov D., *Comparison of Straining During Defecation in Three Positions: Results and Implications for Human Health*, „Digestive Diseases and Sciences", July 2003, 48(7), s. 1201–1205.

Thorleifsdottir R.H. i in., *Improvement of Psoriasis after Tonsillectomy Is Associated with a Decrease in the Frequency of Circulating T Cells That Recognize Streptococcal Determinants and Homologous Skin Determinants*, „The Journal of Immunology", 2012, 188(10), s. 5160–5165.

Varea V. i in., *Malabsorption of Carbohydrates and Depression in Children and Adolescents*, „Journal of Pediatric Gastroenterology and Nutrition", May 2005, 40(5), s. 561–565.

Wisner A. i in., *Human Opiorphin, a Natural Antinociceptive Modulator of Opioid-Dependent Pathways*, „Proceedings of the National Academy of Sciences of the USA", 21 November 2006, 103(47), s. 17979–17984.

Rozdział 2

Agiulera M. i in., *Stress and Antibiotics Alter Luminal and Walladhered Microbiota and Enhance the Local Expression of Visceral Sensory-Related Systems in Mice*, „Neurogastroenterology & Motility", 25 August 2013, 25(8), s. e515–e529.

Bercik P. i in., *The Intestinal Microbiota Affect Central Levels of Brain-Derived Neurotropic Factor and Behavior in Mice*, „Gastroenterology", August 2011, 141(2), s. 599–609.

Bravo J.A. i in., *Ingestion of Lactobacillus Strain Regulates Emotional Behavior and Central GABA Receptor Expression in a Mouse via the Vagus Nerve*, „Proceedings of the National Academy of Sciences of the USA", 20 September 2011, 108(38), s. 16 050–16 055.

Bubenzer R.H., Kaden M., artykuł na stronie: www.sodbrennen-welt.de (dostęp: październik 2013).

Castrén E., *Neuronal Network Plasticity and Recovery from Depression*, „JAMA Psychiatry", 2013, 70(9), s. 983–989.

Craig A.D., *How Do You Feel – Now? The Anterior Insula and Human Awareness*, „Nature Reviews Neuroscience", January 2009, 10(1), s. 59–70.

Enck P. i in., *Therapy Options in Irritable Bowel Syndrome*, „European Journal of Gastroenterology & Hepatology", December 2010, 22 (12), s. 1402-1411.

Furness, J.B. i in.: *The Intestine as a Sensory Organ: Neural, Endocrine, and Immune Responses*, „American Journal of Physiology. Gastrointestinal and Liver Physiology", 1999, 277(5), s. G922–G928.

Huerta-Franco M.R. i in., *Effect of Psychological Stress on Gastric Motility Aassessed by Electrical Bio-Iimpedance*, „ World Journal of Gastroenterology", 28 September 2012, 18(36), s. 5027-5033.

Kell C.A. i in.: *The Sensory Cortical Representation of the Human Penis: Revisiting Somatotopy in the Male Homunculus*, „The Journal of Neuroscience", 22 June 2005, 25(25), s. 5984–5987.

Keller J. i in., *S3-Leitlinie der Deutschen Gesellschaft für Verdauungs- und Stoffwechselkrankheiten (DGVS) und der Deutschen Gesellschaft für Neurogastroenterologie und Motilität (DGNM) zu Definition, Pathophysiologie, Diagnostik und Therapie intestinaler Motilitätsstörungen*, „Z Gastroenterol", 2011, 49, s. 374–390.

Keywood C. i in., *A Proof of Concept Study Evaluating the Effect of ADX10059, a Metabotropic Glutamate Receptor-5 Negative Allosteric Modulator, on Acid Eexposure and Symptoms in Gastro-Oesophageal Reflux Disease*, „Gut", September 2009, 58(9), s. 1192–1199.

Krammer H. i in., *Tabuthema Obstipation: Welche Rolle spielen Lebensgewohnheiten, Ernährung, Prä- und Probiotika sowie Laxanzien?*, „Aktuelle Ernährungsmedizin", 2009, 34(1), s. 38–46.

Layer P. i in., *S3-Leitlinie Reizdarmsyndrom: Definition, Pathophysiologie, Diagnostik und Therapie. Gemeinsame Leitlinie der Deutschen Gesellschaft für Verdauungs- und Stoffwechselkrankheiten (DGVS) und der Deutschen Gesellschaft für Neurogastroenterologie und Motilität (DGNM)*, „Z Gastroenterol", 2011, 49, s. 237–293.

Ma X. i in., *Lactobacillus Reuteri Ingestion Prevents Hyperexcitability of Colonic DRG Neurons Induced by Noxious Stimuli*, „American Journal of Physiology. Gastrointestinal and Liver Physiology", April 2009, 296(4), s. G868–G875.

Mayer E.A., *Gut Feelings: The Emerging Biology of Gut–Brain Communication*, „Nature Reviews Neuroscience", 13 July 2011, 12(8), s. 453–466.

Mayer E.A. i in., *Brain Imaging Approaches to the Study of Ffunctional GI Ddisorders: A Rome Working Team Report*, „Neurogastroenterology & Motility", June 2009, 21(6), s. 579–596.

Moser G. (red.), *Psychosomatik in der Gastroenterologie und Hepatologie*, Springer, Wien, New York 2007.

Naliboff B.D. i in., *Evidence for Two Distinct Perceptual Alterations in Irritable Bowel Syndrome*, „Gut", October 1997, 41(4), s. 505–512.

Palatty P.L. i in., *Ginger in the Prevention of Nausea and Vomiting: A Review*, „Critical Reviews in Food Science and Nutrition", 2013, 53(7), s. 659–669.

Reveiller M. i in., *Bile Exposure Inhibits Expression of Squamous Differentiation Genes in Human Esophageal Epithelial Cells*, „Annals of Surgery", June 2012, 255(6), s. 1113–1120.

Revenstorf D., *Expertise zur wissenschaftlichen Evidenz der Hypnotherapie*, Tübingen 2003, dostępny na stronie: http://www.meg-tuebingen.de/downloads/Expertise.pdf (dostęp: październik 2013).

Simons C.C. i in., *Bowel Movement and Constipation Frequencies and the Risk of Colorectal Cancer Among Men in the Netherlands Cohort Study on Diet and Cancer*, „American Journal of Epidemiology", 15 December 2010, 172(12), s. 1404–1414.

Streitberger K. i in., *Acupuncture Compared to Placebo-Acupuncture for Postoperative Nausea and Vomiting Prophylaxis: A Randomised Placebo-Controlled Patient and Observer Blind Trial*, „Anaesthesia", February 2004, 59(2), s. 142–149.

Tillisch K. i in., *Consumption of Fermented Milk Product With Probiotic Modulates Brain Activity*, „Gastroenterology", June 2013, 144(7), s. 1394–1401.

Rozdział 3

Aggarwal J. i in., *Probiotics and their Effects on Metabolic Diseases: An Update*, „Journal of Clinical and Diagnostic Research", January 2013, 7(1), s. 173–177.

Arnold I.C. i in., *Helicobacter Pylori Infection Prevents Allergic Asthma in Mouse Models through the Induction of Regulatory T Cells*, „Journal of Clinical Investigation", August 2011, 121(8), s. 3088–3093.

Arumugam M. i in., *Enterotypes of the Human Gut Microbiome*, „Nature", 12 May 2011, 474(7353), 1, s. 174–180.

Bäckhed F., *Addressing the Gut Microbiome and Implications for Obesity*, „International Dairy Journal", 2010, 20(4), s. 259–261.

Balakrishnan M., Floch M.H., *Prebiotics, Probiotics and Digestive Health*, „Current Opinion in Clinical Nutrition and Metabolic Care", November 2012, 15(6), s. 580–585.

Barros F.C., *Cesarean Section and Risk of Obesity in Childhood, Adolescence, and Early Adulthood: Evidence from 3 Brazilian Birth Cohorts*, „The American Journal of Clinical Nutrition", 2012, 95(2), s. 465–70.

Bartolomeo F. Di., *Prebiotics to Fight Diseases: Reality or Fiction?*, „Phytotherapy Research", October 2013, 27(10), s. 1457–1473.

Bischoff S.C., Köchling K., *Pro- und Präbiotika*, „Zeitschrift für Stoffwechselforschung, klinische Ernährung und Diätik", 2012, 37, s. 287–304.

Borody T.J. i in., *Fecal Microbiota Transplantation: Indications, Methods, Evidence, and Future Directions*, „Current Gastroenterology Reports", 2013, 15(8), s. 337.

Bräunig J., *Verbrauchertipps zu Lebensmittelhygiene, Reinigung und Desinfektion*, Bundesinstitut für Risikobewertung, Berlin 2005.

Bundesregierung: *Antwort der Bundesregierung auf die Kleine Anfrage der Abgeordneten Bärbel Höhn, Friedrich Ostendorff, Nicole Maisch, weiterer Abgeordneter und der Fraktion BÜNDNIS 90/DIE GRÜNEN – Drucksache 17/10017. Daten zur Antibiotikavergabe in Nutztierhaltungen und zum Eintrag von Antibiotika und multiresistenten Keimen in die Umwelt, Drucksache 17/10313*, 17 Juli 2012, dostępny na stronie: http://dip21.bundestag.de/dip21/btd/17/103/1710313.pdf (dostęp: październik 2013).

Caporaso J.G. i in., *Moving Pictures of the Human Microbiome*, „Genome Biology", 2011, 12(5), s. R50.

Carvalho B.M., Saad M.J., *Influence of Gut Microbiota on Subclinical Inflammation and Insulin Resistance*, „Mediators of Inflammation", 2013, 2013, 986734.

Charalampopoulos D., Rastall R.A., *Prebiotics in Foods*, „Current Opinion in Biotechnology", 2012, 23(2), s. 187–191.

Chen Y. i in., *Association between Helicobacter Pylori and Mortality in the NHANES III Study*, „Gut", September 2013, 62(9), s. 1262–1269.

Devaraj S. i in., *The Human Gut Microbiome and Body Metabolism: Implications for Obesity and Diabetes*, „Clinical Chemistry", April 2013, 59(4), s. 617–628.

Domingues-Bello M.G. i in., *Development of the Human Gastrointestinal Microbiota and Insights From High-Throughput Sequencing*, „Gastroenterology", May 2011, 140(6), s. 1713–1719.

Douglas L.C., Sanders M.E., *Probiotics and Prebiotics in Dietetics Practice*, „Journal of the American Dietetic Association", March 2008, 108(3), s. 510–521.

Eppinger M. i in., *Who Ate Whom? Adaptive Helicobacter Genomic Changes That Accompanied a Host Jump from Early Humans to Large Felines*, „PLoS Genetics", July 2006, 2(7), s. e120.

Fahey J.W. i in., *Urease from Helicobacter Pylori Is Inactivated by Sulforaphane and Other Isothiocyanates*, „Biochemical and Biophysical Research Communications", 24 May 2013, 435(1), s. 1–7.

Flegr J., *Influence of Latent Toxoplasma Infection on Human Personality, Physiology and Morphology: Pros and Cons of the Toxoplasma – Human Model in Studying the Manipulation Hypothesis*, „The Journal of Experimental Biology", 1 January 2013, 216(Pt. 1), s. 127–133.

Flegr J. i in., *Increased Incidence of Traffic Accidents in Toxoplasma – Infected Military Drivers and Protective Effect RhD Molecule Revealed by a Large-Scale Prospective Cohort Study*, „BMC Infectious Diseases", 26 May 2009, 9, s. 72.

Flint H.J., *Obesity and the Gut Microbiota*, „Journal of Clinical Gastroenterology", November 2011, 45(Suppl.), s. 128–132.

Fouhy F. i in., *High-Throughput Sequencing Reveals the Incomplete, Short-Term Recovery of Infant Gut Microbiota following Parenteral Antibiotic Treatment with Ampicillin and Gentamicin*, „Antimicrobial Agents and Chemotherapy", November 2012, 56(11), s. 5811–5820.

Fuhrer A. i in., *Milk Sialyllactose Influences Colitis in Mice Through Selective Intestinal Bacterial Colonization*, „The Journal of Experimental Medicine", 20 December 2010, 207(13), s. 2843–2854.

Gale E.A.M., *A Missing Link in the Hygiene Hypothesis?*, „Diabetologia", 2002, 45(4), s. 588–594.

Ganal S.C. i in., *Priming of Natural Killer Cells by Non-mucosal Mononuclear Phagocytes Requires Instructive Signals from the Commensal Microbiota*, „Immunity", 27 July 2012, 37(1), s. 171–186.

Gibney M.J., Burstyn P.G., *Milk, Serum Cholesterol, and the Maasai – A Hypothesis*, „Atherosclerosis", 1980, 35(3), s. 339–343.

Gleeson M. i in., *Daily Probiotic's (Lactobacillus Sasei Shirota) Reduction of Infection Incidence in Athletes*, „International Journal of Sport Nutrition and Exercise Metabolism", February 2011, 21(1), s. 55–64.

Goldin B.R., Gorbach S.L., *Clinical Indications for Probiotics: An Overview*, „Clinical Infectious Diseases", 2008, 46(Suppl. 2), s. S96–S100.

Gorkiewicz G., *Contribution of the Physiological Gut Microflora to Health and Disease*, „Journal für Gastroenterologische und Hepatologische Erkrankungen", 2009, 7(1), s. 15–18.

Grewe K., *Prävalenz von Salmonella ssp. in der primären Geflügelproduktion und Broilerschlachtung – Salmonelleneintrag bei Schlachtgeflügel während des Schlachtprozesses*, Tierarztliche Hochschule Hannover, Hannover 2011.

Guseo A., *The Parkinson Puzzle*, „Orvosi Hetilap", 30 December 2012, 153(52), s. 2060–2069.

Herbarth O. i in., *Helicobacter Pylori Colonisation and Eczema*, „Journal of Epidemiology and Community Health", 2007, 61(7), s. 638– 640.

Hullar M.A., Lampe J.W., *The Gut Microbiome and Obesity*, „Nestlé Nutrition Institute Workshop Series", 2012, 73, s. 67–79.

Jernberg C. i in., *Long-Term Impacts of Antibiotic Exposure on the Human Intestinal Microbiota*, „Microbiology", November 2010, 156(Pt. 11), s. 3216–3223.

Jin C., Flavell R.A., *Innate Sensors of Pathogen and Stress: Linking Inflammation to Obesity*, „Journal of Allergy and Clinical Immunology", August 2013, 132(2), s. 287–94.

Jirillo E. i in., *Healthy Effects Exerted by Prebiotics, Probiotics, and Symbiotics with Special Reference to Their Impact on the Immune System*, „International Journal for Vitamin and Nutrition Research", June 2012, 82(3), s. 200–208.

Jones M.L. i in., *Cholesterol-Lowering Efficacy of a Microencapsulated Bile Salt Hydrolase-Active Lactobacillus Reuteri NCIMB 30242 Yoghurt Formulation in Hypercholesterolaemic Adults*, „British Journal of Nutrition", 2012, 107(10), s. 1505–1513.

Jumpertz R. i in., *Energy-Balance Studies Reveal Associations Between Gut Microbes, Caloric Load, and Nutrient Absorption in Humans*, „The American Journal of Clinical Nutrition", 2011, 94(1), s. 58–65.

Katz S.E., *The Art of Fermentation: An In-Depth Exploration of Essential Concepts and Processes from Around the World*, Chelsea Green Publishing, Chelsea 2012.

Katz S.E., *Wild Fermentation: The Flavor, Nutrition, and Craft of Live- Culture Foods Reclaiming Domesticity from a Consumer Culture*, Chelsea Green Publishing, Chelsea 2011.

Kountouras J. i in., *Helicobacter Pylori Infection and Parkinson' Disease: Apoptosis as an Underlying Common Contributor*, „European Journal of Neurology", June 2012, 19(6), s. e56.

Krznarica, Željko i in., *Gut Microbiota and Obesity*, „Digestive Diseases", 2012, 30, s. 196–200.

Kumar M. i in., *Cholesterol-Lowering Probiotics as Potential Biotherapeutics for Metabolic Diseases*, „Experimental Diabetes Research", 2012, 2012, 902917.

Macfarlane G.T. i in., *Bacterial Metabolism and Health-Related Effects of Galactooligosaccharides and Other Prebiotics*, „Journal of Applied Microbiology", February 2008, 104(2), s. 305–344.

Mann G.V. i in., *Atherosclerosis in the Masai*, „American Journal of Epidemiology", 1972, 95(1), s. 26–37.

Marshall B.J., *Unidentified Curved Bacillus on Gastric Epithelium in Active Chronic Gastritis*, „The Lancet", 4 June 1983, 1(8336), s. 1273 i n.

Martinson V.G. i in., *A Simple and Distinctive Microbiota Associated with Honey Bees and Bumble Bees*, „Molecular Ecology", February 2011, 20(3), s. 619–628.

Matamoros S. i in., *Development of Intestinal Microbiota in Infants and its Impact on Health*, „Trends in Microbiology", April 2013, 21(4), s. 167–173.

Moodley Y. i in., *The Peopling of the Pacific from a Bacterial Perspective*, „Science", 23 January 2009, 323(5913), s. 527–530.

Mori K. i in., *Does the Gut Microbiota Trigger Hashimoto's Thyroiditis?*, „Discovery Medicine", November 2012, 14(78), s. 321–326.

Musso G. i in., *Gut Microbiota as a Regulator of Energy Homeostasis and Ectopic Fat Deposition: Mechanisms and Implications for Metabolic Disorders*, „Current Opinion in Lipidology", 2010, 21(1), s. 76–83.

Nagpal R. i in., *Probiotics, their Health Benefits and Applications for Developing Healthier Foods: A Review*, „FEMS Microbiology Letters", September 2012, 334(1), s. 1–15.

Nakamura Y.K., Omaye S.T., *Metabolic Diseases and Pro- and Prebiotics: Mechanistic Insights*, „Nutrition & Metabolism", 19 June 2012, 9(1), s. 60.

Nicola J.P. i in., *Functional Toll-like Receptor 4 Conferring Lipopolysaccharide Responsiveness is Expressed in Thyroid Cells*, „Endocrinology", January 2009, 150(1), s. 500–508.

Nielsen H.H. i in., *Treatment for Helicobacter Pylori Infection and Risk of Parkinson's Disease in Denmark*, „European Journal of Neurology", June 2012, 19(6), s. 864–869.

Norris V. i in., *Bacteria Control Host Appetites*, „Journal of Bacteriology", February 2013, 195(3), s. 411–416.

Okusaga O., Postolache T.T., *Toxoplasma Gondii, the Immune System, and Suicidal Behavior*, [w:] Dwivedi Y. (red.), *The Neurobiological Basis of Suicide*, CRC Press, Boca Raton, Florida 2012, s. 159–194.

Ottman N. i in., *The Function of our Microbiota: Who Is Out There and What Do They Do?*, „Frontiers in Cellular and Infection Microbiology", 9 August 2012, 2, s. 104.

Pavlolvic N. i in., *Probiotics-Interactions with Bile Acids and Impact on Cholesterol Metabolism*, „Applied Biochemistry and Biotechnology", 2012, 168, s. 1880–1895.

Petrof E.O. i in., *Stool Substitute Transplant Therapy for the Eradication of Clostridium Difficile Infection: „RePOOPulating" the Gut*, „Microbiome", 9 January 2013, 1(1), s. 3.

Reading N.C., Kasper D.L., *The Starting Lineup: Key Microbial Players in Intestinal Immunity and Homeostasis*, „Frontiers in Microbiology", 7 July 2011, 2, s. 148.

Roberfroid M. i in., *Prebiotic Effects: Metabolic and Health Benefits*, „British Journal of Nutrition", August 2010, 104(Suppl. 2), s. S1–S63.

Sanders M.E. i in., *An Update on the Use and Investigation of Probiotics in Health and Disease*, „Gut", 2013, 62(5), s. 787–796.
Sanza Y. i in., *Understanding the Role of Gut Microbes and Probiotics in Obesity: How Far Are We?*, „Pharmacological Research", March 2013, 69(1), s. 144–155.
Schmidt C., *The Startup Bugs*, „Nature Biotechnology", April 2013, 31(4), s. 279–281.
Scholz-Ahrens K.E. i in., *Prebiotics, Probiotics, and Synbiotics Affect Mineral Absorption, Bone Mineral Content, and Bone Structure*, „Journal of Nutrition", March 2007, 137(3 Suppl. 2), s. 838S–846S.
Schwarz S. i in., *Horizontal versus Familial Transmission of Helicobacter Pylori*, „PLoS Pathogens", October 2008, 4(10), s. e1000180.
Shen J. i in., *The Gut Microbiota, Obesity and Insulin Resistance*, „Molecular Aspects of Medicine", February 2013, 34(1), s. 39–58.
Starkenmann C. i in., *Olfactory Perception of Cysteine-S-Conjugates from Fruits and Vegetables*, „Journal of Agricultural and Food Chemistry", 22 October 2008, 56(20), s. 9575–9580.
Stowell S.R. i in., *Innate Immune Lectins Kill Bacteria Expressing Blood Group Antigen*, „Nature Mędicine", March 2010, 16(3), s. 295–301.
Tangden T. i in., *Foreign Travel Is a Major Risk Factor for Colonization with Escherichia Coli Producing CTX-M-Type Extended-Spectrum ß-Lactamases: A Prospective Study with Swedish Volunteers*, „Antimicrobial Agents and Chemotherapy", September 2010, 54(9), s. 3564–3568.
Teixeira T.F. i in., *Potential Mechanisms for the Emerging Link Between Obesity and Increased Intestinal Permeability*, „Nutrition Research", September 2012, 32(9), s. 637–647.
Torrey E.F. i in., *Antibodies to Toxoplasma Gondii in Patients With Schizophrenia: A Meta-Analysis*, „Schizophrenia Bulletin", May 2007, 33(3), s. 729–736.
Tremaroli V., Backhed F., *Functional Interactions Between the Gut Microbiota and Host Metabolism*, „Nature", 13 September 2012, 489(7415), s. 242–249.
Turnbaugh P.J., Gordon J.I., *The Core Gut Microbiome, Energy Balance and Obesity*, „The Journal of Physiology", 2009, 587(17), s. 4153–4158.
de Vrese M., Schrezenmeir J., *Probiotics, Prebiotics, and Synbiotics*, „Advances in Biochemical Engineering / Biotechnology", 2008, 111, s. 1–66.
de Vriese J., *Medical Research. The Promise of Poop*, „Science", 30 August 2013, 341(6149), s. 954–957.
Vyas U., Ranganathan N., *Probiotics, Prebiotics, and Synbiotics: Gut and Beyond*, „Gastroenterology Research and Practice", 2012, 2012, 872716.

Webster J.P. i in., *Effect of Toxoplasma Gondii upon Neophobic Behaviour in Wild Brown Rats, Rattus norvegicus*, „Parasitology", July 1994, 109(Pt. 1), s. 37–43.

Wichmann-Schauer H., *Verbrauchertipps: Schutz vor Lebensmittelinfektionen im Privathaushalt*, Bundesinstitut für Risikobewertung, Berlin 2007.

Wu G.D. i in., *Linking Long-Term Dietary Patterns with Gut Microbial Enterotypes*, „Science", 7 October 2011, 334(6052), s. 105–108.

Yatsunenko T. i in., *Human Gut Microbiome Viewed Across Age and Geography*, „Nature", 9 May 2012, 486(7402), s. 222–227.

Zipris D., *The Interplay Between the Gut Microbiota and the Immune System in the Mechanism of Type 1 Diabetes*, „Current Opinion in Endocrinology, Diabetes and Obesity", August 2013, 20(4), s. 265–270.